ANALYSES
STYLISTIQUES

Dans la même collection :

Pierre VOLTZ	*La Comédie*
Michel LIOURE	*Le Drame*
Jacques MOREL	*La Tragédie*
Jean EHRARD et Guy PALMADE	*L'Histoire*
Roger FAYOLLE	*La Critique*
Henri COULET	*Le Roman jusqu'à la Révolution*
Michel RAIMOND	*Le Roman depuis la Révolution*
Henri LEMAÎTRE	*La Poésie depuis Baudelaire*
Paul ROUAIX	*Dictionnaire des idées suggérées par les mots*
Joseph ANGLADE	*Grammaire élémentaire de l'ancien français*
Maurice GRAMMONT	*Petit traité de versification française*
Jean BAYET	*Littérature latine*
Claude NICOLET	*Les Idées politiques à Rome sous la République*
René TAVENEAUX	*Jansénisme et Politique*
Jacques TRUDRET	*Politique de Bossuet*
Jean EHRARD	*Politique de Montesquieu*
René POMEAU	*Politique de Voltaire*
Jacques GODECHOT	*La Pensée révolutionnaire, 1780-1799*
Jacques DROZ	*Le Romantisme politique en Allemagne*
Georges DUPUIS	*Politique de Chateaubriand*
Pierre ARNAUD	*Politique d'Auguste Comte*
Raoul GIRARDET	*Le Nationalisme français 1871-1914*
Stuart SCHRAM	*Mao Tse-toung*
Hélène CARRÈRE D'ENCAUSSE et Stuart SCHRAM	*Le Marxisme et l'Asie, 1853-1964*

YVES LE HIR

Professeur à la Faculté des Lettres et Sciences humaines de Grenoble

ANALYSES STYLISTIQUES

SECONDE ÉDITION

Collection U

LIBRAIRIE ARMAND COLIN — 103 Bd Saint-Michel — Paris V^e

© 1965 Librairie Armand Colin.
Tous droits de reproduction, de traduction et d'adaptation réservés pour tous pays.

Avant-Propos

Dans ce volume, on trouvera, revues, plusieurs des *Analyses* que nous avions confiées à *L'École* ou aux *Études classiques (Mithridate, le Mystère de Jésus)*. Nous avons pu les reprendre grâce à la bienveillante compréhension des directeurs de ces publications.

Une première série de *Commentaires* a précédé ceux-ci. Plutôt que de noter les rapports et les différences de l'un à l'autre de ces recueils, souligner ou durcir une évolution, il vaut mieux définir nos préoccupations.

L'analyse stylistique, croyons-nous, peut éclairer certaines démarches de la création en même temps que le degré de réussite du fragment qu'elle isole, grâce d'abord à une investigation historique sans défaillance à tous les niveaux : langue, origine des tours, des images, de la forme versifiée, etc.

Cette enquête, même si elle n'est jamais tout à fait terminée, finit par conduire vers le cœur de l'écrivain qui peut alors révéler ses secrètes angoisses ou ses plus profondes aspirations, à travers le frémissement de son écriture.

Les sources ne concernent pas la seule genèse littéraire de telle expression figurée, privilégiée. Saura-t-on découvrir le rôle décisif des œuvres d'art — pas uniquement du côté des Baroques ? C'est dans cet esprit que j'ai laissé soupçonner une correspondance secrète entre la formule concertante de Vivaldi et la voix de Chateaubriand évoquant ses *saisons*, Venise et l'ombre de Bonaparte, dans sa *Rêverie au Lido*.

Ainsi comprise, l'analyse stylistique nous met à l'unisson avec les formes les plus diverses dans le temps, de toute production sincère, nous permettant par exemple de rapprocher de *Polyeucte, Le Soulier de satin,* ou le *Tristan* de Wagner.

De telles prétentions risquent de paraître démesurées. Vaines pourtant me semblent les dissections qui refusent de toucher à ces réseaux subtils où l'affectivité s'inscrit si fortement.

Il suffit de parcourir la liste de nos commentaires pour voir que nous avons retenu des *classiques* surtout. Non que l'étude en soit plus aisée ; mais on s'accorde plus vite et plus juste, me semble-t-il, à leur sensibilité. Trop enracinés dans leur temps, certains auteurs risquent de demeurer la proie inerte de grammairiens épuisés à disséquer leur morphologie singulière. Corneille, Racine, Chateaubriand, Baudelaire... demeurent les constellations, *les phares*, dont le rayonnement est toujours promesse de vie, encore qu'il soit dangereux de refuser les leçons d'un Chénier, d'un Flaubert...

Nous aurions pu tenter de regrouper certains thèmes, essayer à notre tour d'atteindre l'essentiel par quelques coups de sonde d'apparence vertigineuse. Nous avons choisi une voie moins précipitée. Des figures géométriques notamment définissent mal la complexité d'une structure vivante. Il est vrai aussi que la constance de certaines métaphores se montre comme un des signes de l'existence de catégories fondamentales dans l'imagination, d'archétypes, si l'on veut.

Le rôle de la stylistique n'est pas seulement de les repérer, mais d'en marquer l'exacte importance, d'en mesurer le rayonnement précis, de les situer dans un univers multiple.

Comparées à certaines ambitions, nos recherches, traditionnelles en apparence, sur le vocabulaire, le matériel grammatical, la phrase, versifiée ou non, peuvent passer pour frêles. Nous croyons qu'elles préparent à une connaissance aussi solide que certaines exégèses fondées sur une critique aventureuse et tapageuse. Nous pensons que presque toutes nos *Analyses* apportent sur un point précis une lumière nouvelle ou un éclairage différent.

Le dirai-je ? La qualité qui me paraît manquer le plus souvent dans nos disciplines, c'est l'humilité ! La saisie d'une âme et d'une œuvre ne peut se réaliser qu'à l'aide de sciences complémentaires : beaux-arts, histoire littéraire, psychologie... Comment parvenir seul à cerner pareil mystère, évaluer une telle richesse ? Pièges tendus à la suffisance, invitation à la caricature, prétexte à des bilans dérisoires. Il faut s'oublier, écouter, recueillir tous les murmures ou chuchotements. Notre silence seul est capable d'enregistrer les ultra-sons de la vie intérieure dans ses métamorphoses esthétiques.

AUVRAY

STANCES

Hélas ! qu'est-ce de l'homme orgueilleux & mutin [?]
Ce n'est qu'une vapeur qu'un petit vent emporte,
Vapeur, non, une fleur qui éclose au matin,
Vieillit sur le midy, puis au soir elle est morte.

5 *Une fleur, mais plustost un torrent mene-bruit*
Qui rencontre bien-tost le gouffre où il se plonge :
Torrent, non c'est plustost le songe d'une nuict,
Un songe ! non vrayement, mais c'est l'ombre d'un songe.

Encor l'ombre demeure un moment arresté ;
10 *L'homme n'arreste rien en sa course legere,*
Le songe quelquefois predit la vérité,
Nostre vie est toujours trompeuse & mensongere.

Maint torrent s'entretient en son rapide cours,
On ne void point tarir la source de son onde,
15 *Mais un homme estant mort, il est mort pour tousjours,*
Et ne marche jamais sur le plancher du monde.

Bien que morte est la fleur, la plante ne l'est pas,
En une autre saison d'autres fleurs elle engendre :
Mais l'homme ayant franchy le sueil de son trespas,
20 *Les fleurs qu'il nous produit sont les vers & la cendre.*

> *Aussi tost que du vent le bourasque est passé,*
> *La vapeur se rejoint estroitement serrée ;*
> *Mais quand la pasle mort son dard nous a lancé,*
> *Nostre ame est pour long-temps de son corps séparée.*
>
> 25 *Qu'est-ce de l'homme donc qui tant est estimé [?]*
> *Ce n'est rien, puisque rien si leger ne nous semble,*
> *Ou si c'est quelque chose, il sera bien nommé*
> *Vapeur, fleur, torrent, songe, ombre, & rien tout ensemble.*
>
> La Pourmenade de l'ame devote (1633).

La Pourmenade de l'ame devote en Calvaire, accompagnant son Sauveur depuis les Rues de Jérusalem, iusques au Tombeau est un ouvrage d'Auvray qui ne manque pas de charme. Une série de ces poèmes fait même penser aux Sonnets mystiques de Verlaine dans *Sagesse* : *Mon Dieu m'a dit...* Dans son *Anthologie du Baroque*, J. Rousset a retenu de la *Pause* III, *la Vierge au pied de la Croix*, une méditation sur la fragilité de l'homme, typique, lui a-t-il semblé, de *l'inconstance noire*. Sans idée préconçue, nous voudrions soumettre un pareil texte aux seules lumières de l'analyse stylistique.

La langue de ces vers, écrits dans la toute première moitié du XVIIe siècle, offre nécessairement plusieurs particularités intéressantes. Comme si souvent au XVIe siècle, *ombre*, 9, est masculin ; de même *bourasque, le vent de Borée*, 21. *Encor*, 9, n'est qu'une licence. *Vrayement*, 8, représente une ancienne formation adverbiale. Vaugelas considérera la suppression du *e* comme un perfectionnement de la langue.

Les graphies *bien-tost*, 6 ; *quelquesfois*, 11 ; *long-temps*, 24, ont le mérite désormais de mieux faire apparaître les éléments de ces unités actuellement indécomposables. Remarquons même l'absence de point d'interrogation ou d'exclamation après : *qu'est-ce de l'homme orgueilleux et mutin.* Certes, l'interrogation semble plus normale et on comprend que J. Rousset ait introduit un tel signe *diacritique.* Que notre esprit pourtant ne durcisse pas, d'entrée de jeu, un mouvement affectif, mais qu'il perçoive simultanément cette question lancinante et l'inquiète désespérance devant un destin misérable.

Au début du XVIIe siècle, *maint*, 13, était usuel. Vaugelas le jugeait poétique. Malherbe le condamna. Au pluriel surtout, il paraissait mauvais. La Bruyère regrettera le mot.

On appréciera la variété de l'énoncé allégé par la non-reprise de l'article : *...une vapeur..., Vapeur, non, une fleur... ; ...un torrent... Torrent, non...*, même si des contingences métriques l'ont provoquée au départ.

Les grammairiens tendaient à éviter le pléonasme dans la reprise du pronominal sujet après une proposition participiale. Au vers 15, il s'agit d'un fait d'insistance, comme au vers 4, après l'adverbe : *...puis au soir elle est morte.*

Le datif *éthique* était fréquent, économisant des rapports plus précis : *Les fleurs qu'il nous produit...*, 20.

L'indicatif avec : *Bien que*, 17, est régulier. Malherbe autorisait ce mode pour l'expression d'une chose certaine. Le subjonctif s'entendait d'une chose douteuse. Il n'y a pas de pesée critique ici. La langue a durci désormais une syntaxe autrefois vivante.

Les propositions participiales épargnent souvent des conjonctifs disgracieux. Dans le cadre de ces vers, elles paraissent un peu lourdes et sans harmonie.

En principe, *pas* nie moins fortement que *point*. Il faut surtout ici voir un effet de variation : 14, 17, sans faire intervenir des distinctions plus subtiles au niveau des choses mesurables ou non, d'après les théories de certains doctes, leçons qui étaient odieuses à Guez de Balzac.

Les grammairiens ont épilogué à l'envi sur les adverbes de négation. Chapelain jugeait élégant : *je n'irai jamais plus*. Auvray semble avoir voulu aller au plus court en se bornant à mettre : *Et ne marche jamais...*, 16, syntaxe abandonnée maintenant à cause de son ambiguïté.

De après *c'est* était alors habituel : *O Dieu ! encore une fois qu'est-ce que de nous...* (BOSSUET, *Sermon sur la mort*). De même dans Vaugelas et Boileau.

Dès *Zadig*, nous avons l'usage moderne :

...qu'est-ce donc que la vie humaine ? En phrase exclamative, on rencontre toutefois dans le *Barbier de Séville* : *...ce que c'est que de nous !* L'usage latin a pu contribuer à maintenir une particule insistante au XVIIe siècle ; devant un pronom, elle a paru l'étoffer.

Dans l'expression du temps, *à* s'employait couramment *éclose au matin*, 3. Ce n'est qu'au XVIIIe siècle que Féraud reprendra Boileau : *Il condamne au matin les sentiments du roi.* J.-J. Rousseau continue à écrire dans la *Nouvelle-Héloïse* : *...le voile de brouillard que le soleil élève au matin*. *Sur le midy*, 4, est normal. A la fin du siècle seulement, Andry de Boisregard dans ses *Réflexions* jugera que *vers* est d'une langue un peu plus élevée.

Bien que Ronsard ait lancé *dans*, *en* continue à recueillir la faveur des poètes, 13-18, grâce à sa légèreté.

L'adverbe *ensemble*, 29, précédé ou non de *tout* demeure en usage jusqu'au XVIIIe siècle, même en poésie. Il se maintient dans Lamennais qui se pare d'archaïsmes.

En ce qui concerne l'ordre des mots, on notera l'inversion de l'attribut : *Bien que morte est la fleur...*, 17, et du régime direct : *...d'autres fleurs elle engendre*, 18, que Malherbe condamnait dans Desportes. En vers, ces interdits furent souvent violés, mais la langue tendait à une plus grande fixité.

Dans l'ensemble donc, la morphologie et la syntaxe d'Auvray restent ici conformes à une saine orthodoxie grammaticale, à un certain canon poétique aussi.

Le vocabulaire de ce texte se prête également à quelques remarques historiques.

L'adjectif *mutin*, 1, signifie : *révolté, arrogant*. Ce sens subsiste uniquement dans le substantif. Il y a donc eu dévalorisation. *Mene-bruit*, 5, représente un type d'adjectifs sévèrement blâmé par Deimier qui rejette cette mode grecque, introduite par Ronsard et que le peuple n'a jamais acceptée. Le Barbon de Balzac pensait que tout lyrisme avait disparu de la poésie depuis qu'on ne disait plus : *la terre porte-moissons, le ciel porte-flambeaux*... Scarron a ridiculisé cet usage définitivement. Il s'agit ici d'une *beauté de village*, due aux origines provinciales d'Auvray.

Le verbe s'*entretenir*, 13, a un sens plus concret qu'aujourd'hui ; de même *se rejoint*, 22, dû aux valeurs active et passive de la voix pronominale. L'Académie définit le premier, même en 1694 : *continuer d'être*.

Quant à *rien*, il est déjà synonyme de *néant* ; glissement sémantique curieux amenant l'affirmation d'une réalité *(rem)* à sa négation.

Au-delà de ces emplois plus ou moins impersonnels, le vocabulaire s'ordonne autour de trois thèmes : l'existence, le passage, la mort. L'existence de l'homme est confrontée, paradoxalement à celle d'une vapeur, d'une fleur, d'un torrent, d'un songe, de l'ombre. Dans ce parallèle scandaleux, l'homme est humilié. De là ces adjectifs péjoratifs qui accablent sa nature en la définissant : *orgueilleux, mutin, legere, trompeuse, mensongere...* ; ou ces verbes porteurs d'une idée de vie : s'*entretient, engendre, se rejoint...* qui insultent à l'impuissance de l'être humain.

Le *passage* se marque surtout par les verbes d'action si

nombreux et les mots qui drainent une notion de temps : *matin, midy, soir, bien-tost, nuict, un moment, quelquesfois, tousjours, saison...* rythme implacable et terrible.

A toutes les strophes enfin, directement formulé ou non le thème de la mort vient apporter son *lamento :* la fragilité éphémère de la fleur ; le gouffre, symbole de l'anéantissement vertigineux ; les ténèbres, figure de la nuit du tombeau ; la course impuissante et vaine... Sans l'accent chrétien du vers 24 :

> *Nostre ame est pour long-temps de son corps séparée,*

le poème serait l'expression d'un nihilisme sans lumière. Qu'il s'agisse d'une construction intellectuelle, la preuve nous est donnée par le refus de tout pittoresque authentique. Le monde extérieur est sollicité de fournir les éléments d'une pureté abstraite, déjà accordée à une méditation hors du temps. A *l'*homme universel s'oppose l'indifférence d'*une* vapeur, d'*une* fleur, d'*un* torrent...

N'insistons pas sur le cortège attendu et prévisible de termes nobles ou poétiques par tradition. Mais comment concilier quelques-unes de ces vertus avec le caractère réaliste de plusieurs mots ?

En 1633, le goût classique n'a pas encore imposé ses lois ou ses conventions : une génération plus tard, *plancher,* 16, même suivi d'une détermination, eût paru insupportable dans le *beau style.*

Surtout l'inspiration biblique qui anime le texte excuse ou fait admettre *vers,* 20. Dans sa *Paraphrase du Psaume CXLV,* Malherbe lui-même l'avait accueilli en 1627. Un tel réalisme est bien antérieur à une certaine mode baroque et se prolonge jusque dans l'éloquence de la chaire.

Et puis il y a le mot *stances.* Ce n'est pas simplement un terme technique. Un théoricien fort écouté au XVIIe siècle Colletet, précisera que : *les stances diffèrent en cela des odes que leur matière est ordinairement plus triste.* On comprend alors l'erreur qu'il y a à substituer un titre, quel qu'il soit, à cette discrète indication d'Auvray suggérant dès l'abord, pour tout lecteur averti, la tonalité mineure de ces strophes.

Ainsi, un simple examen du lexique est déjà ouverture sur une option et une vision personnelles du poète. Ce choix et ce regard s'affirment avec plus de netteté encore dans la mise en œuvre des éléments stylistiques proprement dits qui soutiennent et informent sa contemplation.

La construction et le mouvement de ces strophes sont suffisamment marqués sans qu'on ait besoin d'en durcir les arêtes ou les aspects. Mais cet *ordre* en quoi Buffon verra l'essence du style est soumis au jeu de l'antithèse et de la forme symétrique du quatrain : a b a b. Un outil de coordination fige même souvent le parallélisme et la progression : *Mais,* aux strophes 4, 5, 6.

Les figures de rhétorique chargent le dessin de ces vers : exclamation, interrogation, chiasme (4...)... Il en est d'autres plus raffinées : la correction, ou épanorthose : *Vapeur, non, une fleur... ; Torrent, non, c'est plustot... ; Un songe ! non vrayement...*, avec une variation expressive. La régression fait apparaître des termes déjà nommés ; les cinq éléments métaphoriques ; ici de surcroît, dans un ordre inverse, une antimétabole.

L'inclusion ou épanadiplose répète un mot au début et à la fin de propositions successives : *Un songe !... un songe,* 8.

Arresté, arreste offre un exemple de paronomasie.

Le poème s'achève sur un épiphonème qui le résume : vers 28, avec une énumération qui reprend toutes les images dans l'ordre initial de présentation, cette fois.

Mais cette structure fermée, idéale, relève-t-elle d'une esthétique baroque, ou d'une rhétorique ingénieuse ?

En tout cas, on voit combien il serait faux de réduire l'effort stylistique d'Auvray à quelques tropes faciles, ou voyants, type celui du vers 20, ou à l'expression figurée elle-même, encore que celle-ci demeure la pièce maîtresse de ces stances. Elle se manifeste sous forme de personnification surtout ou de métaphores. Un simple adjectif : *trompeuse ; mensongère*, 12, un verbe principalement (à la voix pronominale ou non) sont les supports habituels de la personnification. Ces deux modes peuvent se rencontrer et s'unir :

> *...quand la pasle mort son dard nous a lancé...*

Une métonymie : *pasle* double même ici la personnification. Il convient d'autre part d'être attentif à la convergence de plusieurs éléments métaphoriques :

> *L'homme ayant franchy le sueil de son trespas...*

Trois mots soulignent la représentation du passage : *trespas* est presque concret. Pareillement :

> *Et ne marche jamais sur le plancher du monde.*

On pourra encore admirer la présentation énergique de l'image, sans outil d'approximation, l'identification expressive obtenue grâce au verbe *être*. Mais le problème se pose de l'origine de ces figures et de ces métaphores si l'on veut définir le mérite de notre écrivain.

Le mouvement affectif des vers 1 et 25 ne lui appartient pas. Il provient des Psaumes VII, CXLIII ou de *Job*, VII, 17 : *quid est homo...*

L'image initiale de la strophe 5 et l'antithèse dérivent également de *Job*, XIV, 7. Pourtant la métaphore du plancher semble propre à Auvray. Ce n'est pas un reflet de l'image *baroque* du théâtre, mais une touche concrète explicitant, Sagesse, II, 5, l'Ecclésiaste, III, 20, *Job*, VII, 10 : *il ne reviendra plus dans sa maison.*

...*L'ombre d'un songe*, 8, fait penser à Pindare : *l'homme est le songe d'une ombre*. En réalité, Auvray avait à l'horizon de sa pensée, comme le montre le vers suivant :

Encor l'ombre demeure un moment arrêté...

un souvenir de l'Épître de saint Jacques, IV, 15 : *vita vestra : vapor est ad modicum parens et deinceps exterminabitur*. *Jacques* lui-même se rappelle *Sagesse*, II, 4, 5. A dire vrai, *l'ombre d'un songe* était une image neuve, magnifiant l'abstraction. Et je crois qu'il faut attendre Moréas pour retrouver, dans ses *Stances* aussi, la même formule suggestive : *...la vie, c'est l'ombre d'un rêve*. Auvray ne sait pas exploiter sa trouvaille, faute de se libérer de ses sources scripturaires.

L'image si insistante :

...quand la pasle mort son dard nous a lancé...

n'est qu'une adaptation d'un verset paulinien : *Ubi est mors stimulus tuus* (I Corinthiens, XV, 55), quand bien même *la pasle mort* serait une métonymie classique (HORACE). En tout cas le contexte interdit tout recours à Artémis ou Apollon.

Reste donc à déterminer au plus juste la provenance des métaphores fondamentales : *vapeur, fleur, torrent, songe, ombre*. On peut signaler les Psaumes, la *Sagesse* ; il est tellement plus simple de recourir au seul livre de *Job*, VII et surtout au chapitre XIV pour les retrouver en faisceau, comme ici. La forme du lyrisme hébraïque, les divers parallélismes (synonymique et antithétique), tendaient à multiplier et à diversifier des images interchangeables. Dans ces conditions, est-il nécessaire de recourir à la notion de baroque pour rendre compte ici de ces images foisonnantes, du thème de *l'inconstance noire*, de la métamorphose elle-même de ces images évanescentes, s'engendrant et se détruisant l'une l'autre ? En présence d'un substrat aussi assuré (pas uniquement d'un vague fond d'analogies) et devant la constance du procédé dans les livres poétiques de la Bible (le *Cantique*, par exemple), la réponse ne me paraît pas douteuse.

Mais enfin, il y a cinq métaphores privilégiées. On aurait pu en concevoir quatre ou six. Est-il possible de rendre compte de ce choix ? 5 est le chiffre de l'homme ; le pentagramme est le symbole du microcosme. Depuis Pythagore au moins, en passant par sainte Hildegarde de Bingen, la mystique des nombres a informé toute pensée créatrice. Le stylisticien doit s'arrêter aux frontières de ce monde dont il discerne modestement la réalité troublante.

Tentons une dernière exploration du côté de la forme versifiée. Ces Stances sont écrites en quatrains et il y en a sept. Le symbolisme de ce dernier chiffre est bien connu ; mais dans la Bible encore, le chiffre quatre est celui de la totalité cosmique et de la plénitude.

Quelles rencontres ! Nous l'avons vu, Auvray a puisé son inspiration essentiellement dans les chapitres VII et XIV de *Job* qui a XLII chapitres, autre chiffre mystique, dont Lamennais s'est souvenu dans ses quarante-deux *Paroles d'un Croyant*. Toutes ces coïncidences sont trop précises pour qu'on les mette dans notre poème sur le compte du hasard, chez un auteur chrétien surtout.

D'autant que le choix du quatrain demeure exceptionnel à cette époque ; Desportes, le cardinal du Perron, Bertaut appartiennent au passé.

Malherbe et Maynard préfèrent le sizain et le dizain. Bien que la Pléiade ait évité cette strophe, c'est Ronsard le premier qui croisa les rimes des quatrains, comme ici. Mais nous n'avons pas encore la résolution des stances sur une rime masculine. A partir de Corneille, ce sera presque une loi. Pourtant nous notons déjà l'alternance des rimes de strophe en strophe et sans enchaînement, grâce à Marot qui avait brisé les séries a b a b, b c b c...

La structure a b a b présente l'avantage de fournir une symétrie comparable à celle de l'hémistiche pour le mètre de dix ou de douze syllabes. Une ponctuation forte isole de fait les deux premiers vers des suivants dans chacune de nos stances.

La rime est souvent de qualité, phonétiquement, sans isométrie fâcheuse, renforcée même par de subtils timbres d'homophonies : *m*utin, *m*atin ; me*ne*-bruit, u*ne* nuict...

Sémantiquement, elle apparaît un peu facile ; les accords : *pas-trespas, semble-ensemble*, sont même déplorables. Grammaticalement, elle est assez variée.

Le rythme repose d'abord sur la structure d'un quatrain isométrique, sept fois reprise ; sur les rappels sonores d'alternance 1 - 1 (a b a b), sur le choix finalement d'un mètre long, l'alexandrin constitué par deux hémistiches symétriques 6. 6. Aux moments où le lyrisme se fait plus pressant, d'autres césures se manifestent, impérieuses : *hélas !... Un songe !...* Elles martèlent le vers de conclusion, détaillant chaque image, la livrant une dernière fois à notre méditation.

Le rythme circonflexe est détruit ou réduit par des inversions qui créent des lignes mélodiques variées. Déjà se manifeste le souci de placer dans deux hémistiches le nom et son régime :

Aussi tost que du vent le bourasque est passé...

Mais l'exigence d'équilibre est telle qu'Auvray fortifie son hémistiche grâce au poids d'une double qualification : *orgueilleux et mutin, trompeuse et mensongère.*

Non seulement, il n'y a pas de discordance de strophe en strophe, mais elle est rare de vers à vers et prend la forme de l'étalement rythmique : *un torrent mene-bruit/ Qui rencontre... ; ...il sera bien nommé/Vapeur...*

Le rejet aurait été déchirement trop brutal d'un courant de pensée inlassablement renouvelé.

ANALYSES STYLISTIQUES

La phrase un peu courte d'Auvray, sans véritable surprise syntaxique, rencontre donc ici avec bonheur un cadre idéal à sa présentation efficace.

Mieux encore, le vers n'est plus une simple variation ornementale de la prose. Oublions quelques heurts incongrus : le hiatus notamment, 3 ; pouvons-nous être insensibles au concours, peut-être malhabile encore, mais conscient, de sonorités reproduites avec persévérance ? Allitération en V dans la strophe 1 ; échos à l'hémistiche dans la strophe 2 du mot : *tost* ; rimes de semblable tonalité aux strophes 3 et 6 ; si bien que l'alternance entre la strophe 6 et 7 ne repose plus que sur une opposition de quantité au XVIIe siècle.

Enfin on notera l'enchaînement de ces stances : *fleur*, 1-2 ; *ombre*, 2-3 ; *course* et *cours*, 3-4 ; *mort*, 4-5 ; *trespas* et *passé*, 5-6 ; la dernière récapitulant les précédentes et rejoignant la première jusque dans sa syntaxe.

Autant de moyens propres à entretenir une obsession de vertige en harmonie avec la déroute de notre être face à la révélation de son néant.

Baroque, apollinien, dionysiaque... Comme ces épithètes paraissent frêles pour définir ou retenir une substance poétique ! Notre analyse a seulement voulu reconnaître ce que Valéry appelait : *la manœuvre du langage*. La conquête de l'expression est ici subordonnée aux impératifs d'une exigeante rhétorique. L'imagination elle-même se soumet aux lois d'une imitation docile, mais sans servilité déjà. Grâce au vers, le poète retrouve partiellement son autonomie, son émotion n'est pas suspecte d'éloquence. Sa voix conserve assez de puissance pour raviver en chacun de nous la plainte éternelle de Job, le persécuté.

CORNEILLE

POLYEUCTE

SÉVÈRE

545 *Que je me prive ainsi du seul bien qui me reste !*

PAULINE

Sauvez-vous d'une vue à tous les deux funeste.

SÉVÈRE

Quel prix de mon amour ! quel fruit de mes travaux !

PAULINE

C'est le remède seul qui peut guérir nos maux.

SÉVÈRE

Je veux mourir des miens : aimez-en la mémoire.

PAULINE

550 *Je veux guérir des miens : ils souilleroient ma gloire.*

SÉVÈRE

Ah ! puisque votre gloire en prononce l'arrêt,
Il faut que ma douleur cède à son intérêt.
Est-il rien que sur moi cette gloire n'obtienne ?
Elle me rend les soins que je dois à la mienne.
555 *Adieu : je vais chercher au milieu des combats*
Cette immortalité que donne un beau trépas,
Et remplir dignement, par une mort pompeuse,
De mes premiers exploits l'attente avantageuse,
Si toutefois, après ce coup mortel du sort,
560 *J'ai de la vie assez pour chercher une mort.*

PAULINE

Et moi, dont votre vue augmente le supplice,
Je l'éviterai même en votre sacrifice ;
Et seule dans ma chambre enfermant mes regrets,
Je vais pour vous aux dieux faire des vœux secrets.

SÉVÈRE

565 *Puisse le juste ciel, content de ma ruine,*
Combler d'heur et de jours Polyeucte et Pauline !

PAULINE

Puisse trouver Sévère, après tant de malheur
Une félicité digne de sa valeur !

SÉVÈRE

Il la trouvoit en vous.

PAULINE

Je dépendois d'un père.

SÉVÈRE

570 *O devoir qui me perd et qui me désespère !*
Adieu, trop vertueux objet, et trop charmant.

PAULINE

Adieu, trop malheureux et trop parfait amant.

Polyeucte, acte II, scène 2 (1642-3).

La scène 2 de l'acte IIe est capitale dans le drame psychologique de Pauline et Sévère, tout frémissants encore de l'amour qui les rapprochait naguère. Cette rencontre, imposée par Félix, aboutit en apparence à une rupture : *Adieu... Adieu.* En fait, jamais leur union n'aura été aussi absolue. La langue, le style, la versification de ce texte sont-ils accordés à cette tension des âmes ?

Sans trop d'artifice, on peut distinguer plusieurs moments dans cette ultime confrontation : lutte de Sévère contre sa passion, 545-550. Sa victoire, acquise au prix de quel effort !

Ah ! puisque votre gloire en prononce l'arrêt, 551-560.

En se préservant, Pauline a exalté Sévère. Leur union spirituelle culmine dans un duo lyrique, 565-572. Ainsi une progression s'affirme d'un bout à l'autre de cette scène et de ce texte.

La syntaxe n'offre matière qu'à peu de remarques. *C'est le remède seul*, 548 : la langue permettait encore de choisir entre l'anté ou la postposition ; au vers 545, nous avons en effet : *du seul bien qui me reste*. C'est une question de rythme qui en décide. A l'hémistiche, dans la prononciation circonflexe du temps, cet adjectif acquiert un relief inhabituel.

Puisse trouver Sévère, 567. L'ordre des mots est intéressant, parce qu'il est insolite. Dans *Horace* déjà nous trouvions : *Puissent tous ses voisins ensemble conjurés Saper ses fondements...* Corneille a peut-être voulu éviter une symétrie trop nette avec les vers précédents ou un sigmatisme gratuit : *Puisse Sévère...* Mais il convient surtout de voir qu'à l'hémistiche encore *Sévère* se trouve mis en valeur, à une place privilégiée, en regard de *Pauline*, à la rime de même que *Ciel* au vers 565.

J'ai de la vie assez, 560. En ancien français, *assez* veut dire *beaucoup*, et se place volontiers après le mot ou le groupe qu'il détermine. La syntaxe de Corneille doit être légèrement archaïque, bien que cet ordre survive en français moderne, dans des phrases, il est vrai, de caractère populaire ou provincial surtout. La fortune de l'adverbe a été liée au développement de l'article partitif.

Trop vertueux objet, et trop charmant, 571. Nous avons ici une rupture dans la coordination. Cette asymétrie était suspecte à Vaugelas. Elle permet pourtant de rompre un parallélisme trop accusé avec le vers 572 : *trop malheureux et trop parfait amant.* Elle est enfin très expressive puisqu'elle rejette à la rime une épithète essentielle.

On constate donc que des motifs rythmiques commandent bien souvent en fin de compte l'organisation de la phrase versifiée. J'ajouterai que la leçon, 553 : *D'un cœur comme le mien, qu'est-ce qu'elle n'obtienne,* a dû être abandonnée parce qu'elle manquait de netteté et de grâce, avec tous ces hoquets gutturaux.

Le vocabulaire de ce texte reflète la langue précieuse du XVIIe siècle, la langue noble de la tragédie classique, mais sans trahir l'originalité foncière de Corneille.

Peu de mots ont vieilli : *pompeuse,* 557, signifie *glorieuse* sans trace péjorative ; *heur,* 566 : *bonheur.* Le mot s'est teinté d'une nuance à la fois archaïque, familière, ironique.

Charmant, 571, a perdu de sa force originelle. Le charme est un sortilège alors : 505.

Ce sont les adjectifs surtout qui sont chargés de résonance précieuse : *vertueux, charmant, malheureux, parfait.* On les rencontre à chaque page de l'*Astrée*. Leur accumulation donne une certaine fadeur à l'énoncé dramatique : *beau* trépas, 556, mort *pompeuse*, 557, attente *avantageuse*, 558. *Objet*, 571, lui-même appartient au stock de la langue galante, tandis que *gloire*, 550, est propre à toute la génération héroïque de Louis XIII : la réputation, l'honneur... Corneille lui a donné une vie et un rayonnement exceptionnels, car naturellement il utilise et exploite un tel vocabulaire pour ne pas déconcerter son public qui acceptait pareille métamorphose de personnages historiques. Cela fait partie des conventions dramatiques admises et attendues au même titre que les transpositions lexicales.

Au lieu des mots sans éclat, comme : récompense, exploits, souvenir, réputation, égards, prière, mort, bonheur... Corneille choisit : *prix, travaux*, 547 ; *mémoire*, 549 ; *gloire*, 550 ; *soins*, 554 ; *trépas*, 556 ; *vœux*, 564 ; *ruine*, 565 ; *félicité*, 568... conformes au registre noble de la tragédie. Ce ton explique encore les pluriels affectifs : *nos maux*, 548 ; *des combats*, 555 ; de plus, ils sont postés à la rime. Cette exigence stylistique rend compte pareillement des abstraits : *vue*, 561 ; *regrets*, 563. N'en ressort que mieux la notation concrète : *Et seule dans ma chambre*, tout à fait insolite dans ce théâtre.

Le caractère essentiel de ce passage apparaît dans l'entrelacement et la fusion de thèmes dissemblables : un thème épique ou tragique : *travaux* (comme ceux d'Hercule), *gloire, combats, immortalité, trépas, valeur* ; un thème lyrique : *funeste, maux, mourir, désespère, adieu* ; même l'adverbe *trop*, 571, exprime cette note tendre, prolongeant les *pleurs*, 541, de Pauline.

On notera enfin l'ambiguïté du mot *sacrifice*, 562. Sans doute s'agit-il du sacrifice officiel qui aura lieu en l'honneur de Sévère. Mais ce n'est pas seulement un terme de couleur locale. Dans le voisinage du *supplice* auquel il est lié par l'allitération et l'assonance, il évoque le douloureux arrachement de Sévère à sa passion.

On voit comment, malgré les servitudes d'un genre, Corneille peut exprimer les conflits psychologiques, en restant près du réel, dans la vérité dramatique.

Il y parvient de surcroît grâce à une judicieuse utilisation des figures de style et du matériel grammatical. D'abord les parallélismes variés : 547, 549, 550, 566, 568, 571, 572...

L'image apparaît à la faveur d'une personnification : 559, 561... Les lois de la tragédie y conduisaient Corneille qui ne pouvait, à son gré, utiliser ou créer des métaphores imprévues. D'où probablement l'abandon de la leçon, *Vous réveillez les soins que je dois à la mienne*, 554. Elles rendent plus matériel un univers que l'on sentirait trop opaque s'il était dépourvu de cette vie, même conventionnelle. Les images des vers 551-552 sont même remarquables, car elles touchent à un domaine réservé, celui du droit : *arrêt, intérêt* : heureuse tyrannie des habitudes et du métier !

L'antithèse est d'autre part une forme de la pensée de Corneille. Il est tenté d'en user sans discrétion : *immortalité, trépas* ; surtout celle du vers 560, pleine d'afféterie. Mais peut-être devaient-elles souligner les impulsions et les élans contrariés de Sévère ; et puis les manières de l'époque étaient si tenaces...

Très justes au contraire l'emploi réitéré des mots exclamatifs : *Ah ! O, Quel...* ; l'utilisation affective des démonstratifs : *cette* gloire, *cette* immortalité ; le choix de l'imparfait aux vers 569-570, en regard des présents et des futurs dramatiques. Ce temps ressuscite un passé tout proche, attendrissant. Quelle perspective se révèle à ces cœurs malheureux ! La réussite psychologique est totale.

Il faut encore être attentif à la complexité et à la richesse de la représentation pronominale. Face à l'égoïsme de Sévère, Pauline oppose leur intérêt commun : 547-548. Peu à peu, le moi des amants finit par s'estomper dans une distance matérielle :

> *Combler d'heur et de jours Polyeucte et Pauline !*
>
> *Puisse trouver Sévère...*, 566-7.

Les noms propres ne sont pas là seulement un trait de style noble, mais le signe d'une conversion psychologique. Dans les derniers vers, leur personnalité s'abolit : leurs âmes se sont rencontrées dans une transparence totale l'une à l'autre, au-delà de *je*, de *vous*, de *nous*.

La versification n'a pas d'autre objet non plus que de servir et de suivre ce mouvement des âmes. Elle s'ajuste aux phrases haletantes de Pauline et de Sévère dans la stichomythie. Le rythme est constitué essentiellement par cet échange pressé de répliques, limité parfois à un hémistiche : 569. L'alexandrin circonflexe trouve ici sa forme idéale. La recherche de structures toniques paraît illusoire, historiquement du moins ; seules la sixième et la douzième syllabes recevaient alors un relief spécial dans la déclamation tragique. Mais si l'on veut, on repérera la régularité anapestique 3 3 3 3, pleine de suggestion :

> *Est-il rien que sur moi cette gloire n'obtienne ?* 553.

L'élan lyrique se manifeste dans ces mètres autonomes qui se suivent avec la force et la régularité de vagues et dans un système de sonorités convergentes : *père*, *perd*, *désespère*, 569-70 ; des voyelles térébrantes à la rime : *supplice*, *sacrifice*, 561-2 ; *ruine* (avec la diérèse), *Pauline*, 565-6 ; surtout des rimes intérieures qui constituent de véritables strophes : 549-550 ; 571-572. Bien vaines ici les condamnations des théoriciens ! Seul compte ce chant de Sévère et de Pauline l'un vers l'autre. Tout s'efface, même les calculs du langage (rimes riches, isométriques...) devant cette montée irrésistible d'une tendresse plus qu'humaine. Parallèles aux stances, de tels vers, techniquement, marquent un sommet dans la tragédie.

Le destin de Sévère et celui de Pauline viennent de se jouer. Nous avons assisté à une évolution psychologique. Peut-on dire que les causes n'en sont que chevaleresques ? En tout cas, Corneille a pris soin de la préparer avec beaucoup d'art. La parole et l'écriture versifiée vont au même but : montrer le dépassement de soi dans le frémissement et l'exaltation de tout son être.

MOLIÈRE

L'ÉCOLE DES FEMMES

HORACE

La place m'est heureuse à vous y rencontrer,
Je viens de l'échapper bien belle, je vous jure.
1145 *Au sortir d'avec vous, sans prévoir l'aventure,*
Seule dans son balcon j'ai vu paroître Agnès,
Qui des arbres prochains prenoit un peu le frais.
Après m'avoir fait signe, elle a su faire en sorte,
Descendant au jardin, de m'en ouvrir la porte ;
1150 *Mais à peine tous deux, dans sa chambre étions-nous*
Qu'elle a sur les degrés entendu son jaloux ;
Et tout ce qu'elle a pu dans un tel accessoire,
C'est de me renfermer dans une grande armoire.
Il est entré d'abord ; je ne le voyois pas,
1155 *Mais je l'oyois marcher, sans rien dire, à grands pas,*
Poussant de temps en temps des soupirs pitoyables,
Et donnant quelquefois de grands coups sur les tables,
Frappant un petit chien qui pour lui s'émouvoit,
Et jetant brusquement les hardes qu'il trouvoit ;
1160 *Il a même cassé, d'une main mutinée,*
Des vases dont la belle ornoit sa cheminée ;
Et sans doute il faut bien qu'à ce becque cornu
Du trait qu'elle a joué quelque jour soit venu.
Enfin, après cent tours, ayant de la manière
1165 *Sur ce qui n'en peut mais déchargé sa colère,*

> *Mon jaloux inquiet, sans dire son ennui,*
> *Est sorti de la chambre, et moi de mon étui.*
> *Nous n'avons point voulu, de peur du personnage,*
> *Risquer à nous tenir ensemble davantage ;*
> 1170 *C'étoit trop hasarder ; mais je dois, cette nuit,*
> *Dans sa chambre, un peu tard m'introduire sans bruit.*
> *En toussant par trois fois je me ferai connoître ;*
> *Et je dois au signal voir ouvrir la fenêtre,*
> *Dont, avec une échelle, et secondé d'Agnès,*
> 1175 *Mon amour tâchera de me gagner l'accès.*
> *Comme à mon seul ami, je veux bien vous l'apprendre :*
> *L'allégresse du cœur s'augmente à la répandre ;*
> *Et goutât-on cent fois un bonheur trop parfait,*
> *On n'en est pas content, si quelqu'un ne le sait.*
> 1180 *Vous prendrez part, je pense, à l'heur de mes affaires.*
> *Adieu. Je vais songer aux choses nécessaires.*
>
> *L'École des Femmes,* acte IV, scène 6 (1662).

Molière a connu le plus important succès de toute sa carrière dramatique grâce à *L'École des Femmes*. Il nous a paru nécessaire d'analyser une scène très courte de cette comédie, pour essayer d'en surprendre quelques aspects essentiels. A dessein, nous avons choisi une scène qui répudie tout effet facile, trop voyant ou grossier, afin de pouvoir mieux dégager les caractères vrais d'une langue et d'un style comiques.

Oyois, 1155, est rare à l'imparfait en 1662. Vaugelas l'a utilisé dans son *Quinte-Curce* ; mais dès le début du XVIIIe siècle, cette forme sera condamnée. Dans ses *Réflexions,* Andry de Boisregard définissait ainsi *Ouyr* : *Se dit proprement d'un son et d'un bruit qui ne dure pas... Entendre se dit plutost d'un son ou d'un bruit qui dure.* Tel était aussi le sentiment du P. Bouhours qui précise que ce verbe s'emploie quand il s'agit d'une chose qu'on entend par hasard, sans dessein.

Il est donc tout à fait juste, sémantiquement.

Plusieurs mots ont vieilli : *d'abord*, 1153, tout de suite, aussitôt ; *accessoire*, 1152, au sens de *mauvais état où l'on se trouve* était *vieux* selon le Dictionnaire de l'Académie en 1694. *S'émouvoit*, 1158, est encore proche de sa valeur étymologique : s'agiter. *Ennui*, 1166, signifie : tourment. *Étui*, 1167, désigne tout lieu étroit ; on le retrouve dans J.-J. Rousseau. *Hardes*, 1159, représente tout ce qui est nécessaire à l'habillement, sans nuance péjorative. Ses origines gasconnes, son exclusion du style noble, en ont précipité le déclin. *Heur*, 1180, (agurium) représente le succès heureux, favorable. *Jour*, 1163, avait des valeurs étendues : clarté, nouvelle, information. *Prochains*, 1147 : qui est dans le voisinage immédiat (proximus) ; *La forêt prochaine* (LA FONTAINE). *Renfermer*, 1153, au lieu de *enfermer* se disait couramment alors. Il n'est donc pas nécessaire d'invoquer une contingence métrique. Enfin *trait*, 1163, est un terme assez vague au XVIIe siècle, synonyme de *tour*. Le mot a le mérite de rappeler le *trait* de la blessure d'amour...

Mais par rapport à l'usage du temps, sauf peut-être, *accessoire*, ce lexique est normal. Il en est de même pour les tours et constructions.

L'article conserve trace de son pouvoir démonstratif : *La place*, 1143 ; *la manière*, 1164 ; sans la rime, nous aurions eu peut-être simplement : *ainsi*. *Tel*, 1152, est pareillement un ancien épidictique.

La valeur *éthique* du pronom : *m'est heureuse*, 1143, est courante.

Au sortir de est commun dans Molière : *Tartuffe, Amphitryon*. Ici l'hémistiche manque de grâce : 1145.

L'Académie en 1694 donne *sur les balcons* ; *dans* était aussi habituel. Elle signalait : *en cet accessoire, en un étrange accessoire* ; *dans*, 1152, est peut-être dû au désir d'éviter un hiatus.

La préposition *à* était polysémantique ; d'où gain de rapidité pour l'énoncé : ...*à vous y rencontrer*, 1143. Elle fonctionne notamment dans le cas du *gérondif mobile* prépositionnel : ...*s'augmente à la répandre*, 1177.

L'inversion : *à peine... étions-nous*, 1150, semble normale après un mot invariable ; elle n'était pas obligatoire : *A peine nous sortions des portes de Trézène (Phèdre)*.

L'insertion *elle a sur les degrés entendu*, peut s'expliquer par des servitudes de versification.
Dans tout texte *poétique* on recherche la concision. La forme verbale en — ant économise un conjonctif. *Comme à mon seul ami*, 1176, offre pareillement un raccourci d'expression.

Au total, rien qui dérange les habitudes linguistiques de l'époque ; aucune surprise, aucune audace dans les phrases de ce récit.

N'en ressort que mieux la couleur concrète du lexique qui répand un ton si franc sur cette scène de comédie. *Arbres*, 1147, est exclu de la tragédie ; *l'arbre séché* d'*Athalie* a une valeur symbolique. Ici, les *arbres prochains* donnent une nuance de réalisme poétique au décor. *Armoire*, 1553, est ignoré aussi du genre noble. *Balcon*, 1146, se trouve dans *Nicomède*, V, 5, mais il évoque une architecture grandiose. Le mot sera revalorisé par Baudelaire :

Et les soirs au balcon, voilés de vapeurs roses...

Chambre, 1150, reste exceptionnel dans la tragédie : *Polyeucte* et *Athalie*, où le contexte excuse le mot : *De princes égorgés la chambre étoit remplie* ; *cheminée*, 1161, accentue au contraire l'intimité du lieu. *Petit chien*, 1158 : l'épithète dessert même le substantif... *Degrés*, 1151 : les marches d'un escalier ! *Jardin*, 1149, sans adjectif ou au singulier est exclu du style noble.

> *C'est donc ici d'Esther le superbe jardin*

Au contraire, Boileau, *Satire*, VI, ou La Fontaine :

> *Son bonheur consistoit aux beautés d'un jardin.*

La langue tragique préfère encore *les places* : *Cinna, Horace* ; *place*, 1143, ne peut être qu'un lieu sans noblesse, dans une *ville* ou un *faubourg*. Elle parle des *portes (Bajazet...)*, non de *la porte*, 1149, si humblement concrète. Mais *les tables*, 1157, les *vases*, 1161, demeurent désespérément sans vraie résonance poétique.

Et puis, il y a *fenêtre, échelle*, 1173-1174... Comment alors ne pas citer A. de Musset pour montrer la réhabilitation de ces mots touchés par la grâce de la fantaisie :

> *C'est dans les nuits d'été, sur une mince échelle,*
> *Une épée à la main, un manteau sur les yeux,*
> *Qu'une enfant de quinze ans, rêve ses amoureux,*
> *Avant de se montrer il faut leur apparaître,*
> *Le père ouvre la porte au matériel époux.*
> *Mais toujours l'idéal entre par la fenêtre...*

A quoi rêvent les jeunes filles, I, 4... Il s'agit bien de cela dans *L'École des Femmes* !...

Les *soupirs pitoyables*, 1156, pourraient être tragiques : la situation et le comportement d'Arnolphe autant que la rime avec *tables* suppriment ce rayonnement. Comme substantif, *jaloux* est certainement exceptionnel dans le style noble ; *ma jalouse* est dans *Médée*, en 1635 !... Les possessifs : son *jaloux*, 1151, mon *jaloux*, 1166, montrent la nuance nouvelle d'essence comique.

Il y a aussi tout un lot d'expressions qui relèvent du style familier : *l'échapper bien belle*, 1144, par antiphrase éviter une bien belle aventure... ; qu'on retrouve sans le haut degré dans *Les Femmes savantes* :

> *Nous l'avons en dormant, Madame, échappé belle...*

Faire signe, 1148, sans article est le type de ces locutions verbales suspectes dans le registre soutenu...

Je vous jure, 1144, est synonyme de *je vous l'assure, je vous l'affirme*. Ce n'est pas un vrai serment. Opposons :

> *Hé quoi ! vous me jurez une éternelle ardeur,*
> *Et vous me le jurez avec cette froideur.*
>
> *Bérénice.*

Prendre le frais, 1147, existe dans la *Toison d'or* ; une féerie :

> *Souvent votre Médée y vient prendre le frais...*

Climat poétique qui est celui de La Fontaine :

> *Loin du monde et du bruit, goûter l'ombre et le frais.*

Ce qui n'en peut mais, 1165, est franchement familier. Enfin la langue, le style d'Horace deviennent *bas* avec *becque cornu*, 1162 : bouc cornu ; *becco cornuto* dans la pièce de Cicognini imitée dans *Dom Garcie*, mais auparavant déjà en circulation. Cette métaphore est une des plus importantes de *L'École des Femmes* et peut-être de tout le théâtre de Molière...

Le style de cette scène n'est pas dû exclusivement à ce choix systématique de mots concrets, familiers, que la tragédie répudierait. Il est aussi dans des valeurs proprement littéraires, *scéniques* en particulier.

Un monologue dramatique : d'où des verbes d'action nombreux ; le passé composé qui présente *le temps en flux*, comme on disait ; les futurs qui annoncent la récidive amusante : *je dois... Je dois... je me ferai connoître...* Les présents apportent une note sentencieuse, paradoxale, dans cette situation : vers 1177, et sq.

L'expression figurée n'est pas de mise ici. Elle est banale

de fait. On ne la rencontre vraiment qu'à la fin de la scène, lorsque Horace s'exalte à ses projets :

Dont... Mon amour tâchera..., 1174-5.
L'allégresse du cœur s'augmente à la répandre, 1177.

Ce style abstrait est en soi comique par sa dissonance avec l'ensemble du contexte.

La représentation pronominale est importante : elle est le signe de la présence et de l'affrontement des partenaires : *je, il, elle...* On remarquera la progression : son *jaloux*, 1151 — Mon *jaloux*, 1166. La cause d'Agnès est devenue absolument la sienne...

A diverses reprises la personne d'Arnolphe est rappelée : vous *y rencontrer* ; *je* vous *jure, je veux bien* vous *l'apprendre* ; Vous *prendrez part, Adieu...* or le dialogue n'intervient pas. Dans son emportement verbal, Horace certes ne permet pas à Arnolphe de placer un mot. Mais ce monologue invite à un dialogue qui n'aboutit pas. Pourquoi ? Une situation parallèle s'était présentée à l'acte III, 4, quand Horace racontait l'incident du pot de grès.

Volubile au début, Arnolphe finit par écourter ses réponses. Après qu'Horace a lu le billet d'Agnès, il se borne à dire : *Hon ! Chienne !*, provoquant la question : *qu'avez-vous ?*

— *Moi ? rien. C'est que je tousse.*

Nouvelle situation ici :

En toussant par trois fois je me ferai connoître...

Toutes les ressources du langage sont exploitées, épuisées ; désormais seul le silence peut exprimer les sentiments d'Arnolphe.

On peut même préciser cette symétrie avec la scène de l'acte III.

ARNOLPHE

Adieu.

HORACE

Comment, si vite ?

ARNOLPHE

*Il m'est dans la pensée
Venu tout maintenant une affaire pressée.*

Renversement des rôles :

*Vous prendrez part, je pense, à l'heur de mes affaires.
Adieu. Je vais songer aux choses nécessaires.*

Balles renvoyées, efficaces pour le spectateur qui a compris...

On pourrait encore commenter certaines réussites de détail ; la mise en relief de *Seule*, 1146 ; le soulignement : *...tous deux dans sa chambre*, 1150 ; univers d'où est exclu Arnolphe, livré à une muette impuissance, se battant contre des fantômes...

Insistons de préférence sur le rôle du corps et de la gesticulation. Dans la tragédie, les mouvements sont calculés, mesurés. Une esthétique sociale au XVIIe siècle rejoignait une éthique aristotélicienne. Il en va différemment pour la comédie. Le corps ne s'efface plus. L'agitation même désordonnée est souvent un principe de dramaturgie. Horace évoque ici, en les caricaturant, les gestes violents, absurdes d'Arnolphe, qui manquaient leur but. En face de ces démonstrations grotesques, l'attitude soudain figée de la victime, réduite à l'immobilité, comme un pantin désarticulé. Sous le poids du passé l'avenir déjà s'infléchit.

La versification n'offre qu'un cadre conventionnel à cette forme dramatique. Remarquons l'enchaînement de la scène 6 à la précédente par la rime.

Les échos : *Agnès-frais*, sont grêles, même avec l'orthographe *Agnés* de 1663. Il n'y a aucune conclusion ferme à tirer de la qualité riche ou médiocre de la rime ; mais les isométries sont fréquentes ; les identités grammaticales peu sensibles.

On est tenté de voir une cheville dans : *faire en sorte*, 1148 ; l'allitération *main mutinée* semble assez gratuite, 1160. L'image elle-même paraît peu naturelle. Existerait-elle sans la rime ? Y a-t-il vraiment un désir d'expressivité dans les sons répétés : ...*il faut bien qu'à ce becque cornu*, 1162 ?

On peut cependant trouver trace d'une certaine harmonie imitative aux vers 1155-1157.

L'ensemble demeure sans vraie résonance.

Le rythme, c'est d'abord la cellule métrique de 12 syllabes avec les deux pôles traditionnels à l'hémistiche et à la rime. Mais plusieurs vers ont d'autres césures : 1144, 1155, 1164, 1170, 1180, 1181. Ce récit exclut évidemment la forme brisée de l'alexandrin, si audacieuse et si neuve, que l'on rencontrait par exemple dans le dialogue d'Arnolphe et d'Agnès, II, 5 : *Ouf ! — Hé ! il m'a... — quoi ? — Pris... Euh — le... — Plaît-il ? — Je n'ose.* Ces licences ont contribué à détruire la ligne circonflexe de ce mètre. Tel quel avec ses discordances nombreuses, le rythme reste suffisamment varié et naturel.

En définitive, la qualité fondamentale de cette scène est la vivacité dans un ton adapté à la condition des personnages et un mouvement ininterrompu de l'action ; c'est là un mérite solide. Le récit n'a pas desservi une progression psychologique qui s'est affirmée d'un bout à l'autre préparant le dénouement. Malgré les règles d'un genre aux servitudes strictes, Molière a su préserver son originalité dans la vérité des caractères.

MITHRIDATE

MITHRIDATE

Hé bien ! n'en parlons plus, Madame.
Continuez : brûlez d'une honteuse flamme.
1085 *Tandis qu'avec mon fils je vais, loin de vos yeux,*
Chercher au bout du monde un trépas glorieux,
Vous cependant ici servez avec son frère,
Et vendez aux Romains le sang de votre père.
Venez. Je ne saurois mieux punir vos dédains,
1090 *Qu'en vous mettant moi-même en ses serviles mains ;*
Et, sans plus me charger du soin de votre gloire,
Je veux laisser de vous jusqu'à votre mémoire.
Allons, Madame, allons. Je m'en vais vous unir.

MONIME

Plutôt de mille morts dussiez-vous me punir !

MITHRIDATE

1095 *Vous résistez en vain, et j'entends votre fuite.*

MONIME

En quelle extrémité, Seigneur, suis-je réduite !

Mais enfin je vous crois, et je ne puis penser
Qu'à feindre si longtemps vous puissiez vous forcer.
Les dieux me sont témoins qu'à vous plaire bornée,
1100 *Mon âme à tout son sort s'étoit abandonnée.*
Mais si quelque faiblesse avoit pu m'alarmer,
Si de tous ses efforts mon cœur a dû s'armer,
Ne croyez point, Seigneur, qu'auteur de mes alarmes,
Pharnace m'ait jamais coûté les moindres larmes.
1105 *Ce fils victorieux que vous favorisez,*
Cette vivante image en qui vous vous plaisez,
Cet ennemi de Rome, et cet autre vous même,
Enfin ce Xipharès que vous voulez que j'aime...

MITHRIDATE

Vous l'aimez ?

MONIME

             Si le sort ne m'eût donnée à vous,
1110 *Mon bonheur dépendoit de l'avoir pour époux.*
Avant que votre amour m'eût envoyé ce gage,
Nous nous aimions... Seigneur, vous changez de visage.

MITHRIDATE

Non, Madame. Il suffit. Je vais vous l'envoyer.
Allez. Le temps est cher. Il le faut employer.
1115 *Je vois qu'à m'obéir vous êtes disposée.*
Je suis content.

MONIME, en s'en allant

O ciel ! me serois-je abusée ?

Mithridate, acte III, scène 5 (1673).

Torturé par la jalousie, Mithridate a résolu de savoir si Monime aimait Xipharès. Il a déclaré :

> *Par un mensonge adroit tirons la vérité.*
>
> Acte III, scène 4.

La scène 5 de l'acte III nous montre comment peu à peu Mithridate précipite sa victime dans un *piège* savamment tendu. La fin de cette scène que nous avons à étudier présente la dernière ruse du Roi. Il fait appel à la *gloire*, à l'honneur de Monime pour avoir raison de sa prudence.

La langue de ce texte écrit en 1672, le style et la versification s'ajustent-ils à l'expression de ces caractères ?

Plusieurs faits de syntaxe demandent à être expliqués. Les pronoms d'abord :

> *N*'en *parlons plus...*

Par ses origines, *en* représentait essentiellement la 3e personne, on le trouve même comme représentant de la 1re et de la 2e personne :

> *En public, en secret, contre vous déclarée,*
> *J'ai voulu par des mers* en *être séparée.*
>
> Phèdre, II, 5.

On peut admettre qu'il y a une ambiguïté voulue de la part de Mithridate : n'en parlons plus de ce sujet, ni de ce fils.

> *Cette vivante image* en qui *vous vous plaisez*, 1106.

Qui prépositionnel au XVIIe siècle était accepté, lorsque l'être (chose ou animal) représenté par le pronom n'était pas tout à fait pensé comme matériel. Évidemment ici le conjonctionnel *laquelle* eût déparé. La langue littéraire moderne revient aussi à cette syntaxe, très commode, en versification notamment, par sa brièveté.

Il est de forts parfums pour qui toute matière...
BAUDELAIRE, *Le Flacon*.

— *Il suffit*, 1113.

Les nominaux *ceci*, *cela*, pouvaient être représentés en ancien français par une forme, neutre comme eux, et qui avait le même sens ; c'est *il*, qui n'est pas du reste un neutre originel.

Ce *il* très fréquent au XVIe siècle l'est encore au XVIIe siècle ; il ne survit plus que dans les formules comme : il est vrai.

— *Il le faut employer*, 1114.

Quand l'objet personnel se rapporte à un infinitif dépendant immédiatement d'un autre verbe, le français classique (et aujourd'hui la langue littéraire un peu maniérée) place cet objet soit avant, soit après le verbe principal :

L'un vouloit le garder, l'autre le vouloit vendre.
LA FONTAINE, I, 13.

Actuellement ce n'est plus qu'avec des verbes très usités : voir, entendre, envoyer, laisser, faire, que l'on place le personnel en tête du groupe verbal : je le vois venir.

Quelques mots invariables, offrent aussi des emplois intéressants :

— *Tandis qu'avec mon fils...*, 1085.

Il s'agit d'une locution adversative empruntée à la temporalité dont la valeur est précisée par *cependant* : pendant ce, dont la valeur s'effrite au XIXe siècle seulement.

— *Cependant*, 1087, avait pour synonyme : ce temps pendant, qui a disparu au cours du XVIIe siècle. On disait aussi *tandis*.

— En *quelle extrémité... suis-je réduite !*, 1096.

Les textes montrent trois constructions : à, dans et *en*. Une valeur concrète est sensible dans *en* ; une image s'esquisse ainsi discrètement.

En ce qui concerne la syntaxe des propositions, on peut relever :

Ce Xipharès que vous voulez que j'aime..., 1108.

Il s'agit d'une proposition conjonctive associée à une complétive d'objet. Ce tour était très vivant au XVIIe siècle. Il l'est encore, même avec d'autres formes du conjonctif :

Les chasses à courre où *elle craignait* que *le Mesnil fût invité.*
A. FRANCE, *Le Lys rouge.*

Il existait un autre tour très usuel aussi :

J'ai fondé un caractère que je puis dire qui n'a pas déplu.
Préface de *Mithridate*

Il subsiste toujours ; Verlaine :

> *Que ton vers soit la chose envolée*
> *Qu'on sent qui fuit d'une âme en allée.*
> *Art poétique.*

Il est en concurrence avec l'infinitif.

— *Si le sort ne m'eût donnée... mon bonheur dépendoit*, 1109.

Cette syntaxe est fermement assurée dès le moyen français. En voici un exemple dans les *Essais*, II, 4 :

Nous autres ignorans estions perdus, si ce livre ne nous eust releves du bourbier !

Le resserrement du rapport entre la donnée et la résultante est un fait de syntaxe affective.

Racine

> *Mon bonheur dépendoit de l'avoir pour époux,* 1110.
> *Il vit que son salut dépendoit de lui plaire,*

trouve-t-on dans *Bajazet* aussi. Cette syntaxe est en relation avec la construction de *dépendre* suivi d'un substantif :

> *Tout dépend du secret et de la diligence.*
> *Iphigénie*, IV, 10.

En fait, il s'agit d'une survivance de l'infinitif substantivé. *De + infinitif* est la continuation directe de l'infinitif substantivé usuel en ancien français.

Au total, une syntaxe spontanée, conforme à l'esprit grammatical du temps.

Le vocabulaire nous restitue beaucoup plus fidèlement le climat classique.

Nous rencontrons d'abord des mots obligés dans une tragédie au XVIIe siècle : *Madame*, 1083 ; *Seigneur*, 1096; l'interjection : *O ciel !*, 1116.

Ce ne sont pas seulement de simples commodités métriques. Le caractère du genre appelle des transpositions inévitables par rapport à un registre plus simple, celui de la comédie par exemple : *trépas*, 1086, au lieu de *mort* ; *sang*, 1088, à la place de *vie*. Ce sont des images mortes. Mais la métonymie du *sang* est une constante du tragique dans Racine.

La couleur locale antique est obtenue à l'aide des mots : *dieux, Rome, Romains, Xipharès* ; c'est-à-dire des noms propres en fait. Elle reste donc très discrète.

Plus importants sont les mots trempés aux sources latines.

Servez, 1087 :

> *Un cœur né pour servir sait mal comme on commande.*
> CORNEILLE, *Pompée*, IV, 2.

Servile, 1090 : lui aussi rappelle vigoureusement *servus* : l'esclave ; jusque dans A. Chénier, *Élégies* et *Bucoliques*.

Soin, 1091 : doit être défini par rapport à *souci*. Il embrasse le domaine physique, intellectuel, moral, sentimental ; il concerne tout l'homme. D'une manière générale, *soin* désigne *l'application d'esprit à faire quelque chose*, selon l'Académie.

Au XVIIe siècle *souci* est plus fort que soin qui prolonge les divers sens de *cura*. Le Dictionnaire de l'Académie de 1694 le définit : *soin accompagné d'inquiétude*.

Laisser, 1092 : abandonner, laisser perdre ; *laxare curas* : se débarrasser de ses tracas.

Mémoire, 1092 : continue *memoria*, souvenir.

Entends, 1095 : Pour le comprendre, il faut le mettre en rapport avec ouïr, écouter (en ancien français, il y avait même oureiller).

Le Dictionnaire de l'Académie (1694) explique : Ouïr : *revevoir les sons par l'oreille*. — Entendre : *comprendre, concevoir en son esprit, avoir l'intelligence de quelque chose*. — Enfin écouter : *ouïr avec attention, prêter l'oreille pour ouïr*.

Autrement dit, ce sont les valeurs de *intendere* qui l'ont emporté sur celles d'*audire* : entrer dans les intentions de... La nature abstraite du français s'accommodait de l'infirmité morphologique de ouïr.

La langue du XVIIe siècle se manifeste plus nettement dans des mots dont l'exacte valeur n'est plus perçue immédiatement.

Fuite, 1095 : échappatoire.

Enfin, 1097 : après tout ce temps qui s'est déjà passé.

Enfin Malherbe vint...

En français contemporain, le sémantisme de cet adverbe a bien évolué ; il finit par signifier : heureusement, grâce à Dieu.

Plus généralement, on remarquera la force des adverbes dans cette langue qui précisent avec sûreté l'univers-temps de la tragédie.

Faiblesse, 1101 : complaisance amoureuse. Harmoniques variées :

> *Ces noms de roi des rois et de chef de la Grèce*
> *Chatouilloient de mon cœur l'orgueilleuse faiblesse.*
>
> Iphigénie, I, 1.

Le Dictionnaire de l'Académie (1694) précise : *défectuosité dans les choses qui regardent l'esprit, le jugement, le courage, la fermeté.*

Gloire, 1091, prolonge certes *gloria*, honneur, réputation : ce mot était fort à la mode sous Louis XIII. Corneille en est un bon témoin.

Quelques autres termes, *alarmes*, 1103, notamment, se situent plutôt du côté des emplois stylistiques.

En définitive, le vocabulaire révèle surtout une langue teintée de culture classique plus qu'archaïsante.
A cette place, signalons toutefois encore que la langue abstraite, psychologique de la tragédie élimine le plus possible les notations concrètes.

Mon âme, 1100, et *mon cœur*, 1102, sont des substituts rituels du pronom. Malgré tout, nous devons être attentifs à des notations comme : *ce gage*, 1111 (il s'agit du diadème royal), et *vous changez de visage*, 1112, qui restituent à Monime et à Mithridate une condition concrète, même si, de surcroît, elles sont le symbole ou le signe de valeurs morales ou de réalités psychiques.

ANALYSES STYLISTIQUES

Une fois éliminé ce substrat de la langue classique et du genre, comment définir l'originalité stylistique de ce passage ?

Il s'agit d'un drame où luttent deux êtres, l'un finissant par tomber dans le *piège* tendu à son innocente ferveur.

Le conflit extérieur est marqué par le dialogue : exclamations, interrogation indiquée seulement par le ton de la voix, même par des répliques brèves échangées entre les adversaires : v. 1094, 1095.

Il est difficile de parler ici de stichomythie : elle est le signe d'une tension lyrique beaucoup plus que tragique. Voilà pourquoi Racine ne l'a pas prodiguée.

Plus savant encore, l'art de la suspension au vers 1109 qui amènera d'abord sur les lèvres de Mithridate le mot *aimez* si redoutable.

Lorsque Monime dira : *Nous nous aimions...*, 1112, un silence cette fois apparaîtra, d'une tragique signification. Ce mot que sa pudeur a tant tardé à prononcer va libérer des forces de destruction.

Le caractère de Mithridate se montre dans l'accent héroïque de ses paroles : 1085-1087. Apparemment, elles ont un air de naturel dans la bouche d'un chef militaire. Sa nature brusque et hautaine se libère dans les impératifs si nombreux, distribués tout au long de cette scène. Ils manifestent souverainement en outre l'inéluctable contrainte du temps. La règle des 24 heures trouve ici sa justification tragique :

v. 1093 : *Allons, madame, allons. Je m'en vais vous unir.*
v. 1114 : *Allez. Le temps est cher. Il le faut employer.*

D'autre part, sa colère est marquée par les propositions très courtes qui suivent l'aveu de Monime. Torturé par ce qu'il a entendu, le vieux roi suffoque physiquement :

Non, Madame. Il suffit..., v. 1113 à 1116.

Son mépris est indiqué par l'usage d'adjectifs dépréciatifs dont l'antéposition souligne la nuance affective :

...*honteuse flamme*, 1084 ; ...*serviles mains*, 1090.

Parallèlement aux adjectifs, des expressions intensives marquent la violence de son dédain :

Je ne saurois mieux punir, 1089 ; *moi-même*, 1090 ; *jusqu'à*, [1092...

Sa bassesse se manifeste dans l'antithèse : *mon fils — son frère ; loin de vos yeux — ici*, 1085-8.

Ames et démarches dirigent cette rhétorique...

Significative aussi la façon dont il marque son affrontement avec Monime, grâce aux possessifs principalement : *votre père, votre gloire, votre mémoire, votre fuite*, 1088-1095.

Dernier signe enfin de son *mensonge* : les mots à double sens sur lesquels s'achève cette dramatique rencontre. Pour nous qui sommes prévenus de cette machination, le *Je suis content*, éclate douloureusement, 1116.

En face de la perfidie, la sincérité de Monime. Tout est pudeur, hésitation chez elle. Phrases optatives : 1094... en regard d'énoncés positifs : 1093-1095.

Exclamation qui marque le trouble de son âme : 1096. Propositions d'hypothèses : 1101, 1102, 1109.

Autant de signes sur le plan linguistique qui trahissent son désarroi ou sa réserve.

La perspective temporelle s'ajuste aussi à des sentiments très délicats. Aux vers 1110 et 1113 surtout, l'imparfait d'actualisation se gonfle de remous psychologiques, affectifs.

Cette victime de l'amour et du sort (le mot apparaît à deux reprises, comme une déité redoutable) a recours pour exprimer son destin à la forme passive : *bornée*, 1099 (au lieu d'un participe présent attendu : me bornant à vous plaire) ; *s'étoit abandonnée*, 1100 ; dans sa résignation, elle dit même : *me serois-je abusée ?* 1116.

Elle ne trouve de l'assurance que pour rejeter loin d'elle la pensée de Pharnace : Tous *ses efforts*, 1102 ; *Ne croyez point*, 1103 (cet outil négatif était au XVIIe siècle plus énergique que *pas*) ; jamais... *les* moindres *larmes*, 1104. Autant d'intensifs qui expriment ses sentiments.

Humblement, mais habilement aussi, elle retrace l'image de Xipharès avec les termes mêmes qui ont servi à Mithridate pour nous le présenter, v. 1105-1108 :

> *Ce fils victorieux que vous favorisez,*
> *Cette vivante image en qui vous vous plaisez,*
> *Cet ennemi de Rome, et cet autre vous-même,*
> *Enfin ce Xipharès que vous voulez que j'aime...*

Le démonstratif ici est à la fois geste d'appel et de refuge. Ce n'est pas la seule fois que Monime ait fait écho aux paroles de Mithridate. Avec une pointe de préciosité, le roi disait :

> *Je ne saurois mieux punir vos dédains*, 1089,

où le mot abstrait au pluriel acquiert une valeur concrète ; Monime répond sur le même ton :

> *Plutôt de mille morts dussiez-vous me punir !* 1094.

La métaphore de l'amour :

> *Brûlez d'une honteuse flamme*, 1084,

avec une alliance cinglante de mots est rappelée au contraire sur un mode nouveau, discret :

...si quelque faiblesse..., 1101.

Plus curieusement, les proclamations héroïques de Mithridate se répercutent dans les expressions figurées utilisées par Monime : alarmes, armes, alarmer, 1102-4. Il faut même voir une métaphore militaire dans : *suis-je réduite*, 1096.

De telles images étaient fréquentes dans la première moitié du XVIIᵉ siècle. En fait, ce ton reste exceptionnel dans l'œuvre de Racine. Il ne se comprend absolument que si l'on saisit à travers les paroles de Mithridate comme un écho (tragique ici dans cette parodie) de l'idéal cornélien. Ces mots *gloire, glorieux*, qui se pressent dans le discours de Mithridate rappellent une mode, un temps héroïque.

Précisément, comment ne pas évoquer la scène 2 de l'acte II de *Polyeucte*, où Pauline demande à Sévère de renoncer à elle pour sauver son honneur :

> *Est-il rien que sur moi cette gloire n'obtienne ?*
> *Elle me rend les soins que je dois à moi-même...*

Et Mithridate :

> *Et sans plus me charger du soin de votre gloire...*

Sévère désire

> *chercher au milieu des combats*
> *cette immortalité que donne un beau trépas ;*

Mithridate pareillement va

> *Chercher au bout du monde un trépas glorieux...*
> *Je veux laisser de vous jusqu'à votre mémoire.*

49

Sévère demandait à Pauline au contraire de ne pas oublier ses malheurs :

> ...*aimez-en la mémoire.*

Il est remarquable que *mémoire* et *gloire* se retrouvent à la rime dans les deux tragédies, pour une situation artificielle ici voulue par Mithridate. Les autres rencontres de mots sont dans le même ton.

De pareilles résonances étaient sensibles, n'en doutons pas, aux contemporains de Racine. Voltaire remarque que *l'épreuve de l'avare sur le cœur de son fils est la même que celle de Mithridate*. Mais ce n'est pas du côté de Molière que nous devons nous tourner. Monime est vaincue parce que le roi a joué le personnage du héros cornélien.

Telles sont les valeurs fondamentales de ce texte accordées à l'émotion tragique.

La versification donne sa forme définitive à l'énoncé dramatique.

Le mètre de *Mithridate* comme de toute tragédie classique est l'alexandrin. Le compte des syllabes ne présente ici aucune difficulté, c'est-à-dire aucun intérêt. Les diérèses comme *glorieux* sont normales.

Le rythme de ces vers, c'est d'abord cette succession métrique de 12 syllabes. Si nous recherchons des crêtes rythmiques, nous découvrons la juste place des mots essentiels sous l'accent, à l'hémistiche et à la rime notamment :

> *Vous cependant ici servez avec son frère,* 1087 ;

et parfois une symétrie ou même une isochronie accentuelle :

> *Mon bonheur dépendoit de l'avoir pour époux,* 1110 ;

mais plus souvent encore des accidents variés, car la déclamation tragique n'est pas soumise aux contraintes d'un poème lyrique. C'est pour cela aussi que la formule circonflexe pure demeure exceptionnelle dans ce passage de tension dramatique.

Nous remarquons la rupture du cadre métrique par les suspensions du dialogue : v. 1083, 1109, 1116 :

> ...Hé bien ! n'en parlons plus, Madame.
> Vous l'aimez ? — Si le sort ne m'eût donnée à vous...
> Je suis content. — O ciel ! me serois-je abusée ?

A l'intérieur même du mètre, la ligne circonflexe est rompue en faveur de cadences plus expressives et moins oratoires. Parler de protase et d'apodose ne signifie rien à propos par exemple des derniers vers de cette scène.

Il faudrait tenir compte aussi des inversions nombreuses qui créent des figures rythmiques imprévisibles et variées. Nous avons enfin une discordance fréquente entre le mètre et la syntaxe : du type rejet, 1111-1112 :

> *Avant que votre amour m'eût envoyé ce gage,*
> *Nous nous aimions... Seigneur, vous changez de visage ;*

où la rupture d'une ligne mélodique est manifeste ; un enjambement surtout, dans les vers dits par Monime principalement. Cependant cette discordance n'influe pas sur la liaison des rimes ; elle s'opère en dehors de chaque système.

Les *rimes* dans Racine sont à la fois un appel de sens et de son. Il n'est donc pas étonnant de constater combien peu elles sont surprenantes et rares.

Madame et *flamme*, 1083-4, bien que traditionnelles, sont approximatives seulement du point de vue phonétique.

Alarmer, armer, alarmes, larmes, 1100-4, seraient trop faciles, si elles n'apparaissaient pas à l'oreille comme des échos tragiques répercutés, brisant une mélopée.

Les rimes de même nature grammaticale sont finalement nombreuses ; l'isométrie, sans être constamment flagrante (comme dans les 4 derniers vers), est tout de même importante.

A l'occasion, des timbres homophoniques renforcent le *coup de gong* de la rime : *vos yeux — glorieux*, 1085-6 ; *envoyer — employer*, 1113-4. Dans cette fonction, on trouve jusqu'au jeu du mot tout entier : *votre gloire — votre mémoire*, 1091-2.

Curieusement, l'antithèse d'un pronom détache le mot à la rime : vos *dédains* — ses *serviles mains*, 1089-90 ; vous *unir* — me *punir*, 1093-4 ; votre *fuite* — *suis*-je *réduite*, 1095-6. Il y a là une recherche sémantique d'expressivité nouvelle.

On sera sensible encore à la façon dont s'enchaînent les répliques de Mithridate et de Monime. La rime *unir* appelle *punir* dit par Monime ; et *fuite*, prononcé par Mithridate, entraîne *réduite*.

Il ne faut pas y voir sans doute un artifice mnémotechnique prodigué dans le théâtre du Moyen Age, mais le choix de cette voyelle aiguë précise une volonté de particulière insistance.

A cet égard, il est curieux de noter que ce sont les voyelles les plus térébrantes qui reviennent à la rime ; du vers 1097 au vers 1106 (exception faite de la rime alarme), nous n'entendons que le son *é*.

> *Mais enfin je vous crois, et je ne puis penser*
> *Qu'à feindre si longtemps vous puissiez vous forcer.*
> *Les dieux me sont témoins qu'à vous plaire bornée,*
> *Mon âme à tout son sort s'étoit abandonnée.*
> *Mais si quelque faiblesse avoit pu m'alarmer,*

> *Si de tous ses efforts mon cœur a dû s'armer,*
> *Ne croyez point, Seigneur, qu'auteur de mes alarmes,*
> *Pharnace m'ait jamais coûté les moindres larmes.*
> *Ce fils victorieux que vous favorisez,*
> *Cette vivante image en qui vous vous plaisez...*

Il y a déjà une recherche nette d'harmonie qui triomphe dans cette tonalité lancinante.

L'*harmonie !* Au XVIIe siècle, il est admis qu'il n'y a jamais d'hiatus externe ; le mètre étant à lui seul une ponctuation rythmique et euphonique suffisante. Bien entendu, on ne rencontre pas d'hiatus interne, ou en tout cas, il est amorti par un *e* atone :

> *...m'eût donné*e *à vous,* 1109.

L'*harmonie vocalique* reste discrète ailleurs qu'à la rime ; sous peine de subjectivisme facile, il serait téméraire de rechercher des intentions précises dissimulées sous telle ou telle rencontre vocalique. Inquiétante cependant cette tonalité concertée en *u* et *i*, perçue d'un bout à l'autre de ce texte, et avec une telle acuité aux vers 1094, 1095, 1096, etc. :

> *Plutôt de mille morts dussiez-vous me punir !*
> *Vous résistez en vain, et j'entends votre fuite.*
> *En quelle extrémité, Seigneur, suis-je réduite !*

ou dans les formes : *puis, puissiez, eût,* etc. En outre, comme dans tout texte poétique, la fréquence des voyelles composées, et des nasales est remarquable.

L'*harmonie consonantique* sollicite plus nettement encore notre oreille ; elle apparaît du reste comme une forme du rythme.

Ier *aspect :* L'allitération contiguë : *mille morts,* 1094 ; *je ne puis penser,* 1097 ;

2ᵉ aspect : Les correspondances à l'intérieur du mètre, initiales et terminales : *feindre... forcer*, 1098 ; *fils... favorisez*, 1105.

Mais il serait absurde de rechercher dans ces 30 vers, d'une telle importance psychologique, des ruses constantes en ce domaine. Elles seraient allées contre la vraisemblance.

Bornons-nous donc à marquer que les sons s'adaptent, et l'ensemble de la versification de ce texte, aux états d'âme successifs des personnages, sans heurt et sans dissonance.

Les plus belles scènes sont en danger d'ennuyer, du moment qu'on les peut séparer de l'action, écrit Racine dans la préface *de Mithridate*. Ici, l'art de la parole est au service de l'action. On ne saurait mieux montrer les effets du verbe qu'en voyant ses ravages sur ceux-là justement qui essayaient de se délivrer de leur inquiétude ou de leur tourment et qui brisent l'objet de leur amour.

PHÈDRE

PHÈDRE

. . . .
Aricie a trouvé le chemin de son cœur.

ŒNONE

1225 *Aricie ?*

PHÈDRE

Ah ! douleur non encore éprouvée !
A quel nouveau tourment je me suis réservée !
Tout ce que j'ai souffert, mes craintes, mes transports,
La fureur de mes feux, l'horreur de mes remords,
Et d'un refus cruel l'insupportable injure,
1230 *N'étoit qu'un faible essai du tourment que j'endure.*
Ils s'aiment ! Par quel charme ont-ils trompé mes yeux ?
Comment se sont-ils vus ? Depuis quand ? Dans quels
  [lieux ?
Tu le savois. Pourquoi me laissois-tu séduire ?
De leur furtive ardeur ne pouvois-tu m'instruire ?
1235 *Les a-t-on vus souvent se parler, se chercher ?*
Dans le fond des forêts alloient-ils se cacher ?

Hélas ! ils se voyoient avec pleine licence.
Le ciel de leurs soupirs approuvoit l'innocence ;
Ils suivoient sans remords leur penchant amoureux ;
1240 *Tous les jours se levoient clairs et sereins pour eux.*
Et moi, triste rebut de la nature entière,
Je me cachois au jour, je fuyois la lumière :
La mort est le seul dieu que j'osois implorer.
J'attendois le moment où j'allois expirer ;
1245 *Me nourrissant de fiel, de larmes abreuvée,*
Encor dans mon malheur de trop près observée,
Je n'osois dans mes pleurs me noyer à loisir ;
Je goûtois en tremblant ce funeste plaisir ;
Et sous un front serein déguisant mes alarmes,
1250 *Il falloit bien souvent me priver de mes larmes.*

ŒNONE

Quel fruit recevront-ils de leurs vaines amours ?
Ils ne se verront plus.

PHÈDRE

Ils s'aimeront toujours.

Phèdre, acte IV, scène 6 (1677).

Thésée vient de révéler à Phèdre l'amour d'Hippolyte pour Aricie. Le dépit de la reine éclate d'abord dans un bref monologue :

Hippolyte est sensible et ne sent rien pour moi.

Œnone arrive. Alors la jalousie de Phèdre va s'exaspérer dans l'évocation du bonheur des deux amants. Quel contraste avec sa propre détresse ! Langue, style, versification, sont-ils fidèles au mouvement de cette scène ?

Le matériel grammatical et la phrase peuvent servir des intentions dramatiques.

Dans une série énumérative, malgré la coordination par *et* le verbe reste au singulier : *N'étoit*, 1230. L'accord est réalisé ici, avec le terme initial synthétique : *tout*. Il n'y a donc aucune surcharge.

La préposition *à* possède au XVIIe siècle des emplois plus étendus qu'aujourd'hui. On disait alors aussi bien *réservé à*, 1226, que *pour*. Racine écrit lui-même dans *Andromaque*, III, 6 :

Son fils, seul avec moi, réservé pour les fers. Pour est peut-être plus concret ; Racine a sans doute voulu éviter une triple répétition « ou » dans un même hémistiche. De plus, *à* prolonge les accords plaintifs : *Aricie ? Ah !*, 1225.

La voix pronominale est très employée dans ce passage : elle convient admirablement en effet à l'expression à la fois active et passive d'un procès : *s'aimer, se parler, se chercher, se cacher, se voir*, 1231-7 ; et en face de ce bonheur, le tourment de Phèdre : *me nourrir, me noyer, me priver*, 1245-50, créatrice elle-même et victime de sa passion.

Un cas demande explication : *...me laissois-tu séduire*, 1233. L'infinitif a longtemps été indifférent à la voix. Dans les verbes pronominaux, peu importait leur nature intrinsèque, l'infinitif objet perdait traditionnellement son indice morphologique *se* après un verbe principal comme : *faire, laisser, sentir, voir*. Cet usage s'est maintenu jusqu'au XVIIIe siècle. Aujourd'hui *faire* continue seul à se construire ainsi. Il faut reconnaître que l'ambiguïté de la voix ici sert les déclarations de Phèdre : agent plus ou moins volontaire de son égarement.

On notera l'extraordinaire fréquence du pronom : *je*, même *moi*, et des possessifs *mes*. Le personnage de Phèdre occupe et domine réellement toute la scène. En face d'elle, les deux amants. Ils ne sont pas nommés : c'est inutile désormais. Mais le pronom pluriel les associe dans un même sentiment de détestation : *ils, les, leur*.

L'emploi des temps est instructif aussi. Statistiquement, l'imparfait n'est pas commun dans le discours. Or, il est multiplié ici. Il convient d'en préciser certaines valeurs. Il sert surtout à exprimer des faits conçus comme possédant une certaine durée ; il installe dans une situation qui se prolonge, douloureuse, ici pour Phèdre ; il marque l'habitude ; psychologiquement, il est donc important.

D'autre part, l'imparfait se définit par rapport au passé composé, marquant un passé révolu, mais encore vivant, « en flux », dans la pensée du locuteur :

> ...*Par quel charme ont-ils trompé mes yeux ?*, 1231.
> *Les a-t-on vus souvent se parler...*, 1235.

Toute différente la périphrase : ...*j'allois expirer*, 1244, et surtout l'imparfait modal : ...*ne pouvois-tu m'instruire*, 1234, plus élégant que la forme en -rais : *n'aurois-tu pas pu*...

On relèvera encore l'absence si dramatique de concordance :

> *La mort est le seul dieu que j'osois implorer*, 1243.

Quant aux futurs, à la fin du passage, ils ouvrent une perspective nouvelle sur l'histoire de ces amours.

La phrase est souvent lyrique, chargée d'affectivité : d'où les interrogations, les exclamations, les courtes propositions ou même les phrases sans verbe quand Phèdre suffoque de jalousie impuissante.

Après un moment de répit, la tension réapparaît grâce aux propositions participiales qui allègent le discours en le débarrassant de conjonctifs. L'ordre des mots :

> *Me nourrissant de fiel, de larmes abreuvée*, 1245.

est évidemment expressif, même si une telle variation est due à une servitude du vers : *abreuvée* ne peut se trouver qu'à la rime à défaut d'initiale vocalique.

Très remarquables enfin les faits de coordination. D'abord l'asyndète pathétique, dans ces mouvements affectifs divers ou ces rappels d'un passé brûlant. Puis l'enchaînement par un mot de reprise : *Aricie*, 1224, ou un succédané coordinatif : *Encor*, 1246, chargé il est vrai de valeur concrète : dans ce temps-là. Mais au comble du désarroi, Phèdre ne trouve pour lier ses idées que la plus élémentaire des jointures, dont la valeur impressive, après ponctuation, est évidemment très forte : Et *moi*. Et *sous un front...*, 1241-9.

Autant de faits grammaticaux qui éclairent des touches psychologiques.

Le choix et l'utilisation des mots sont pourtant plus essentiels encore dans l'acte de communication, quand bien même ici les propos de Phèdre n'appelleraient pas de réponse immédiate de la part d'Œnone.

Cette langue a très peu vieilli. *Essai*, 1230, comme au XVIᵉ siècle avait alors des valeurs nombreuses : échantillon, avant-goût, aperçu... C'est une image à peu près morte.

Un *charme*, 1231, c'est un sortilège, tout à fait naturel dans cet univers mythologique. On doit le mettre en rapport avec *séduire*, 1233 : entretenir dans l'illusion, et détourner de la voie droite. Les deux mots appartiennent finalement au même champ sémantique.

Licence, 1237, d'après Richelet, était vieux. Les acceptions modernes étaient déjà les plus fréquentes.

D'autres termes, typiques de la langue amoureuse du XVIIᵉ siècle se trouvent ici : *transports*, 1227, *feux*, 1228, *soupirs*, 1238, *alarmes*, 1249. Grâce à leur discrétion, ils ne font pas oublier la nature tragique de cette scène soulignée par un vocabulaire très insistant, depuis *douleur*,

1225, jusqu'à *larmes*, 1250. A lui seul, il définit le caractère des propos de Phèdre. Ces mots ne concernent pas une psychologie abstraite. La jalousie de la Reine nous est manifestée dans ses effets, plus que dans son essence : *tourment, cruel, insupportable*...

Au niveau du lexique, le style tragique au XVIIe siècle, c'est encore tout un lot de termes nobles ou d'une *tristesse majestueuse*, ceux que Racine justement a multipliés dans la deuxième partie de cette confession : *morts, expirer, malheurs, pleurs, tremblants*...

Ces intentions stylistiques sont précisées en outre de diverses manières par les pluriels qui multiplient les vibrations du substantif : *mes craintes, mes transports, mes feux, mes remords*..., 1227 ; par le refus de toute matérialité : nourrir de fiel, abreuver de larmes, 1245, noyer dans les pleurs, 1247 ; autant de compléments qui délivrent la personne de Phèdre de toute contingence.

Un adjectif peut paraître indispensable pour excuser une image trop réaliste ou une notation trop concrète : *triste rebut*..., 1241, *front serein*..., 1249 ; ce n'est pas une banale métonymie.

Pareillement, seul le pluriel permet à *forêts*, 1236, de s'introduire dans cette évocation, comme à l'acte I, 3 :

Dieux ! que ne suis-je assise à l'ombre des forêts !

Du reste, les deux vers se font écho ; il faut être sensible à ces harmoniques qui soulignent des effets pathétiques : souhaits amers bafoués par une odieuse réalité.

La forme superlative du discours est également révélatrice des pensées de Phèdre, qui a perdu toute mesure.

Ses sentiments sont portés au paroxysme de leur violence : depuis les formes négatives dans la première partie de ce dialogue : *non encore éprouvée*, 1225 ; *insupportable*,

1229 ; jusqu'aux affirmations absolues : *Tous les jours...*, 1240 ; *le seul dieu...*, 1243.

Le choix d'une langue d'essence dramatique rend compte aussi de l'expression figurée, parcimonieusement distribuée. Le style tragique refusait les images trop personnelles et vives. D'où ces métaphores que nous jugeons usées ; elles étaient alors nécessaires et Racine ne pouvait pas les rendre plus insistantes. Repérons du moins l'unité des éléments qui les constituent :

Aricie a trouvé le chemin de son cœur, 1224,
Ils suivoient sans remords leur penchant amoureux, 1239,
Quel fruit recevront-ils..., 1251.

L'emploi figuré des mots conduit en outre à la personnification : c'est un transfert attendu dans le ton tragique,

Et d'un refus cruel l'insupportable injure..., 1229,
Le ciel de leurs soupirs approuvoit l'innocence, 1238 ;

ou à cette métonymie si énergique :

...Par quel charme ont-ils trompé mes yeux ?, 1231.

Les alliances de mots montrent mieux l'originalité de Racine et sa maîtrise : *furtive ardeur*, 1234 ; *funeste plaisir*, 1248 ; prise aux sources étymologiques, la puissance de ces adjectifs est d'un effet sûr.

Comment de même ne pas être attentif à la répétition de certains termes : *tourments*, 1226-30 ; *aimer, remords*, 1239, qui conduisent la réflexion désespérée de Phèdre confrontant deux amours : l'un triomphant, l'autre vaincu ; l'un, principe de joie et d'exaltation, l'autre de honte et d'anéantissement. À la solitude dans le bonheur d'Hippolyte et d'Aricie, s'oppose la solitude de Phèdre.

Mais cette dialectique ne refuse pas des visions réalistes ou suggestives. Par delà les nécessaires conventions de la bienséance dramatique, quelle gradation signifiante dans les verbes : *se parler, se chercher, se cacher...*, 1235-6 ! La force de Racine est d'avoir même agrandi ce conflit humain aux dimensions du sacré au vers 1274 : *les jours* terrestres du bonheur des amants forment antithèse avec *le jour* et *la lumière* de *ce sacré soleil* dont Phèdre est *descendue* et qu'elle fuit, jour et lumière immatériels de surcroît dont elle est frustrée par son aveuglement et son obstination.

A quoi bon invoquer Vénus ou Diane : désormais Phèdre ne trouve de recours possible que dans la mort toujours fidèle et secourable.

Tout au long de ces aveux, notre attention a été sollicitée dans plusieurs directions, l'évasion vers une carte du Tendre, l'échappée au fond d'un espace de rêve. Pourtant le poète tragique reste fidèle à son rôle : les jeux de l'Amour n'existent pas, ils conduisent au désespoir et à l'empire des ténèbres.

La versification unifie les différents aspects de cette parole. Les rimes sont à la fois un appel de sens et de son. Les identités grammaticales sont presque constantes. Prenons garde cependant à la charge tragique d'amertume d'une rime aussi usée en principe qu'*amours* et *toujours*, 1251-2 ; charge valorisée encore par l'enchaînement des répliques. Les isochronies sont également très nombreuses alors que les homophonies supplémentaires qui renforcent le timbre de la rime sont peu fréquentes ; vocalique : *l*icence, *i*nnocence, 1237-8 ; consonantique : im*p*lorer, ex*p*irer, 1243-4 ; portant sur un mot : *mes* alarmes, *mes* larmes, 1249-50.

Dans la structure de l'alexandrin on retrouve les principales règles classiques : l'équilibre de l'hémistiche réalisé par une double qualification : *clairs* et *sereins*, 1240 ; l'inversion du complément dans un premier hémistiche :

Le ciel de leurs soupirs approuvoit l'innocence, 1238.

En poésie, l'inversion à elle seule passait pour une élégance.

On remarquera de même la place variée de l'adjectif :

Et d'un refus cruel l'insupportable injure, 1229,

et la situation dans le deuxième hémistiche du mot le plus long réalisant une forme assez prévisible.

Les lignes circonflexes sont évidemment prépondérantes. Mais au théâtre l'alexandrin s'assouplit pour traduire plus fidèlement les accents du discours. À côté des tétramètres isochrones du type,

Aricie a trouvé le chemin de son cœur, 1224,
Ils suivoient sans remords leur penchant amoureux, 1239 ;

signe d'une espèce d'ataraxie, mais cette formule se retrouve à propos de Phèdre elle-même :

Je n'osois dans mes pleurs me noyer à loisir ;
Je goûtois en tremblant ce funeste plaisir, 1247-8 ;

on repérera les accidents variés dus à des mouvements affectifs de toute nature, à commencer par le dialogue rompu, puis les diverses exclamations et interrogations.

Malgré tout, la concordance entre le mètre et la syntaxe est presque rigoureuse : ni rejet, ni enjambement, simplement résolution et achèvement de vastes éléments propositionnels dans des apodoses équilibrées.

L'harmonie enfin reste délicate, au niveau de l'allitération et de l'assonance prolongée ou non sur tout un vers :

La fureur de mes feux, l'horreur de mes remords,
Et d'un refus cruel l'insupportable injure..., 1228-9.

Pourtant la fréquence ici du son *r* inhabituel en poésie semble significative de la colère de Phèdre : c'est une espèce de métaphore articulatoire.

Les échos à l'hémistiche enfin sont assez nets : *forêts, voyoient*, 1236-7 ; *malheur, pleurs*, 1246-7 : signe d'une tension expressive.

Au total donc, une technique versifiée aussi souple que sûre malgré des contraintes nombreuses.

Phèdre désormais ne pourra plus reculer : ses paroles auront précipité l'action. Le but de notre enquête était précisément de faire entrevoir ce rôle du langage libérant la passion ; de montrer aussi quelle violence dissimulaient une langue et une poésie apparemment si mesurées.

LA FONTAINE

TIRCIS ET AMARANTE

. . . .
30 *Tircis disoit un jour à la jeune Amarante :*
Ah ! si vous connoissiez comme moi certain mal
    Qui nous plaît et qui nous enchante !
Il n'est bien sous le ciel qui vous parût égal :
    Souffrez qu'on vous le communique ;
35   *Croyez-moi ; n'ayez point de peur :*
Voudrois-je vous tromper, vous pour qui je me pique
Des plus doux sentiments que puisse avoir un cœur ?
    Amarante aussitôt réplique :
Comment l'appelez-vous, ce mal ? quel est son nom ?
40 *L'amour. Ce mot est beau ; dites-moi quelques marques*
A quoi je le pourrai connoître : que sent-on ?
Des peines près de qui le plaisir des monarques
Est ennuyeux et fade ; on s'oublie, on se plaît
    Toute seule en une forêt.
45   *Se mire-t-on près un rivage*
Ce n'est pas soi qu'on voit ; on ne voit qu'une image
Qui sans cesse revient, et qui suit en tous lieux :
    Pour tout le reste on est sans yeux.
Il est un berger du village
50 *Dont l'abord, dont la voix, dont le nom fait rougir :*
    On soupire à son souvenir ;
On ne sait pas pourquoi, cependant on soupire ;
On a peur de le voir, encor qu'on le désire.

> *Amarante dit à l'instant :*
> 55 *Oh ! oh ! c'est là ce mal que vous me prêchez tant ?*
> *Il ne m'est pas nouveau : je pense le connoître.*
> *Tircis à son but croyoit être,*
> *Quand la belle ajouta : Voilà tout justement*
> *Ce que je sens pour Clidamant.*
> . . . .
>
> *Fables*, livre VIII, 13 (1674).

Les *Fables* de La Fontaine ne mettent pas seulement en scène des animaux ou des plantes. L'homme tient son rôle aussi dans cette *ample comédie* ; témoin cette fable 13 du livre VIII *Tircis et Amarante*, où le poète dit lui-même :

> *Amenons des bergers ; et puis nous rimerons*
> *Ce que disent entre eux les Loups et les Moutons.*

Une intrigue s'y ébauche avec des caractères joliment esquissés, jusqu'à un dénouement qui retourne la situation d'une façon aussi imprévue qu'amusante.

La langue, le style et la versification servent-ils le dessein de La Fontaine ?

Walckenaer signale un manuscrit qui remonte au 11 décembre 1674. Malgré cette date tardive, il convient d'expliquer plusieurs faits caractéristiques de la langue à cette époque. D'abord l'emploi d'un verbe simple, là où nous mettrions un composé : *connoître*, 41, au sens de reconnaître ; usage qui a persisté jusqu'au début du XIXe siècle.

L'article était presque de règle en phrase négative dans les locutions verbales, du type : *n'ayez point de peur*, 35. Une nuance de sens sépare du reste les deux constructions : *n'ayez pas peur* est une simple négation. *Point* a gardé longtemps sa charge nominale : « Point d'argent, point de Suisse ». La délicatesse de Tircis ou sa timide audace trouvent donc leur juste formulation.

Dans l'ancienne langue on évitait de mettre un pronom atone régime devant un infinitif. A l'époque classique encore lorsqu'un verbe à un mode personnel, fonctionnant comme semi-auxiliaire surtout, en précédait un autre à l'infinitif, on considérait synthétiquement le groupe. Le régime se plaçait donc avant le premier verbe : *...je le pourrai connoître*, 41.

Ce n'est qu'au XVIIIe siècle que le relatif *quoi* s'est figé dans le rôle d'un neutre indéterminé. Vaugelas trouvait *fort élégant et fort commode* l'emploi de *quoi* représentant un nom de choses au pluriel ; *quelques marques A quoi...*, 41, n'a donc rien d'insolite.

La langue littéraire moderne renoue bien souvent avec la tradition classique sur ce point : *lequel* paraît lourd.

De même *qui* prépositionnel au XVIIe siècle avec les noms de choses est assez commun, surtout lorsque le pronom n'est pas absolument pensé comme matériel, à la faveur d'une personnification. Ce n'est pas tout à fait le cas ici : *Des peines près de qui...*, 42. La Fontaine a sans doute voulu éviter une cacophonie : des peines près desquelles... Le relatif complexe est tellement encombrant !

D'autre part, *près de* est un outil de comparaison très usité alors, dans tous les genres (*Tartuffe*, 350 ; *Esther*, 596...). Il était en concurrence avec *au prix de*. Plus tard seulement, d'Olivet le jugera archaïque.

Toute différente, la syntaxe *près un rivage*, 45. Dans un conte, La Fontaine écrit : *près de*. L'Académie dès 1718 jugeait que notre construction appartenait à des phrases du discours familier. La leçon traditionnelle peut être maintenue : venant après *près de qui*, *près d'un rivage* eût manqué de grâce.

On relèvera encore l'emploi heureux de l'imparfait du subjonctif exprimant l'éventualité après un indicatif présent :

Il n'est bien sous le ciel qui vous parût égal, 33.

D'excellents écrivains au XIXe siècle conserveront cet usage.

Encore que, 53, était très employé dans la langue classique : il unit un sens d'opposition à une nuance de concession. Il a sans doute aussi une valeur plus concrète qu'aujourd'hui : *dans le moment où* ; de même que *cependant* n'est pas pleinement abstrait : *pendant ce temps*.

On notera que le verbe reste au singulier avec plusieurs sujets non coordonnés dans la progression suggestive :

Dont l'abord, dont la voix, dont le nom fait rougir, 50.

Reflet du tour latin *timor hostium*, la construction déterminative assez ambiguë : *le plaisir des monarques*, 42 ; s'agit-il du plaisir qu'éprouvent ou que donnent les monarques ? Dans ce cas, nous aurions une flatterie de courtisan... Il vaut mieux interpréter selon la formule parallèle : *plaisir de roi*...

Enfin, on remarquera la construction sans régime du verbe transitif : *...qui suit en tous lieux*, 47. L'Académie eût souhaité un complément en pareil cas. La langue abstraite et celle des précieux tendaient au contraire à éviter une trop grande détermination. La langue philosophique au XVIIIe siècle sera coutumière du fait aussi.

Au total donc, une langue bien enracinée dans l'usage vivant, ajustée même à des intentions psychologiques précises.

Comment définir le vocabulaire de ce texte ? Une première orientation, décisive, nous est donnée par les noms propres. Il s'agit d'une pastorale. Tircis provient des *Bucoliques* de Virgile ; Amarante, étymologiquement est un adjectif, issu du grec : qui ne se flétrit pas. L'immortelle ! quelle promesse !...

En face de ces noms propres évocateurs, un nom inconnu, par contraste : Clidamant. Il n'est pas difficile d'y retrouver un élément Cli (Cly-mène, etc...) et amant. Amarante et son amant : le cycle est complet. L'apologue se clôt sur un sourire de La Fontaine.

Forêt, se mirer, rivage, berger, village, entretiennent l'atmosphère de cette scène empruntée, dirait-on, à *L'Astrée.* N'y voit-on pas une *source à la vérité merveilleuse* qui renvoie l'image de la bien-aimée ?

On y célèbre pareillement un amour précieux. *Souffrez,* 34 ; *je me pique,* 36 : Vaugelas était agacé par ce verbe qu'il n'osa proscrire, mais que Molière ridiculisa.

Enchanter, 32, est aussi un maître mot de ce lexique, pleinement signifiant toutefois.

La belle, 58, est un terme d'époque, presque toujours souligné d'un clin d'œil complice et mutin. Il arrive ici au dénouement...

Monarques, 42, n'est qu'un mot de civilisation ; quant à *prêcher,* 55, il est synonyme de *louer, vanter,* au XVIIe siècle. Le Dictionnaire de l'Académie en 1694 confirme cette **valeur.**

Mais il faut encore être attentif aux appels réitérés : *mal, mal, mal, plaît, plaisir, plaît...* qui traversent, obsédants, cette scène de galanterie.

Le matériel grammatical précise ces intentions.

Non pas *un* mal, mais certain *mal,* 31 : l'indéterminé est tellement plus expressif !

Au contraire, l'indéfini : un *cœur,* 37 ; un *berger...,* 49, reste suffisamment évocateur dans sa discrétion. Tircis ajoute, il est vrai, *du village,* celui qu'Amarante connaît bien...

Quel jeu habile des pronoms, du *on* en particulier si cher aux Précieux, et si ductile ! moi, vous, les autres...

La forme *il y a* est impossible en vers à cause de l'hiatus ; moins banale, *Il est,* 49, se pare de grâce dans la bouche de Tircis ! Ce berger connaît l'art de varier les modes : impératif : *Souffrez...*, 34 ; hypothétique : *Voudrois-je...*, 36. Le subjonctif : *puisse*, 37, n'était pas grammaticalement obligatoire alors. Il traduit ici une pesée critique plus délicate.

Et quelle science dans cette série de verbes pronominaux : *s'oublier... se plaire... se mirer...* pour exprimer un abandon complice.

Très importante encore à cause de ses conséquences, la distribution des verbes par rapport aux substantifs. Pour l'ensemble des *Fables*, les statistiques donnent 55 % de substantifs contre 24 % de verbes. Or ici la proportion est inverse. La raison ? Il s'agit d'un drame. Le verbe est vie ; le substantif au contraire sert la narration ou la contemplation.

De plus, ces verbes sont en majeure partie au présent. A l'exception des présents actuels, dans le dénouement, il s'agit de présents atemporels signes d'un monde affranchi de la durée destructrice, comme Amarante.

Au vrai, nous atteignons ici les frontières mêmes du style. Quelques figures le définiront dans ses aspects essentiels : mais d'abord le choix d'une forme dialoguée, d'où les exclamations, les interrogations ; les reprises typiques du style parlé :

Comment l'appelez-vous ce mal ?..., 39 ;

les impératifs qui imposent la présence de l'interlocuteur.

Autant de faits qui marquent une action dramatique. Pensons toutefois à la manière dont s'engage le dialogue ; car le XVIIe siècle ignore les guillemets et les tirets. Les phrases :

Amarante aussitôt réplique..., 38.

et

Amarante dit à l'instant..., 54,

sont donc conventionnelles. Seul l'adverbe essaie de masquer l'artifice, en introduisant l'idée d'une nécessaire caractérisation, dans le débit des personnages.

La rhétorique de ce texte ? La gradation : *plaît* et *enchante*, 32, le dernier verbe amenant l'idée d'un surnaturel invincible ; *A bord, voix, nom...*, 50.

Mais *ennuyeux et fade*, 43 ? Au XVIIe siècle *ennui* et ses dérivés ne drainent pas une notion usée de dégoût ou de satiété. *Fade* est sans doute plus expressif encore, car il nie : sans force, insignifiant.

L'antithèse :

Des peines près de qui le plaisir des monarques, ...42.

se présente de même à un degré raffiné grâce à l'opposition grammaticale du singulier et du pluriel, et à l'allitération.

L'expression figurée revêt diverses formes ; depuis la personnification facile : *un mal qui enchante*, 32 ; la métonymie traditionnelle : *un cœur*, 37 ; l'hyperbole conventionnelle : *on est sans yeux*, 48 ; jusqu'à la périphrase ingénieuse qui rappelle les devinettes des salons : ...*certain mal Qui nous plaît...*, 31-2.

Pourtant le trait final est digne d'une épigramme par ce qu'il révèle d'ingénuité et de malice tout à la fois.

Le style de cette fable dans une perspective historique consiste fondamentalement dans cette fusion de tons divers : narration, dialogue vif, évocation d'un univers de rêve soustrait au temps, retour à une réalité désenchantée, cruelle.

La versification enfin doit servir et souligner tous ces effets.

Notre texte est écrit en vers libres : alexandrins et octosyllabes. Ce dernier mètre était habituel chez les burlesques. Son apparition ici donne un ton plus allègre et piquant à la comédie. Du moins les initiés devaient-ils le comprendre ainsi.

Le rythme repose d'abord sur l'opposition de ces deux mètres : l'un de structure 6.6. ; l'autre sans césure obligatoire. Mais les nécessités du dialogue imposent d'autres démarches variées qui n'ont rien à voir avec la forme circonflexe ou les idées opiniâtres d'un Grammont.

> *Comment l'appelez-vous, ce mal ? quel est son nom ?*
> *L'amour. Ce mot est beau ; dites-moi quelques marques*
> *A quoi je le pourrai connoître : que sent-on ?*, 39-41.

Les phénomènes de rupture si fréquents aussi de vers en vers contribuent également au charme de la diction : ...*certain mal | Qui nous plaît...*, 31-2 ; ...*je me pique | Des plus doux sentiments...*, 36-7 ; ...*une image | Qui sans cesse revient...*, 46-7.

Le compte des syllabes ne pose ici aucun problème particulier ; la licence *encor* est habituelle.

Mais l'hiatus *oh ! oh !*, 55, serait anormal ailleurs que dans le style familier, malgré l'exclamation et l'*h*.

La présence d'un nom propre à la rime crée en principe un appel de sons imprévisible. Tant de rimes restent par ailleurs faciles : identités grammaticales ou échos attendus. La rime *marques-monarques* appartient même à la tragédie, on la trouve dans *Polyeucte* par exemple, II, 2.

A côté de simples assonances comme : *nom – on, plaît – forêt*, nous avons des éléments homophoniques qui renforcent la rime : *rivage*, i*mage*, *village*...

L'isométrie est assez fréquente : *peur – cœur ; lieux – yeux ; soupire – désire ; justement – Clidamant*, etc.

Ces rimes, d'autre part, s'organisent bien souvent en strophes : *Amarante – mal – enchante – égal* : quatrain hétérométrique à rimes croisées.

Communique – peur – pique – cœur – réplique ; quintil hétérométrique : assez imparfait puisque le système des rimes est clos dès le quatrième vers.

Nom – marques – on – monarques – plaît – forêt : sizain hétérométrique avec distique terminal.

L'unité de la strophe est assurée par la discordance entre le mètre et la syntaxe au vers 4, l'enjambement *monarques / Est ennuyeux et fade.*

Puis nous avons un septain imparfait à cause des quatre vers initiaux aux rimes plates : *rivage... souvenir.*

Ensuite, nous n'avons plus que des rimes plates qui détruisent tout système strophique.

Autrement dit : la tension poétique et lyrique est maintenue dans la déclaration passionnée de Tircis ; mais elle se relâche à la fin pour aboutir à l'aveu mortifiant d'Amarante. Cela est d'un grand art.

Il faut encore noter les rimes insolites au XVIIe siècle : *rougir – souvenir*, suivies des rimes féminines de même tonalité lancinante : *soupire – désire*. Tout ce passage est accordé au chant grêle de chalumeau que susurre Tircis dans ces accords variés : *voix – rougir – soupire – souvenir – pourquoi – soupire – voir – désire*, si nets alors dans une prononciation qui donnait à la voyelle *oi* le son *wé*, répercutant : *forêt, berger, plaît,* etc...

La réussite est-elle totale ? Les sons *quelques marques A quoi...* font bien du tapage. *Se mire-t-on* évoque fâcheusement le *miroton...*

Du moins sachons apprécier l'effort de La Fontaine ; il refuse de souligner les caractères traditionnels d'un mètre pour mieux mettre en valeur des cadences plus libres ; il veut, par des entrelacs de rimes et une harmonie suggestive, discrète mais efficace, nous orienter vers une poésie qui sollicite tout entière notre sensibilité.

Quelle impression en définitive garder d'un pareil fragment ? Celle d'un art très souple, d'un concours clairvoyant de moyens. Mis à part un tout petit lot de faits, — ils portent seulement témoignage sur des habitudes linguistiques d'une époque donnée — du matériel grammatical au style ce ne sont que recherches concertées. La Fontaine a su s'assimiler la manière enguirlandée d'Honoré d'Urfé. Mais il ne s'agit pas seulement d'imitation. La fable *Tircis et Amarante* apporte la preuve d'une création personnelle, pleine de naturel et de vérité.

PASCAL

FRAGMENT POLÉMIQUE

1. « *S'ils ne renoncent à la probabilité, leurs bonnes maximes sont aussi peu saintes que les méchantes, car elles sont fondées sur l'autorité humaine ; et ainsi, si elles sont plus justes, elles seront plus raisonnables, mais non pas plus saintes. Elles tiennent de la tige sauvage sur quoi elles sont entées.* »
2. « *Si ce que je dis ne sert à vous éclaircir, il servira au peuple.* »
3. « *Si ceux-là se taisent, les pierres parleront.* »
4. « *Le silence est la plus grande persécution : jamais les saints ne se sont tus. Il est vrai qu'il faut vocation, mais ce n'est pas des arrêts du Conseil qu'il faut apprendre si on est appelé, c'est de la nécessité de parler. Or, après que Rome a parlé, et qu'on pense qu'il a condamné la vérité, et qu'ils l'ont écrit, et que les livres qui ont dit le contraire sont censurés, il faut crier d'autant plus haut qu'on est censuré plus injustement, et qu'on veut étouffer la parole plus violemment, jusqu'à ce qu'il vienne un pape qui écoute les deux parties, et qui consulte l'antiquité pour faire justice.* »
5. « *Aussi les bons papes trouveront encore l'Église en clameurs.* »
6. « *L'Inquisition et la société, les deux fléaux de la vérité.* »
7. « *Que ne les accusez-vous d'Arianisme ? Car ils ont dit*

> *que Jésus-Christ est Dieu : peut-être ils l'entendent non par nature, mais comme il est dit : Dii estis. »*
>
> 8 *« Si mes. lettres sont condamnées à Rome, ce que j'y condamne est condamné dans le Ciel :*
> 9 *« Ad tuum, Domine Jesu, tribunal appello. »*
> 10 *« Vous-mêmes êtes comptables (corruptibles). »*
> 11 *« J'ai craint que je n'eusse mal écrit, me voyant condamné, mais l'exemple de tant de pieux écrits me fait croire au contraire. Il n'est plus permis de bien écrire tant l'inquisition est corrompue ou ignorante ! »*
> 12 *« Il est meilleur d'obéir à Dieu qu'aux hommes. »*
> 13 *« Je ne crains rien, je n'espère rien. Les évêques ne sont pas ainsi. Le Port Royal craint, et c'est une mauvaise politique de les séparer, car ils ne craindront plus et se feront plus craindre. »*
> 14 *« Je ne crains pas même vos censures : paroles, si elles ne sont fondées sur celles de la tradition. »*
> 15 *« Censurez-vous tout ? Quoi ! même mon respect ? Non. Donc dites quoi, ou vous ne ferez rien si vous ne désignez le mal, et pourquoi il est mal. Et c'est ce qu'ils auront bien peine à faire. »*

Parmi les textes que les copistes des *Pensées* n'ont pas retenus figurent différentes notes relatives, à n'en pas douter, aux *Provinciales*, contemporaines même de la condamnation de ces lettres à Rome, l'automne 1657.

Celles qui figurent à la section 830 de l'édition Lafuma sont toutes brûlantes encore de cette actualité. Langue et style sont-ils accordés aux réactions de Pascal et à ses desseins ?

Le problème de l'établissement du texte est fort délicat ici. Or il commande toute l'interprétation de ce passage.

Tourneur place au début de cette section les neuf derniers paragraphes, tout en reconnaissant qu'ils peuvent suivre plutôt que précéder l'ensemble du développement. L'ordre traditionnel donné par Lafuma est logique et paraît donc satisfaisant. Nous adopterons de même la lecture : *paroles* et non *pareilles*.

Une phrase fait difficulté. Tourneur lit : *Vous-mêmes êtes comptables*, 10 ; Lafuma : *Vous-mêmes êtes corruptibles*. Notons d'abord qu'au XVIIIe siècle, en vers, il est vrai, Voltaire et Chénier continuent d'écrire *même*, sans *s*, joint à un pronom pluriel, pour gagner une syllabe devant une initiale vocalique ; à l'imitation sans doute de Racine dans *Bajazet*. Mais Vaugelas avait demandé l'accord. La suite des idées est plus naturelle, semble-t-il, avec *comptables*. Vous devrez des comptes à Jésus-Christ de votre conduite ici-bas et de vos censures. Un peu plus loin seulement apparaît la nouvelle idée de *corruption*. Je pense donc qu'il faut lire : *Vous-mêmes êtes comptables*.

D'autre part, Lafuma n'a pas retenu, à bon droit, semble-t-il, un fragment du feuillet sur *l'espérance des chrétiens*, maintenu par Tourneur dans le développement. Il est mal aisé en effet de l'accorder tel quel avec le reste de cette page.

Et puis quelques corrections sont difficilement explicables ; notamment la phrase qui devait commencer par *Les enfants*. Pascal y a-t-il renoncé jugeant incongrue cette image de docilité à l'égard de la parole pontificale ? Dans l'état d'ébauche où est demeurée la phrase, il est difficile de conclure.

Cela dit, il convient tout de suite de commenter le travail du style qui se manifeste à travers les corrections du texte.

1 *Sont aussi [impies] peu saintes :* Pascal a renoncé à une qualification trop brutale.

Ce qui les [r] (end) : il a préféré un raisonnement plus strict : *et ainsi, si...*

L'image si expressive de la tige sauvage est une addition.

4 *Il est vrai qu'il faut vocation, mais :* nouvelle addition qui rend plus claire la suite des idées.

Et qu'ils l'ont [dit] : suppression heureuse, puisqu'il y avait déjà *parlé*.

les deux parties..., autre addition qui apporte plus de netteté à l'énoncé.

Les trois paragraphes suivants : *Aussi les bons papes, L'Inquisition, Que ne les accusez-vous*, ont été ajoutés aussi ; le gain est net du côté de l'expression figurée, du pathétique et de l'ironie.

Enfin, *Et c'est ce qu'ils auront bien peine à faire*, 15, apparaît comme un ultime cri de défi ou de triomphe, fort bien venu en conclusion.

On constate donc que le texte initial s'est étendu surtout. Ces ajouts sont une preuve de l'importance qu'il avait pour Pascal. Dans ce dernier état, il offre déjà une forme accomplie.

Est-il possible d'y découvrir un plan ou un mouvement d'organisation ? Il serait assez arbitraire d'en décider, car nous voyons bien qu'il s'agit de réflexions jetées au fil de la plume ; d'où cette avancée en paragraphes d'inégale longueur ; et ces lignes inattendues sur les mérites littéraires des *Provinciales* : *J'ai craint que je n'eusse mal écrit...*, 11. Malgré tout, on y décèle un progrès certain : du problème général à l'application particulière ; des principes ou de la thèse au cas personnel. De là, cette invasion des *je*.

Plus importante peut-être la manière dont s'ordonnent ces différents paragraphes. Un mot sert habituellement de tremplin : *se taisent, silence*, 3-4 ; *pape* et *crier*, 4 ; *pape* et *clameurs*, 4-5 ; *vérité*, hérésie de *l'Arianisme*, 6-7 ; *condamné, tribunal*, 8-9 ; *craindre*, 11-13 ; *censures, censurez...*, 14-15.

On saisit là le travail de l'association des idées, ricochant les unes sur les autres.

La syntaxe de ce texte reste conforme aux habitudes grammaticales de l'époque.

Le Port-Royal a l'article parce que la soudure n'est pas encore faite sémantiquement entre le substantif et l'adjectif. Pascal écrit du reste Port Royal sans trait d'union.

L'article manque dans toute une série de locutions verbales où l'accent est mis, non sur l'idée exprimée par le substantif, mais sur le groupe verbal : *il faut vocation, faire justice, avoir peine.*

Il fonctionne comme un démonstratif neutre jusqu'à la fin du XVIIIe siècle. Après l'épidictique *ce*, c'est une forme faible, prévisible, que nous avons ici : *il servira…*, 2.

D'autre part le conjonctif *quoi* a tendu à se spécialiser comme représentant de l'indéterminé ou du nominal neutre : *ce, rien.* Au XVIIIe siècle, Marmontel va désapprouver nettement l'emploi de *quoi* pour représenter un nom variable. *La tige… sur quoi* ne présente donc pas un archaïsme.

On notera la forme impersonnelle de l'action dans : *jusqu'à ce qu'il vienne un pape*, qui arrache pour ainsi dire à l'intervention et à l'action de l'homme l'apparition providentielle d'un tel pape.

L'idée d'éventualité ou de potentiel a été heureusement marquée par la forme *j'eusse écrit*, 11.

En ce qui concerne la négation, *ne* seul est régulier après un *si*, équivalent au *nisi* latin, comme disent les grammairiens classiques ; et après *que* au sens de *pourquoi*.

C'est au XVIIIe siècle, qu'on fixera l'usage de *ne* après les verbes exprimant la crainte. Th. Corneille avait demandé qu'on mît toujours *ne* ; et l'Académie pensait de même. *J'ai craint que je n'eusse mal écrit*, 11, est par suite tout à fait normal.

Le verbe *croire* acceptait deux régimes assez mal spécialisés sémantiquement ; et ces constructions seront admises jusqu'en 1798. Pascal peut donc mettre : *croire au contraire*, 11.

Normale enfin la non reprise du substantif dans : *leurs bonnes maximes sont aussi peu saintes que les méchantes.* L'Académie en jugera autrement en 1704, à propos d'une phrase fameuse de Vaugelas, mais Féraud continuera à défendre l'ancienne construction, appuyée sur des autorités nombreuses et peu suspectes.

Ainsi, c'est à d'autres niveaux qu'il sera possible de définir l'originalité de Pascal dans cette page.

Au plan du matériel grammatical tout d'abord.

La complexité de la représentation pronominale révèle à la fois l'emportement de Pascal et le caractère improvisé, de premier jet, de ces réflexions. Il faut suivre le texte pas à pas pour en rendre compte.

S'ils *ne renoncent* : *ils* renvoie, sans jamais les nommer, aux Jésuites détestés.

Vous *éclaircir* : *vous* désigne un interlocuteur imaginaire.

Si ceux-là *se taisent* : explicite et reprend *peuple*. Il n'est pas normal de penser qu'il s'agit d'abord des écrivains de Port-Royal dont Pascal va blâmer l'attitude timorée. Le texte doit être compris immédiatement dans son développement progressif.

On *est appelé* : tout homme en général ; et Pascal en particulier.

On *pense* : tout témoin objectif ; Pascal notamment.

Il *a condamné* : *Il* renvoie à Rome ; au pouvoir pontifical.

On *est censuré* : les victimes de cette infamie, quelles qu'elles soient ; mais Pascal le premier.

On *veut étouffer* : l'ennemi ; où il se trouve : à Rome, aussi bien qu'en France.

Pascal

Que ne les *accusez*-vous... : reprise du dialogue avec l'interlocuteur supposé, comme dans les *Provinciales*.

Vous-mêmes êtes corruptibles ou comptables : apostrophe aux Jésuites.

Ils *ne craindront plus* : Les solitaires une fois dispersés pourront s'exprimer librement ; leur autorité s'accroîtra.

Enfin oubliant que le moi est haïssable, Pascal entre en scène violemment : *je... me...*

L'emploi du temps ne manque pas d'intérêt non plus. Pascal relie son expérience actuelle à celle des saints autrefois ; expressément, il se réfère à saint Pierre et à saint Bernard ; et il engage l'avenir immédiat : *craindront... auront bien peine à faire...* Nous avons donc trois perspectives temporelles : le présent, le passé, le futur.

A cet égard, il convient de voir nettement l'idée future impliquée par l'hypothèse : *S'ils ne renoncent* ; la proposition temporelle : *jusqu'à ce qu'il vienne un pape ;* l'appel lui-même au tribunal de Jésus-Christ. Ainsi notre regard est constamment sollicité dans trois directions, à travers ces différents plans qu'il traverse. Par là, cette polémique acquiert une dimension et une profondeur inhabituelles.

Bien écrire, c'est aussi bien choisir ses mots. Inévitablement, le lexique de ce texte offre quelques termes techniques : la *probabilité*, 1, désigne la doctrine des opinions probables en casuistique, érigée comme règle de conduite par les Jésuites. L'*Arianisme*, 7, concerne l'hérésie des sectateurs d'Arius, relative à une controverse sur la nature de Jésus-Christ.

Tradition, 14, et *antiquité*, 4, sont synonymes : ils représentent une des sources de la Révélation et s'opposent à *l'autorité humaine*, 1.

D'autres mots ont une résonance ou un caractère religieux : *saint (e)* ou les *saints, persécution, vocation, appeler, censure, censurer, pape, Église* (la réunion des Chrétiens), *Inquisition* (juridiction ecclésiastique créée pour dépister l'hérésie), *Société* (abréviation pour : Société de Jésus), *nature* (divine ou humaine de Jésus-Christ).

Le stock le plus important appartient au domaine du droit : *arrêts du Conseil* (il s'agit de l'arrêt du 25 juin 1657 relatif à la lettre de Pascal sur l'Inquisition), *condamner, parties, consulter, faire justice, accuser, corrompre ;* et même, bien qu'il s'agisse d'une antiphrase, *mauvaise politique*. Quelques-uns de ces mots reviennent avec insistance : *censure, condamner*, tant ils obsèdent Pascal.

Un tel vocabulaire définit donc immédiatement un style très particulier.

Il faut en outre bien comprendre : *maximes* c'est-à-dire : principes ; *méchant* : mauvais et condamnable. Racine écrit : *Plus de trente archevêques... foudroyèrent la méchante morale des casuistes. Éclaircir* : instruire et informer. Dans la langue du XVIIe siècle, *censurer* signifiait : critiquer, blâmer. Le contexte lui donne ici une coloration spéciale, technique.

Le vocabulaire psychologique est pauvre : la force de la tradition s'oppose à la faiblesse de la seule raison. Le débat se situe en effet au plan du divin qui refuse évidemment toute compromission : *juste* n'a aucune commune mesure avec *saint* : ce sont deux ordres différents.

Tout de suite, on voit l'orientation de cette page : il s'agit d'une révolte contre des décisions prises par l'autorité romaine. Cela concerne finalement la volonté, beaucoup plus que le cœur et l'intelligence. D'où l'ambiguïté d'un mot comme : *crier* ou *clameurs*. Il s'agit en fait de protestations. De surcroît, ce pluriel marque bien qu'il ne s'agit pas d'une vision statique, attendue pourtant avec *trouver en*, 5, ni d'une influence de la Vulgate, puisque le mot s'y trouve constamment, à une exception près, au singulier. Même *craindre* ne marque pas directement une réaction de la sensibilité.

Pascal

Et pourtant une telle déclaration de principes ne s'adresse pas seulement à la raison de spécialistes. Comment Pascal intéresse-t-il notre être tout entier et *le peuple* à ce débat austère ?

Il y a d'abord la reprise lancinante de quelques termes forts : *parler, paroles, condamner, craindre ;* le refus de toute fioriture pour aller droit à l'essentiel : presque pas d'adjectifs, le moins possible de substantifs, parce qu'ils orienteraient vers la contemplation ; mais des verbes qui sont tension vers l'action subie ou à venir, engagement. L'antithèse durcit même parfois ces attitudes : *se taire, parler ; craindre, espérer, à Rome, dans le ciel...*

Les formes superlatives sont explicites de la passion, *la plus grande persécution, d'autant plus haut, plus injustement, plus violemment...*, 4. Pascal prononce des jugements ou des condamnations sans appel : sur l'Inquisition, la Société. Un ton péremptoire en impose presque toujours : *jamais*, 4 ; *il n'est plus permis...*, 11. Sans compter les ruses classiques au niveau de l'actualisation : *les* saints, *les* arrêts du Conseil (comme s'il y en avait eu plusieurs), *les* bons papes, *la* vérité : généralisation et systématisation du polémiste ; ou les qualifications sournoises qui appellent le sourire complice : *leurs bonnes maximes*, 1 ; *tant de pieux écrits...*, 11.

Autre habileté de Pascal : il se garde bien de dire qu'Alexandre VII a condamné *la* vérité ou *sa* vérité. *Il*, 4, c'est le pouvoir anonyme de l'administration romaine opposé aux bons papes face à la Chrétienté tout entière. Surtout, affleurant sans cesse, des allusions bibliques ou des citations viennent donner à sa parole le ton du juste bafoué ou persécuté. Elles sont tellement consubstancielles à sa pensée qu'elles s'insèrent dans le développement sans dissonance, en latin ou en français.

L'image de la tige sauvage et de sa greffe fait écho à une parabole du Christ : Matthieu, VI, 17, et à saint Paul plus spécialement : *Romains*, XI, 17. Cette image si concrète frappe d'autant plus vivement que les métonymies et les métaphores de Pascal restent ici traditionnelles : *Rome a parlé ; fonder sur ; éclaircir...*

Étouffer la parole paraît une expression figurée assez vive ; mais ne serait-elle pas issue de la parabole du semeur : *suffocat verbum ?*

De même, les *fléaux* pourraient avoir une résonance scripturaire.

Si ceux-là se taisent, les pierres parleront répliquait déjà le Christ, lors de son entrée messianique à Jérusalem, Luc, XIX, 40.

Dii estis est une autre citation textuelle. L'épisode évangélique (Jean, X, 34) est exploité ici d'une façon imprévue contre les Jésuites.

Si mes lettres sont condamnées à Rome... est condamné dans le ciel : quelle retorse paraphrase de Matthieu, XVI, 19 !

La citation de saint Bernard : *ad tuum, Domine Jesu, tribunal appello*, illustre l'affirmation de Pascal : *jamais les saints ne se sont tus.* Mais dans un contexte tout autre.

Enfin, le rappel de l'attitude de Pierre face au Sanhédrin : *Il est meilleur d'obéir à Dieu qu'aux hommes*, Actes V, 29.

L'efficacité de l'argumentation repose sur l'accumulation de tous ces traits.

Du point de vue stylistique, on relèvera le jeu de l'association qui a suscité ces souvenirs :

...les pierres parleront : les Juifs apportèrent des pierres pour lapider Jésus, dans l'épisode *Dii estis ;* l'entrée messianique à Jérusalem précède le jugement du Christ ; les pierres ; saint Pierre : (Rome) qui a reçu tout pouvoir de lier et de délier sur terre et *dans le ciel.* Saint Pierre,

premier apôtre de la vérité injustement poursuivi devant un tribunal...

Cela intéresse finalement les démarches elles-mêmes de la création littéraire.

Il nous reste à déterminer le mouvement de ce texte : il dépend d'abord des mots de liaison. Il y en a d'insistants : *car, et ainsi, mais*, outils de précision du raisonnement. *Et* peut prendre diverses valeurs : *Le Port Royal craint et c'est une mauvaise politique...*, 13, où il a un sens déductif surtout. *Et* initial a un relief tout spécial : *Et c'est ce qu'ils auront bien peine à faire.*

Et peut reprendre une conjonction temporelle sous une forme affaiblie : *après que Rome a parlé et qu'on pense. Si* eût amené une malencontreuse idée d'hypothèse.

Dans l'ensemble du passage l'éventail est peu varié : signe d'une pensée qui s'extériorise sans apprêt. Une fois même, elle s'épargne toute ligature ; devant *jamais les saints*, nous attendions un outil logique comme : toutefois. Mais Pascal se hâte, refusant ces détours.

La structure des phrases est d'autre part variée dans tout ce passage. Simple proposition sans verbe : *L'Inquisition... vérité*, d'un laconisme sans réplique.

Brève interrogation pressante : *Censurez-vous tout ?* Question réduite au ton de la voix : *Quoi ! même mon respect ?* Phrase de style parlé : *Donc dites quoi*. Réponse monosyllabique : *Non*, etc. Forme condensée jusqu'à l'extrême : le silence n'est pas une persécution, c'est la condamnation au silence. Mais l'esprit rétablit ces liens logiques.

Il y a aussi un lot de brèves propositions indépendantes : *les bons papes... clameurs ; vous-mêmes êtes corruptibles ou comptables...*

Plusieurs phrases sont réduites à un schéma élémentaire : *Si ce que je dis... ; Si ceux-là...* On sera attentif à cette mise en valeur, si fréquente, à l'initiale, de l'élément hypothétique, permettant à l'élément positif de s'affirmer plus nettement dans une proposition attendue. Ménageant un rythme progressif, Pascal écrit : *paroles, si elles ne sont fondées...* Placé ailleurs, l'élément nominal, sans support verbal, eût été trop grêle et déséquilibrait la phrase.

On remarquera aussi la construction binaire de la plupart de ces phrases. On dirait qu'elles suivent spontanément le rythme de la respiration, avec alternance d'élan et de repos. Je cite au hasard : *L'Inquisition et la Société, les deux fléaux de la vérité ;* même une suite comme : *Je ne crains rien, je n'espère rien,* repose sur ce double mouvement.

Nous avons aussi une démarche ternaire bien souvent : 1º *S'ils ne renoncent... ;* 2º *leurs bonnes maximes... ;* 3º *car elles sont fondées...* 1º *Et ainsi si elles sont ;* 2º *elles seront plus raisonnables ;* 3º *mais non pas plus saintes.* Peu importe le volume de chacun des membres.

Donc dites quoi ; ou vous ne ferez rien si vous ne désignez le mal ; et pourquoi il est mal. La ponctuation du manuscrit est formelle.

Avant l'addition, *Il est vrai qu'il faut vocation,* nous avions encore une triple avancée dans : *ce n'est pas des arrêts du Conseil, qu'il faut apprendre si on est appelé, c'est de la nécessité de parler.*

Reste à examiner la structure de la phrase apparemment la plus complexe de ce passage : 4. Une première partie s'étend jusqu'à la proposition principale : *il faut crier.* Cette protase, délimitée par la ponctuation et la coordination, repose sur un double mouvement binaire : *Or, après que Rome a parlé ; et qu'on pense qu'il a condamné la vérité ; et qu'ils l'ont écrit ; et que les livres... censurés.* Ensuite se produit le reflux de l'apodose, avec quatre paliers aussi : *Il faut crier... injustement ; et qu'on veut... violemment ; jusqu'à ce qu'il vienne... parties ; et qui consulte... justice.*

Il est clair que seule la lecture attentive du texte et du manuscrit peut nous éclairer sur ces crêtes, grâce aux repères des mots de liaison et de la ponctuation, véritables régulateurs du mouvement respiratoire. Certes, par places, nous découvrons diverses assonances qui soulignent des parallélismes : *société-vérité ; injustement-violemment*... Mais l'essentiel n'est pas là. Il faut ressaisir cette parole aux sources mêmes de son expression ; dans ces départs semblables : *si ;* les symétries ; les maladresses même ou les gaucheries : *et ainsi si ; ils ont dit, il est dit*, etc. Toute autre méthode d'analyse rythmique reste inopérante : inefficace la recherche de périodes tétragonales ou des cellules métriques ; il s'agit dans ce texte d'un courant qui s'enfle ou se rétracte tour à tour, non d'organisations factices, préexistantes à la pensée ou à l'émotion.

Sans doute, isolément, on peut percevoir la régularité de plusieurs de ces vagues, presque idéale :

Si mes lettres sont condamnées à Rome : 10 syllabes.

Ce que j'y condamne est condamné dans le ciel : 12 syllabes.

Le silence est la plus grande persécution : 12 syllabes.

Jamais les saints ne se sont tus : 8 syllabes.

Il est vrai qu'il faut vocation : 8 ; *mais* est la cheville raccordant cette phrase d'addition à la suivante.

Il faut crier d'autant plus haut : 8 syllabes.

Qu'on est censuré plus injustement : 10 syllabes...

De telles organisations sont condamnées dans une prose surveillée ; il est remarquable toutefois de constater que Pascal retrouve spontanément des cadences lyriques.

Cette page de polémique qui figure en appendice dans toutes les éditions des *Pensées* n'est sans doute pas la plus représentative du génie de Pascal. Ce n'est même pas une brillante improvisation. Du moins, elle laisse intactes des qualités de naturel, de vie, pour tout dire d'emportement.

Et puis, quelle convergence insidieuse de moyens ! Lexique, tours, phrases n'ont qu'un but : nous arracher à notre indifférence, nous obliger à notre tour à prendre parti.

PASCAL

LE PARI

1 ...« *Mais encore n'y a-t-il point moyen de voir le dessous du jeu ?* » *Oui, l'Écriture, et le reste, etc.*
2 « *Oui ; mais j'ai les mains liées et la bouche muette ; on me force à parier, et je ne suis pas en liberté ; on ne me relâche pas, et je suis fait de telle sorte que je ne puis croire. Que voulez-vous donc que je fasse ?* »
3 *Il est vrai. Mais apprenez au moins que votre impuissance à croire vient de vos passions, puisque la raison vous y porte, et que néanmoins vous ne le pouvez. Travaillez donc, non pas à vous convaincre par l'augmentation des preuves de Dieu, mais par la diminution de vos passions. Vous voulez aller à la foi, et vous n'en savez pas le chemin ; vous voulez vous guérir de l'infidélité, et vous en demandez les remèdes : apprenez de ceux qui ont été liés comme vous, et qui parient maintenant tout leur bien : ce sont gens qui savent ce chemin que vous voudriez suivre, et guéris d'un mal dont vous voulez guérir. Suivez la manière par où ils ont commencé : c'est en faisant tout comme s'ils croyoient, en prenant de l'eau bénite, en faisant dire des messes, etc. Naturellement même cela vous fera croire et vous abêtira.*
4 « *Mais c'est ce que je crains.* » *Et pourquoi ? qu'avez-vous à perdre ?*
5 *Mais pour vous montrer que cela y mène, c'est que cela diminuera les passions, qui sont vos grands obstacles.*

6 *Fin de ce discours. — Or, quel mal vous arrivera-t-il en prenant ce parti ? Vous serez fidèle, honnête, humble, reconnaissant, bienfaisant, ami sincère, véritable... A la vérité vous ne serez point dans les plaisirs empestés, dans la gloire, dans les délices ; mais n'en aurez-vous point d'autres ?*

7 *Je vous dis que vous y gagnerez en cette vie ; et qu'à chaque pas que vous ferez dans ce chemin, vous verrez tant de certitude du gain, et tant de néant de ce que vous hasardez, que vous connaîtrez à la fin que vous avez parié pour une chose certaine, infinie, pour laquelle vous n'avez rien donné.*

8 *« Oh ! ce discours me transporte, me ravit, etc. »*

9 *Si ce discours vous plaît et vous semble fort, sachez qu'il est fait par un homme qui s'est mis à genoux auparavant et après pour prier cet Etre infini et sans parties, auquel il soumet tout le sien, de se soumettre aussi le vôtre pour votre propre bien et pour sa gloire ; et qu'ainsi la force s'accorde avec cette bassesse.*

Pensées.

Bien que le *Pari* occupe dans les *Pensées* une place vraiment privilégiée, la critique n'a pas réussi à la définir rigoureusement. Du moins les progrès de l'argumentation sont nets. Après s'être adressé à la raison, Pascal va frapper au cœur du libertin. Tel est le dessein de cette dernière partie. La langue et le style de cette page sont-ils en harmonie avec cette ultime confrontation ?

Au secours de son raisonnement de forme mathématique, Pascal pouvait avancer l'autorité de la Bible et de l'Église implicitement. Refusant de s'attarder aux objections que susciterait cette apologétique, Pascal situe brusquement le débat au centre même de la vie affective. Étonnante audace ! Il illustre sa thèse par son propre témoignage. Cette dialectique découvre donc finalement une expérience toute humaine. L'art de convaincre est devenu un art de persuader, entraînant une adhésion enthousiaste.

Dès l'abord, l'examen de l'édition paléographique procurée par Z. Tourneur nous livre divers enseignements. Nous sommes en présence d'une pensée torturée qui n'a pas rencontré sa forme définitive d'emblée. Le nombre des corrections est si important qu'il vaut mieux renoncer à tout classement arbitraire. Nous suivrons donc l'ordre du texte.

Et la bouche [fer], muette : Pascal a éliminé une qualification banale, malgré l'appel de l'assonance.

Il est vrai [vous ne pouvez croire] : Pure redondance, supprimée.

[Votre] raison, la raison : Psychologiquement et stylistiquement, le choix de l'article marque un progrès.

[Vous ne renverseriez pas la raison en croyant, puisqu'étant obligé à croire ou à nier ne pas cro] : Élagage heureux.

Travaillez donc non pas à [chercher] vous convaincre : Souci de brièveté.

Apprenez [les] : le pronom était amphibologique.

Qui savent [un] ce chemin : le démonstratif est plus net.

[Pren], Suivez : justesse du dernier verbe retenu.

Tourneur a lu *diminue ;* Lafuma : *diminuera*, les deux leçons sont défendables. Tourneur ajoute *etc.* à la fin de cette phrase, dont le caractère improvisé est assez apparent.

[Et vous par], et vous semble : Pascal a évité l'assonance plaît, paraît.

Une difficulté subsiste : la place exacte de l'addition marginale : *Fin de ce discours.* Logiquement, le texte procuré par Lafuma est plus naturel : nous le retiendrons. On voit assez combien l'établissement d'un texte critique sûr offre de pièges.

ANALYSES STYLISTIQUES

La syntaxe est le reflet fidèle de la langue préclassique. *N'y a-t-il point moyen*, 1. L'article s'omettait dans les locutions juxtaposées. Ce n'est qu'au XVIIIe siècle que le nombre de ces emplois diminuera.

Après *c'est*, devant le substantif attribut, Maupas recommandait l'article. Au singulier et au pluriel, il s'imposera. Par conséquent, *Ce sont gens* est légèrement archaïque sans doute.

Devant l'indéfini, l'article aussi pouvait s'omettre : *je suis fait de telle sorte*. Mais Tourneur a lu : *d'une* telle sorte.

L'article peut être en concurrence avec le possessif : *J'ai les mains liées*. Maupas a essayé de poser comme règle que les membres ou parties du corps se construisent avec l'article défini.

Au XIXe siècle encore, la valeur démonstrative du pronom neutre *il* continuera a être sentie ; *il est vrai*. Cette valeur épidictique est très nette ici.

La régression du pronom conjonctif *où* sera lente : *...la manière par où ils ont commencé*, offre par conséquent une phrase normale à cette époque.

Même au XVIIIe siècle le régime du complément d'action restait souvent hésitant ; on avait *à* ou *de*. Pascal peut donc écrire : *on me force à parier*.

L'emploi absolu du verbe *apprendre (apprenez de ceux qui...)* est dû à l'une des valeurs de ce verbe, signalées par Bouhours, par exemple (le mot signifie *discere* et *docere*), plutôt qu'à la nuance abstraite de l'expression. Au XVIIIe siècle, la multiplication de ce tour deviendra un trait de la langue intellectuelle, un fait de style.

Qui s'est mis à genoux auparavant et après. La génération des grammairiens puristes du XVIIIe siècle pourchassera l'emploi adverbial de la préposition. En prose aussi bien qu'en vers, les exemples en sont nombreux pourtant chez les écrivains classiques.

Bien que Malherbe déjà ait demandé plus de régularité dans l'utilisation de la forme verbale en -*ant*, tout au long du XVIIe siècle, en vers comme en prose, beaucoup de franchise continue à se manifester dans les rapports de cette forme avec le sujet de la principale. Ici : *Quel mal vous arrivera-t-il en prenant ce parti ?* Entendons : si vous prenez ce parti.

Comparons Boileau : *Si son astre en naissant ne l'a formé poète*. Marmontel verra dans de telles constructions un *solécisme, autorisé il est vrai, par l'exemple des meilleurs écrivains, et reçu comme gallicisme*.

L'usage du XVIIe siècle se manifeste encore dans le maniement de phrases à double conjonctif : *ce sont gens qui savent ce chemin que vous voudriez suivre*.

L'apport pascalien ? D'abord l'anacoluthe : *ce sont gens qui ... et guéris*, 3 ; *mais pour vous montrer que cela y mène, c'est que cela diminuera les passions*, 5. Elle est le signe d'une pensée nerveuse et frémissante.

Ensuite le choix de noms abstraits d'action qui tiennent lieu de propositions plus complexes : *non pas à vous convaincre par l'augmentation des preuves de Dieu, mais par la diminution de vos passions*.

De tels faits suffiraient à sauver cette page de l'uniformité ou de la régularité attendue.

On pourrait songer à caractériser ici le vocabulaire par un examen comparatif du lexique de chaque interlocuteur. Une pareille méthode serait peu concluante, vu la répartition inégale des propos échangés. Sur un point seul, elle est enrichissante. Dans son enthousiasme, le *converti* utilise les verbes affectifs : *transporte, ravit*, 8, qui prolongent l'exclamation initiale : *oh !* Pascal se hâte de rétablir les perspectives exactes : *plaît, semble fort.* Deux attitudes psychologiques sont donc définies ainsi.

En fait, le vocabulaire de ce texte présente une certaine concentration. Les mêmes mots passent successivement dans la bouche des deux interlocuteurs, à la fois appels et répliques : *croire, discours.*

De plus, Pascal ne craint pas de répéter les mêmes mots clefs, obsessionnels : *apprenez, passions, pari, guérir, chemin, certitude...*

Veillons aussi à bien entendre certains termes :

Discours doit être pris au sens classique : ce qui se dit dans une conversation. *Naturellement* possède sa pleine valeur sémantique : inhérent à la nature (de ces actes). *La gloire* désigne l'honneur du monde, l'éclat de la célébrité. Cette vanité s'oppose à l'exaltation éternelle de Dieu, présentée ensuite.

Il est normal en outre que cette page offre un lot de termes techniques : *infidélité,* 3, opposé à *foi* (rapprochons *les infidèles*) ; *Etre infini, sans parties* (cette deuxième qualification complète la définition théologique de Dieu) ; *sa gloire :* de résonance scripturaire de surcroît.

Mais la masse de ce vocabulaire est d'essence psychologique ; qu'il s'agisse de substantifs : *passions ;* ou d'adjectifs surtout : *fidèle, honnête,* etc.

N'en ressortent que mieux les termes qui appartiennent au registre de la conversation la plus dépouillée : *chose, cela, faire,* suspects alors dans la langue cérémonieuse ; et ces expressions concrètes qui soulignent si bien une insertion dans une banale réalité chrétienne : *se mettre à genoux, prendre de l'eau bénite, faire dire des messes...* Il y a aussi le scandaleux *abêtira,* supprimé pudiquement par Port-Royal. On a proposé de lire *alestira,* en oubliant que le verbe est postérieur au XVIIe siècle.

Certes, Pascal se souvient ici de Montaigne, mais son but est tout autre : il offre une technique qui substitue *à des automatismes de refus, des automatismes d'accueil.* Et cette ascèse, il la propose à la partie de notre être la plus rebelle aux souffles de l'esprit.

Il faut encore rendre compte des *etc.* Le dernier, 8, marque certainement qu'il s'agit de notes personnelles, incomplètes, d'une ligne de pensée simplement tracée, non arrêtée.

Les deux autres *etc.*, 1-3, indiquent une entente mutuelle logique entre Pascal et son interlocuteur. *Je pourrais parler encore de l'Église, interprète de l'Écriture ; mais à quoi bon ? Vous savez cela... Il faut faire dire des messes, réciter son chapelet... Vous connaissez ces pratiques. A quoi bon développer davantage ?*

Chaque fois, le lexique descend d'un ton pour s'accorder à une note plus familière ou intime : *et le reste ; faire dire* et non *célébrer des messes.*

Philologiquement, les *etc.* s'expliquent par la nature orale de ce discours et par l'extrême rareté alors des points de suspension dans les textes écrits. Pascal en a fait usage ici une fois pourtant ; dans l'énumération, qu'il a laissée volontairement incomplète, des qualités du chrétien. *Vous serez fidèle ... véritable*, 6.

Au total donc, une langue variée apte à suivre jusqu'aux ressacs de la vie spirituelle.

Le style se manifeste à trois moments : dans le choix d'une forme dramatique d'exposé ; dans l'utilisation de la phrase et du matériel grammatical ; dans la présentation elle-même de la pensée à travers des figures de rhétorique.

Le dialogue justifie la fréquence des pronoms personnels, les impératifs, mais aussi la forme des répliques. Les verbes *dire* et *répondre* n'apparaissent pas. La scène gagne donc en authenticité.

Le XVIIe siècle ignorait l'usage des tirets. Une contingence typographique a pu servir Pascal. Le passage d'un interlocuteur à l'autre est marqué ici par l'interrogation et la forme de la réponse : *oui*, 1-2 ; *il est vrai*, 3 ; la présentation d'une objection : *mais*, 4.

Liée au dialogue, la phrase doit en traduire avec fidélité les diverses réactions. Brèves répliques, interrogations pressantes, réponses succinctes : autant de mouvements variés, immédiatement offerts et perçus.

Le rythme du texte, c'est d'abord cet échange qui ne laisse pas l'attention s'assoupir. Les lignes mélodiques sont donc constamment renouvelées.

Le deuxième caractère de cette phrase se trouve dans la fréquence des groupes binaires qui soulignent l'avancée de l'idée. D'où la multiplication de l'outil élémentaire *et*, chargé de diverses valeurs : addition, opposition, cause... L'intonation permet aux interlocuteurs de rétablir correctement ces rapports. Ainsi : *on me force à parier* et *je ne suis pas en liberté :* c'est-à-dire : *or* ou *et pourtant*.

Les groupes ternaires n'ont pas d'autre objet non plus. Ils apparaissent comme des jalons particulièrement insistants ici : *en faisant tout comme ... en prenant ... en faisant dire...*, 3 ; *dans les plaisirs empestés, dans la gloire, dans les délices*, 6. Les parallélismes prennent parfois une rigueur de lyrisme : *vous voulez aller à la foi ... vous voulez vous guérir*, 3.

L'opposition de structures alternativement positives et négatives joue à plein dans un cas typique, lié au sémantisme du verbe *être*, simple copule, ou non : *Vous serez fidèle ... vous ne serez point dans les plaisirs*.

Il n'y a aucune conclusion ferme à tirer pourtant d'allitérations plutôt accidentelles : *plaisirs empestés ;* d'organisations en groupes impairs assez voisins de formules métriques paires justement évitées, dans le paragraphe 7 : *Je vous dis que vous y gagnerez*. Mais nous n'avons qu'un

Pascal

faux alexandrin dans la proposition : *et tant de néant de ce que vous hasardez.*

Une seule fois, dans le paragraphe de conclusion, on pourrait songer à la longue phrase janséniste, sinueuse ; toutefois, l'énoncé demeure simple grammaticalement, avec des paliers ou des reposoirs rigoureux.

Ainsi nous découvrons dans ce texte l'affrontement de pensées au plus près de leur jaillissement naturel.

Démontrant et non méditant, Pascal éliminera ici les vaines qualifications. Il multipliera au contraire les verbes d'action surtout. Ne négligeons pas pourtant d'autres formes, discrètes, mais expressives, de l'expression.

La raison et non *votre* raison. L'article s'impose. C'est une conclusion générale acquise au terme d'un raisonnement serré.

C'est que cela diminuera les *passions qui sont* vos *grands obstacles. Vos* passions eût été d'une insistance maladroite, une répétition choquante. L'article ménage la psychologie du libertin, mais surtout lui présente comme détachée de lui, extérieure à son être, la poussée des passions.

La force : elle est unique ; c'est celle de Dieu.

Cette bassesse : regard jeté sur lui-même par Pascal.

Du reste, tout au long de ce discours, les démonstratifs ont fonctionné comme des gestes discrets.

« On *me force à parier*, on *ne me relâche pas.* » Mesure de cet indéfini. Pascal n'est pas mis en cause. Il va débusquer cet adversaire : les *passions*.

Enfin, Pascal ne se mettra pas en scène directement. *Le moi est haïssable ;* d'où la périphrase : *un homme qui...*

A de telles habiletés se reconnaît un vrai tempérament d'écrivain.

D'une manière plus totale et définitive encore, à l'utilisation des figures. La première et la plus évidente : l'antithèse. Comme simple cliquetis de mots (type, dans Lacordaire : *L'homme n'est grand qu'à genoux*), nous ne la rencontrons pas. Elle apparaît au contraire sous sa forme purifiée, l'opposition, qui révèle ici deux démarches psychologiques : *on me force à parier et je ne suis pas en liberté ; Vous voulez aller à la foi et vous n'en savez pas le chemin*. Ces contrastes sont particulièrement flagrants dans la conclusion de cet entretien : *certitude de gain ; néant de ce que vous hasardez ; force ; bassesse*, etc.

L'expression figurée anime aussi cette argumentation : *le dessous du jeu ; j'ai les mains liées ; les passions qui sont vos grands obstacles ; vous avez parié pour une chose certaine...* peu importe la présentation grammaticale ; ce sont là des images assez communes alors, du moins dans un certain contexte sociologique.

Deux métaphores offrent un intérêt spécial. La première prend un relief saisissant lorsqu'on sait de quel fond personnel de souffrance elle est issue : *guéris d'un mal dont vous voulez guérir*.

La seconde n'est pas tellement banale si l'on veut bien se rappeler que c'est à cette époque seulement, avec Hobbema, que le chemin est devenu un sujet dans l'art pictural, marquant l'opposition entre le départ assuré, précis, et l'arrivée dans un illimité non circonscrit, incertain. Ici au contraire, le départ peut être incertain tandis que l'arrivée est un infini certain : *Dieu*.

On mesure déjà toute la distance qui sépare la puissance métaphorique de Pascal, de la logique cartésienne, purement rationnelle.

Un autre fait est plus important. Pascal s'exprime sous le couvert de l'allusion. L'autorité de sa parole vient de l'Écriture qu'il allègue implicitement. L'ensemble de ce développement n'est qu'un commentaire de Jean, XIV, 6 : *Je suis la voie, la vérité, la vie*. *Voie* conduit à la première

Épître aux Corinthiens, XIII : *et adhuc excellentiorem viam vobis demonstrabo*. Suit alors l'hymne enthousiaste à la charité, à l'*agapé* ; auquel fait écho la série énumérative, non close précisément : *Vous serez fidèle... véritable...*

A l'objection du libertin qui redoute d'aliéner sa nature d'honnête homme, Pascal oppose une perfection qui n'est plus seulement selon le cœur d'un chevalier de Méré ou de Faret.

Ultimes ressources du langage qui est déjà intercession.

Telle est cette page qui nous offre une illustration de la rhétorique de Pascal. Cet art d'agréer n'est pas le résultat d'une simple victoire, même difficile, sur l'expression. Il se présente au contraire comme la cristallisation des tendances les plus intimes de tout un être. De là vient que les résonances en sont si aiguës.

LE MYSTÈRE DE JÉSUS

1 *Jésus souffre dans sa passion des tourments que lui font les hommes ; mais dans l'agonie il souffre les tourments qu'il se donne à lui-même :* turbare semetipsum. *C'est un supplice d'une main non humaine, mais toute puissante, et il faut être tout-puissant pour le soutenir.*
2 *Jésus cherche quelque consolation au moins dans ses trois plus chers amis et ils dorment ; il les prie de soutenir un peu avec lui, et ils le laissent avec une négligence entière, ayant si peu de compassion qu'elle ne pouvoit seulement les empêcher de dormir un moment. Et ainsi Jésus étoit délaissé seul à la colère de Dieu.*
3 *Jésus est seul dans la terre, non seulement qui ressente et partage sa peine, mais qui la sache : le ciel et lui sont seuls dans cette connaissance.*
4 *Jésus est dans un jardin, non de délices comme le premier Adam, où il se perdit et tout le genre humain, mais dans un de supplices, où il s'est sauvé et tout le genre humain.*
5 *Il souffre cette peine et cet abandon dans l'horreur de la nuit.*
6 *Je crois que Jésus ne s'est jamais plaint que cette seule fois ; mais alors il se plaint comme s'il n'eût plus pu contenir sa douleur excessive :* Mon âme est triste jusqu'à la mort.
7 *Jésus cherche de la compagnie et du soulagement de*

la part des hommes. Cela est unique en toute sa vie, ce me semble. Mais il n'en reçoit point, car ses disciples dorment.

8 *Jésus sera en agonie jusqu'à la fin du monde : il ne faut pas dormir pendant ce temps-là.*

9 *Jésus, au milieu de ce délaissement universel et de ses amis choisis pour veiller avec lui, les trouvant dormant, s'en fâche à cause du péril où ils exposent, non lui, mais eux-mêmes, et les avertit de leur propre salut et de leur bien avec une tendresse cordiale pour eux pendant leur ingratitude, et les avertit que l'esprit est prompt et la chair infirme.*

10 *Jésus, les trouvant encore dormant, sans que ni sa considération, ni la leur, les en eût retenus, il a la bonté de ne pas les éveiller, et les laisse dans leur repos.*

11 *Jésus prie dans l'incertitude de la volonté du Père, et craint la mort ; mais l'ayant connue, il va au-devant s'offrir à elle :* Eamus. Processit *(Joannes).*

Alfred de VIGNY

LE MONT DES OLIVIERS

Alors il était nuit, et Jésus marchait seul,
Vêtu de blanc ainsi qu'un mort de son linceul ;
Les disciples dormaient au pied de la colline.
Parmi les oliviers, qu'un vent sinistre incline,
5 *Jésus marche à grands pas en frissonnant comme eux ;*
Triste jusqu'à la mort, l'œil sombre et ténébreux,
Le front baissé, croisant les deux bras sur sa robe
Comme un voleur de nuit cachant ce qu'il dérobe ;
Connaissant les rochers mieux qu'un sentier uni,
10 *Il s'arrête en un lieu nommé Gethsémani.*
Il se courbe, à genoux, le front contre la terre ;
Puis regarde le ciel en appelant : « Mon Père ! »
— Mais le ciel reste noir, et Dieu ne répond pas.
Il se lève étonné, marche encore à grands pas,
15 *Froissant les oliviers qui tremblent. Froide et lente*
Découle de sa tête une sueur sanglante.
Il recule, il descend, il crie avec effroi :
« Ne pouviez-vous prier et veiller avec moi ? »
Mais un sommeil de mort accable les apôtres.
20 *Pierre à la voix du maître est sourd comme les autres.*
Le Fils de l'Homme alors remonte lentement.
Comme un pasteur d'Égypte, il cherche au firmament.
Si l'Ange ne luit pas au fond de quelque étoile.
Mais un nuage en deuil s'étend comme le voile
25 *D'une veuve, et ses plis entourent le désert.*
Jésus, se rappelant ce qu'il avait souffert

> *Depuis trente-trois ans, devint homme, et la crainte*
> *Serra son cœur mortel d'une invincible étreinte.*
> *Il eut froid. Vainement il appela trois fois :*
> 30 *« Mon Père ! » — Le vent seul répondit à sa voix.*
> *Il tomba sur le sable assis, et, dans sa peine,*
> *Eut sur le monde et l'homme une pensée humaine.*
> *— Et la Terre trembla, sentant la pesanteur*
> *Du Sauveur qui tombait aux pieds du Créateur*
>
> *(1844).*

Le texte de Pascal qui a reçu pour titre d'une main étrangère *Le Mystère de Jésus*, nous apparaît d'une exceptionnelle ferveur. Il est pourtant difficile de le situer avec précision dans les *Pensées*, et même chronologiquement. Le mieux serait d'y voir comme une méditation sur l'un des mystères douloureux du Rosaire, exercice popularisé dès le XIIe siècle par saint Dominique.

Seule intéresse notre propos, la première partie, l'Agonie au Jardin des Oliviers. Après un examen de la langue, nous essaierons de dégager les caractères stylistiques de cette page.

En ce qui concerne l'établissement du texte et la question des variantes, le plus sûr est de suivre l'édition Lafuma. Disons simplement que l'examen du manuscrit permet de croire que nous ne sommes pas ici en présence d'un premier jet, mais d'une mise au net d'une rédaction déjà parfaite. Le travail de polissage et d'équarrissage a dû être fait précédemment ; sinon une si assurée distribution des versets n'eût pas été concevable, ni une telle aisance dans la progression des idées, presque partout d'une seule venue.

La syntaxe apparaît informée manifestement de réminiscences bibliques. L'expression : *le premier Adam*, s'éclaire tout de suite si l'on songe que *Adam* signifie homme. Dans le manuscrit du reste, le mot n'a pas de majuscule. L'emploi intransitif du verbe soutenir, (verset 2), est dû à un décalque : *sustinete hic* (Matthieu) ; dans la langue ecclésiastique, le verbe veut dire aussi : supporter, endurer. De même l'emploi participial : *les trouvant dormant*, reproduit simplement la phrase : *invenit eos dormientes*.

Sans compter que le sémantisme péjoratif de *endormi* créerait une dissonance. Comparez : *La Belle au bois dormant*.

Le caractère intime de cette méditation rend compte d'autre part d'une syntaxe un peu lâche ; dans les rapports pronominaux surtout et au dernier verset notamment. C'est à l'esprit de rétablir les connexions ; *l'*ayant connue : *l'* renvoie à *volonté*. S'offrir à *elle* : *elle* peut désigner à la fois la *mort* et la *volonté* divine.

Pour le reste, nous avons essentiellement une syntaxe typique de la première moitié du XVIIe siècle, jusque dans ces phrases où la reprise du sujet nominal par un pronom peut sembler assez gauche : *Jésus... il a la bonté*. Ou encore, à propos des rapports imprécisés du possessif : *sa* considération, de valeur objective : le respect dû à sa personne. C'est une façon d'économie que l'on retrouve dans l'emploi de la proposition participiale qui épargne des ligatures de cause, de circonstance :... *les trouvant*.

Il convient toutefois de préciser un certain nombre de faits plus particuliers.

Jésus est seul qui ressente. Devant un superlatif relatif, Malherbe déjà exigeait l'article. Le rapprochement du sujet et du prédicat se fait plus énergique dans cette phrase de Pascal, sans détriment pour l'expression de la modalité.

Dans un de supplices. Jusqu'au XVIIIe siècle, on discute sur la phrase de Vaugelas : il sait la langue grecque et la latine. En 1704, l'Académie préfère la répétition du substantif. Féraud pense le contraire, appuyé par l'autorité de Montesquieu, J.-J. Rousseau, Voltaire.

S'en fâche. Le contexte *(tendresse cordiale)* indique que

Jésus s'irrite seulement contre le sommeil des disciples. En est donc un neutre (ce fait-là qu'il les trouve dormant), et non pas un personnel comme plus loin : et n'en a pas été exaucé.

Ayant si peu de compassion qu'elle ne pouvoit ... Il ne s'agit pas ici de la reprise pure et simple du substantif sans détermination. Il faudra attendre le XVIIIe siècle du reste pour que les grammairiens exigent une stricte régularité. Pascal représente par *elle* l'idée implicite qui précède : leur compassion était si faible que...

Où il se perdit et tout le genre humain ; où il s'est sauvé et tout le genre humain. Le pronominal ici marque qu'on agit à la fois sur soi-même et sur autrui. A la forme composée, Vaugelas interdisait : « Il s'est bruslé et tous ceux qui estoient auprès de luy. » Mais Pascal a préféré souligner un parallélisme au prix d'une anacoluthe qui nous semble du reste aussi claire qu'élégante.

Il se plaint, comme s'il n'eût plus pu contenir sa douleur. Si n'admettant pas le conditionnel, la langue le faisait suivre normalement d'un subjonctif plus-que-parfait lorsque le temps et les modalités l'exigeaient. Dans le *Cousin Pons*, Balzac écrira encore : Un homme en spencer, en 1844, c'est voyez-vous, comme si Napoléon eût daigné ressusciter pour deux heures.

Sans que ni sa considération, ni... les en eût retenus c'est la modalité potentielle qui rend compte de la forme : ait été capable de ...

Pendant leur ingratitude. Il faut restituer à *pendant* sa pleine valeur originelle : au moment où ils sont ingrats. La phrase est d'une concision abrupte.

Mais il n'en reçoit point... il ne faut pas dormir. Ces exemples montrent que *point* avait cessé de nier plus fortement que *pas*, dans l'usage, non en théorie.

Jésus est seul dans la terre. En, dans, sur, sont en concurrence au XVIIe pour exprimer la position dans un lieu.

Chez paraît chargé encore de sa valeur concrète primitive ; d'où son emploi discret. *Chez Plutarque*, choquait Vaugelas. Pascal met : *dans ses trois plus chers amis.*

En est plus abstrait : *en toute sa vie.*

Qu'elle ne pouvoit seulement les empêcher. Vaugelas critiquait le développement sémantique de *seulement* au sens de *même*. Cette syntaxe semble entraînée ici par toute une série d'accords autour du mot : *seul*.

Au milieu de ce délaissement universel. L'effet de cette construction est amorti grâce au pluriel qui suit : *et de ses amis.* Il s'agit pourtant d'une syntaxe comparable à celle de *parmi* :

> *Parmi ce grand amour que j'avois pour Sévère*
> CORNEILLE,

que Verlaine a essayé de ressusciter.

D'une façon plus générale, on sera sensible à la concision nerveuse : *c'est un supplice d'une main* (entendez : donné par), à tout ce qui peut alléger l'énoncé ; le choix, par exemple, d'une forme simple dans : *du péril où ils exposent non lui, mais eux-mêmes ;* à la recherche discrète enfin de tours bibliques :

L'hébraïsme : *jardin de délices* dérive de *L'Ancien Testament.* L'*Hortus deliciarum* est un livre fameux du Moyen Age ; mais la Vulgate dit : *paradisum voluptatis, in deliciis paradisi* (Ézéchiel). *Jardin* est donné par Jean dans son récit de la Passion. *Volupté(s)* est impossible pratiquement dans la langue religieuse. L'antithèse et l'allitération ont contribué en outre à imposer *délices*, à défaut de réminiscences textuelles d'auteurs moyenâgeux.

(Il) les laisse dans leur repos. Cet emploi de *dans* avec un nom abstrait rappelle la formule biblique : *(ire) in requiem (tuam).* Plus certainement encore, la multiplication de la ligature élémentaire *et*, polysémantique (opposition, conséquence, etc.) a une résonance scripturaire.

Le mouvement original de ce texte révèle donc en définitive une pensée impatiente, traversée d'échos bibliques.

L'étude du vocabulaire nous introduit déjà plus intensément à l'intérieur du style de Pascal.

Nous relevons d'abord un groupe de mots ou d'expressions bibliques qui restituent une atmosphère. *Passion* existe déjà dans les *Actes* pour désigner les souffrances du Christ ; et ensuite chez les auteurs chrétiens. *Agonie* (Luc) ; *colère de Dieu* (qui vient de l'Ancien Testament), *volonté du Père* (surtout johannique).

Puis un ensemble de termes de coloration spirituelle ou mystique : *consolation* (dû peut-être au *Psaume* messianique 68) ; *délaissement* : c'est la *derelictio*, l'abandon de Dieu même.

Nous avons sans doute ici, un des premiers exemples de cette acception neuve, classique désormais.

Accordé à ce lexique, tout un groupe de termes abstraits ou psychologiques : *négligence, connaissance, incertitude*, etc. L'art de Pascal se manifeste dans un effort de précision, d'ajustement des mots à une idée examinée sous tous ses aspects : *tourments, peine, abandon, délaissement ; soutenir, partager sa peine ; consolation, soulagement*, etc.

On voit quelle est l'importance du thème de la solitude, et du Juste souffrant.

On remarquera la longueur de ces substantifs, leur importance même numérique par rapport aux verbes, ainsi que la place habituelle de la qualification qui préserve la valeur foncière de chacun de ces termes : *négligence entière, douleur excessive, délaissement universel*. Ces noms abstraits d'action gonflés d'expressivité tendent la phrase ; ainsi, au lieu de dire : Jésus ne sachant pas quelle est la volonté etc., Pascal écrit : *dans l'incertitude...*, 11.

Cette méditation reste appuyée pourtant sur des éléments du réel. La plupart des versets ont au moins un terme suffisamment concret qui permet une cristallisation efficace de la pensée : *supplice d'une main toute puissante, dormir, terre, jardin, se plaindre, disciples, amis, éveiller*, etc. Curieusement, nous retrouvons la démarche recommandée par les *Exercices spirituels* de saint Ignace : observation, contemplation, résolution.

A un degré encore plus personnel, l'analyse du matériel grammatical doit nous livrer d'autres enseignements.

Mentionnons l'opposition *des tourments, les* tourments, 1, liée au sémantisme du verbe.

La valeur de notoriété de l'article dans : *à cause du péril*. Ce péril est bien connu des acteurs ou des témoins du drame ; et en plus il est unique : la perte de la vie éternelle.

Retenons surtout la valeur de l'article défini : *les hommes* (2 fois). Il ne s'agit pas seulement d'une catégorie historique d'individus. C'est l'humanité tout entière qui devient solidaire de cette Agonie constamment présente, recommencée.

L'horreur de la nuit. Au-delà de cette nuit du Jardin des Oliviers, le mot acquiert, grâce à l'article défini, une valeur beaucoup moins concrète et descriptive. C'est la nuit des Mystiques, dont les phases dramatiques, jusqu'à l'Aube salvatrice, venaient d'être précisées par Jean de la Croix ; et pas seulement *l'horreur* tragique *d'une profonde nuit*.

La fréquence des démonstratifs est là pour nous obliger à contempler avec insistance le mystère douloureux de l'agonie : *cette* connaissance, *cette* peine, *cet* abandon, *cette* seule fois, *cela*, *ce* délaissement, etc.

De même les possessifs nous ramènent incessamment à la personne de Jésus : *sa* passion, *ses* amis, *sa* peine, *ses* disciples, etc.

Pareillement, les verbes pronominaux si nombreux nous montrent la part active, déterminante de Jésus dans la Rédemption : *se donne, s'est sauvé, se plaint, s'en fâche, s'offrir,* etc.

Soyons attentifs aussi à la chronologie verbale. Pascal pouvait se contenter de rappeler l'agonie de Gethsémani avec des temps du passé. Il choisit le présent pour la rendre non seulement plus dramatique ou vivante, mais actuelle.

Seuls quelques imparfaits rétablissent les perspectives en rattachant cette narration à l'histoire. comme témoins fidèles en quelque sorte des événements rapportés : *pouvoit, étoit délaissé* qui éternise dans une certaine mesure un aspect d'offrande, ou d'immolation.

Signalons même la dissonance opérée par le passé simple *se perdit* : c'est un fait passé, sans attache avec la réalité acquise désormais : *s'est sauvé*.

Éclatant enfin au milieu des présents, le futur *sera* qui donne une dimension temporelle inattendue à cette méditation. Non contente de remonter jusqu'aux âges de la genèse (Adam), la pensée de Pascal bondit *jusqu'à la fin du monde,* 8. A ce point, il n'est plus possible de méconnaître le dessein et les intentions stylistiques fondamentales de ce texte.

Dès l'abord les phrases révèlent le ton de ce *Mystère*. Elles sont d'une structure simplifiée et s'organisent en des paragraphes qui rappellent les versets bibliques. Chaque paragraphe est isolé dans le manuscrit par un bref trait horizontal, c'est-à-dire que Pascal part du silence et y aboutit. Le recueillement est la condition même de tout exercice spirituel.

L'attaque à peu près uniforme par *Jésus* supprime toute possibilité de mouvement imprévu.

La prétendue phrase janséniste aux contours sinueux n'existe pas ici, même pas au verset 9. Parler de période tétragonale, à propos du verset 10 par exemple, apparaît sans objet. Il ne s'agit pas de phrases oratoires ; mais d'une oraison faite dans l'âme et pour l'âme.

Cela explique certaines rencontres qui seraient peu euphoniques : *comme s'il n'eût plus pu contenir*, si la phrase était réellement dite.

Néanmoins, nous décelons plusieurs organisations curieuses en fin de verset, à une place privilégiée par conséquent, malgré les interdits des théoriciens :

    12 syllabes : *le ciel et lui... connaissance.*
    12 syllabes : *Mais il n'en reçoit... dorment.*
    6 — : *et tout le genre humain.*
    6 — : *dans l'horreur de la nuit.*
    octosyllabe : *et les laisse dans leur repos.*

Il est difficile de ne pas y voir le signe d'une tension lyrique qui exploite spontanément des cellules métriques traditionnelles au même titre que des allitérations et des assonances d'insistance : *d'une main non humaine* ; et presque tout le verset 4 : *jardin, humain, humain ;* en réplique, les échos féminins : *délices – supplices.*

Mais il n'y a aucune conclusion ferme à tirer de l'alternance entre finales vocaliques et consonantiques de verset à verset, car ce jeu n'est pas constant.

A l'intérieur des versets, la progression est obtenue d'une façon très simple : par l'opposition des propositions amenées par *mais* ou *et*. Nous avons ainsi le va et vient d'une pensée discursive dont l'allure est plus voisine d'une démarche mathématique que du parallélisme biblique, même antithétique.

Ce mouvement du reste n'exclut pas diverses habiletés, tel l'ordre de reprise de certains termes : *Jésus souffre dans sa passion ; mais dans l'agonie il souffre ;* ou bien la mise en valeur de l'élément adverbial qui résume une situation : *et ainsi Jésus étoit délaissé.*

Remarquons encore la discrétion de l'appel *il ne faut pas dormir*, sans agrafe avec ce qui précède. Le cœur seul est convié à répondre tout de suite à la détresse morale.

Enfin, malgré le silence qui doit isoler chaque verset, des liens ténus les relient :

v. 1, 2 : *soutenir ;* v. 2, 3 : *seul ;* v. 3, 4 : *dans la terre, dans un jardin ;* v. 4, 5 : *dans un jardin, dans l'horreur ;* v. 7, 8, 9, 10 : *dorment, dormir, dorment ;* v. 6-11 : *mort.*

Ce n'est pas rigoureusement l'enchaînement johannique ou paulinien, la *concatenatio*, c'est plutôt l'obsession sonore et le rappel de syllabes, de mots, livrant ou portant une charge sémantique spéciale.

Le caractère biblique de cette méditation s'accuse plus fermement si l'on veut bien considérer que tous les versets dérivent, à des degrés variés, de l'Écriture. Des formules comme : *je crois, ce me semble*, marquent bien cet esprit de soumission et de dépendance.

L'apport biblique apparaît notamment dans les citations explicites : *Mon âme est triste... ; il les avertit que l'esprit est prompt*, etc., transposition fidèle du texte de la Vulgate.

Pascal pense en effet à travers le texte latin ; il en est si imprégné qu'il juxtapose dans sa méditation des éléments empruntés à des Évangélistes différents : *Eamus* (Matthieu) ; *processit* (Jean). Un cas fait difficulté : *turbare semetipsum*. L'expression n'est pas textuelle. Elle résulte, je crois, d'une contamination ; il s'agit de l'épisode de la résurrection de Lazare et d'une autre scène racontée par Jean (XI, 33 ; XII, 27) qui annonce l'agonie : *mon âme est troublée... Épargnez-moi cette heure.*

A deux ou trois reprises, il paraît en outre certain que Pascal se souvient des commentaires de Jansénius ; l'esprit de ces textes n'importait pas à la stylistique, mais seule, leur insertion dans la pensée de Pascal.

Dans la Bible encore, Pascal trouvait les éléments des antithèses qui animent ces versets ; antithèse entre Jésus et les hommes, Dieu et Jésus, la terre et le ciel, etc. Quelles confrontations !

L'expression figurée est inexistante ici. La métonymie *ciel* pour *Dieu* était banale. Pourtant, on ne peut percevoir les plus profondes résonances de ce texte, si l'on se borne à une interprétation littérale. De même que Bérulle, par exemple, affirmait le caractère éternel des états et des mystères de Jésus, Pascal ne se contente pas de reproduire des faits historiques. Leur permanence est un fait pour lui, et le symbole dès lors nous cerne de toutes parts. L'agonie de Jésus se continue, se renouvelle ; le sommeil des disciples n'est que l'image, la préfiguration de notre abandon ou de notre indifférence. Tel est le sens mystique qui accompagne chacun des versets et leur donne ces retentissements imprévus.

On sera sensible enfin au dépouillement de ce *Mystère*, à l'absence de toute rhétorique concertée. Le miracle du style réside dans cet accord, cet ajustement sans défaillance de la pensée et de la prière de Pascal avec le récit des Évangiles.

En présence d'un pareil texte, on découvre les limites des données traditionnelles qui prétendent définir le fait littéraire : le genre, le tempérament, la génération ; elles apparaissent d'un secours dérisoire. Simplement on constate qu'en homme du XVIIe siècle, Pascal refuse tout pittoresque extérieur et concentre sa réflexion sur les souffrances spirituelles du Christ. Il étouffe sa propre sensibilité pour être plus attentif à l'appel de son maître. Quel contraste à cet égard avec le début du *Mont des Oliviers* ! On mesure ici toute la distance entre une inspiration simplement humaine ou poétique et celle d'une nature mystique.

Pascal et Vigny

*
* *

Nous nous bornerons à quelques indications trop négligées ou mal vues des commentateurs, à propos de ce texte des *Destinées*.

1 — *Alors il était nuit* : L'imparfait situe l'action dans une durée dont le caractère statique est plus nettement marqué grâce à l'adverbe *alors* qui peut correspondre à la formule : *in illo tempore*.

Syntaxiquement, la formule est curieuse. Nous la suivons depuis Virgile :

> *Nox erat, et placidum carpebant fessa soporem*
> *corpora per terras...*

à travers le Moyen Age jusqu'à *La Légende des siècles* :

> *Il est nuit. La cabane est pauvre, mais bien close...*

Elle demeure pourtant exceptionnelle. Elle contribue ici à reculer dans le temps, un tableau, une évocation digne de l'épopée ; elle agrandit notre horizon.

Et Jésus marchait seul : Le sémantisme du verbe entraîne un aspect itératif à peu près nécessairement. Jésus nous est présenté, en proie à une inquiétude nerveuse, toute physique.

2 — *Vêtu de blanc...* : tel un fantôme, Jésus. C'est une touche romantique et une antithèse (fortement marquée même par le rythme qui oppose les deux vers), absentes de l'Évangile. Étant donné que le vers 138 provient des *Paroles d'un Croyant* (XII) de Lamennais, nous pouvons trouver ici un souvenir des *Paroles* III et XXXIII :

> *Et la terre prit une teinte funèbre, comme celle du linceul qui enveloppe les morts ; — Et une forme humaine, pâle comme un suaire, s'approcha de lui.*

Jésus était-il vêtu de blanc ? Non. La recherche d'un certain pittoresque conduit Vigny à commettre une inexactitude. Luc nous dit que Hérode fit mettre à Jésus une robe blanche, comme à un homme épris de la folie des grandeurs. Le commentaire de Dom Calmet que pratiquait Vigny est explicite sur ce point.

Les vêtements blancs apparaissent dans l'Apocalypse, III, 5 ; or le manuscrit a précisément une référence à III, 3.

Et puis Vigny suggère déjà de cette façon la mise au tombeau, sans la lumière de la Résurrection.

3 — L'imparfait de durée *dormaient* est pleinement justifié. *Les disciples* peuvent représenter l'ensemble des *apôtres* sauf les trois élus que Jésus a gardés près de lui et auxquels Vigny réserve le nom d'*apôtres* (19), semble-t-il. Dans le tableau de Mantegna, ils sont étendus au bas d'une plate-forme rocailleuse à laquelle on accède par trois ou quatre marches ; d'où les détails, les seuls du reste qui puissent provenir de cette toile : *au pied*, *descend* (17), *remonte* (21).

A. de Vigny nous montrait dans la *Femme adultère* les *verts oliviers de la sainte montagne*. Ici au contraire, la nature se fait dure et conspire contre le Rédempteur. La couleur locale est liée à l'action. Ce détail pittoresque est imaginé pourtant.

5 — De nouveau, voici Jésus en proie à l'anxiété et même à la fièvre. Grâce au présent *historique*, Vigny le situe au premier plan désormais. Ces présents restent néanmoins simplement descriptifs et dramatiques. Pourquoi *frissonnant* et *il eut froid* (29) ? Parce que Strauss dans sa Vie de Jésus cite *l'hypothèse de Hermann qui prétend qu'à la douleur interne se joignit un refroidissement corporel que Jésus gagna dans la vallée traversée par le Cédron.*

6 — *L'œil* est un singulier poétique, noble, épique. La réduplication d'épithètes est dans le ton romantique ; le

choix surtout des mots *sombre et ténébreux* révèle une époque et un goût très particuliers.

7 — L'atmosphère est épaissie. Tous les maîtres-mots du texte nous sont déjà livrés : *nuit, mort, noir, sombre* ... ainsi que leurs synonymes, et avec quelle insistance !

Mais l'attitude, arbitrairement romantique, devient inexplicable, malgré la référence à l'Apocalypse notée dans son manuscrit par Vigny pour tenter de justifier sa comparaison.

9 — L'obscurité était telle dans ce Jardin que le feuillage gardait la lumière des étoiles et de la lune ; d'où *la torche de Judas* : 142.

10 — Ce vers nous livre la seule indication géographique de tout le poème. Le nom propre a été amené laborieusement à la rime, à une place expressive, dans une phrase qui décalque le texte de l'Évangile. *Gethsémani* signifie *pressoir des olives*, selon Dom Calmet. Jésus dans ce Jardin fut écrasé par l'angoisse, comme dans un pressoir, au point que le sang s'échappa de son corps (16), comme l'huile de l'olive. Nous évoquons la prophétie d'Isaïe, LXIII, 2-3, dont Vigny devait aussi se souvenir : 53-54. Cette métaphore implicite est rappelée dans toutes les représentations du Pressoir mystique, nombreuses après le concile de Trente.

15-16 — L'inversion et le surjet mettent en valeur le verbe *découle*, dont le choix paraît singulier si l'on ignore qu'il transpose Luc : *guttae sanguinis* decurrentis.

Vigny a renoncé à la première leçon, d'une maladresse choquante :

> *Sa poitrine*
> *Se gonfle ; un souffle fort bruit dans sa narine.*

21 — L'expression le *Fils de l'Homme* n'est biblique que formellement. Il faut l'interpréter en tenant compte du vers 27 : *devint homme*. Strauss encore cite en note un

verset de l'Évangile de Nicodème où Satan conclut de cette agonie que le Christ a été un simple mortel : *ego, gar, oida oti anthropos esti.*

A. de Vigny joue donc ici sur les mots.

22 — Ce vers fait difficulté. Vigny certainement pense à l'Ange consolateur de Luc, comme le prouve sa note manuscrite. L'Ange peut n'être que le symbole de l'Espérance. C'est une allusion probable enfin à la théorie orientale des anges recteurs d'astres.

31 — Pour comprendre cette notation biblique, rappelons-nous *La Fille de Jephté :*

> *L'armée assise tout entière*
> *Pleurait...*

C'est une attitude de douleur, de détresse.

32 — Ce tremblement de terre est celui qui accompagnera le dernier soupir de Jésus sur la Croix. Une fois de plus, Vigny rend plus dramatique l'atmosphère de la nuit de Gethsémani.

A partir du vers 25, la perspective temporelle a de nouveau été modifiée. Le passé simple marque des ruptures tragiques qui se sont opérées. Mais à aucun moment, nous n'avons senti Vigny adorer ni adhérer, suivant la formule des contemplatifs. Il ne s'agissait pas ici de méditation ou d'oraison. Son dessein était tout autre.

Cette première partie du *Mont des Oliviers* est assurément émouvante. D'un simple point de vue artistique, on admirera jusqu'au jeu des sonorités, en mineur, qui entourent le développement : *seul – linceul – pesanteur – créateur.*

Que d'éléments disparates pourtant la composent ! Les sources non bibliques en détruisent l'unité, la simplicité, la sérénité. Les préoccupations d'ordre historique ou exégétique se mêlent curieusement aux soucis esthétiques. Tout en maintenant une certaine tonalité, les comparaisons ou les détails pris à J.-P. Richter (13, 24, 25) paraissent d'une recherche apprêtée dans un tel sujet. Nous hésitons à reconnaître le visage du Jésus de l'Évangile. Mais cette métamorphose permet et prépare la prière du désespoir, échos atténués des refus du *Christ aux oliviers* de G. de Nerval (mars 1844) :

Dieu n'est pas! Dieu n'est plus...

DIALOGUE ORIENTAL

EMA

Mon bien-aimé, mon époux,
Me rendra-t-il sa présence ?
Je languis dans son absence.
Ah ! d'un cœur tendre et jaloux
Que n'a-t-il l'impatience ?
Que n'est-il à mes genoux,
Mon bien-aimé, mon époux !

De mon appui détachée,
Je tombe ainsi qu'une fleur
Languissante et desséchée,
Qui, sur la terre penchée,
Perd la vie et la couleur.

Mes pleurs, ainsi qu'un orage,
Font un voile sur mes yeux :
Quand mon astre radieux
Percera-t-il ce nuage ?
Mes compagnes, levez-vous,
Mon bien-aimé va paraître
Ceint de l'éclat le plus doux.
Au jour qui luira sur vous,
Pourrez-vous le méconnaître ?

Filles d'Ema, levez-vous ;
C'est mon amant, c'est mon maître,
Mon roi, mon dieu, mon époux.

Il descendra des montagnes,
Leurs cimes s'aplaniront,
Ses pas légers franchiront
Les vallons et les campagnes
Qui devant lui fleuriront.

LES COMPAGNES

Vous aimez, on vous adore ;
Calmez vos sens agités,
Vos vœux seront écoutés ;
Attendez jusqu'à l'aurore.
Sur les coteaux argentés
Les cieux ne versent encore
Que de tremblantes clartés.

EMA

Fais place au jour plus propice,
Nuit de deuil, nuit de douleurs ;
Dans mon lit baigné de pleurs,
J'attends que ton cours finisse.
Hélas ! quel est mon tourment,
Quand ma main infortunée,
Dans ma couche abandonnée,
Erre et cherche mon amant !
J'en vois, j'en touche la place ;
Hélas ! quel est mon tourment !
Dans un vide qui la glace,
Ma main se perd vainement.

LES COMPAGNES

De la colombe fidelle,
Tant que l'on séparera
L'amant ailé qu'elle appelle,
La colombe gémira.

EMA

Peut-il être si tranquille
Le négligent possesseur
Du verger le plus fertile ?
A-t-il quitté cet asile
Sans crainte du ravisseur ?
Il perd sa vigne chérie,
Il expose à l'étranger
La fontaine et sa prairie :
Que de trésors en danger !
Peut-il ainsi négliger
Verger, vignes et fontaine ?
Que sa crainte le ramène.
Ah ! qu'il vienne protéger
Vigne, fontaine et verger.
Mais j'entends la tourterelle ;
Silence, écoutons, c'est elle.
Doux présage, heureux moment !
Mon espoir se renouvelle ;
Le chant de l'oiseau fidelle
M'annonce un fidèle amant...

(Texte de l'Édition de 1803 faite sur les Mss.)

La réputation de Bernard n'est pas flatteuse. Voltaire a contribué à l'établir par le surnom de *Gentil*. Bien que l'*Hymne à l'amitié*, l'*Opéra de Castor et Pollux* soient plus connus (ils ne manquent pas de beauté), nous avons eu toutefois la curiosité d'interroger un de ses *Dialogues orientaux* pour essayer de surprendre un aspect ignoré de son art. Nous nous limiterons aux lignes de force d'un pareil texte, le début du premier de ces *Dialogues* où l'imitation du *Cantique des cantiques* en apparence se montre franche, avant que la scène ne se transforme en tableau égrillard, d'une audace effrontée.

Le style révèle tout de suite une certaine tendance à l'abstraction : *Me rendra-t-il sa présence*, entendons : reviendra-t-il.

Le choix de la préposition *dans : Je languis dans son absence*, 4, semble dû à une syntaxe biblique où la préposition exprime plusieurs valeurs, la cause notamment.

Autre hébraïsme : *Nuit de deuil*, qui remplace une qualification banale. Mais le pluriel : *nuit de douleurs*, est anormal ; la rime en est responsable, il fallait un pluriel à *pleurs*, 39.

Ceint de l'éclat, 19, est également un emprunt biblique : *Amictus lumine sicut vestimento* (Psaume CIII, 2).

Le caractère *oriental* se précise dans l'évocation concrète des êtres et des choses. Saint-Lambert parlait des *ruisseaux argentés ;* la métaphore paraît usée : *les coteaux argentés*, 34, expriment au contraire une vision pittoresque.

Traduisant l'*Énéide* VII, Delille évoquait la *clarté tremblante* de la lune ; les *tremblantes clartés*, 36, de Bernard ont plus de poésie, grâce à l'antéposition affective de l'adjectif verbal, au pluriel surtout qui élargit la sensation.

Le style noble s'affirme à la faveur des recettes traditionnelles : singulier poétique : *ma main*, 42, *La colombe*, 49 ; adjectif conventionnel : *Doux présage...*, 69 ; sans compter les ressources habituelles de l'article : *un cœur tendre*, 4 ; du mot noble, *couche*, 43, fortifié même à l'occasion par une épithète... Tout cela est commun.

On repérera encore la fréquence des exclamations, des interrogations : signes presque toujours faciles de l'émotion.

ANALYSES STYLISTIQUES

Les apostrophes, les personnifications font également partie de l'arsenal noble :

> *Fais place au jour plus propice,*
> *Nuit de deuil* ..., 39.
> *Dans un vide qui la glace...,* 47.

L'image est évidemment la pièce maîtresse de cette rhétorique : comparaison insistante (toute la deuxième strophe : *De mon appui détachée*), hyperbole classique : *mon astre radieux...,* 15 ; métaphores d'une luxuriance baroque :

> *Il perd sa vigne chérie,*
> *Il expose à l'étranger*
> *La fontaine et sa prairie :*
> *Que de trésors en dangers !...,* 61.

Ce style figuré peut prendre une forme sentencieuse chère à la sensibilité orientale :

> *De la colombe fidelle,*
> *Tant que l'on séparera*
> *L'amant ailé qu'elle appelle,*
> *La colombe gémira...,* 52.

L'originalité de Bernard s'accuse plus fermement dans les détails précis :

> *Ma main...*
> *Dans ma couche abandonnée,*
> *Erre et cherche mon amant !...,* 44,

l'ordre varié des éléments d'une énumération trois fois reprise : *sa vigne chérie, La fontaine et sa prairie ; Verger, vignes et fontaine ; Vigne, fontaine et verger...*

Mais déjà dans le choix et l'ordonnance des textes bibliques qui soutiennent son lyrisme.

Il imagine d'abord de nommer ses personnages : *Azor* est un fils d'Éliacin (Matthieu...) ; le mot veut dire : *qui donne du secours, adjutor*. Il est donc heureusement choisi.

Ema peut être une abréviation d'Emmanuel, c'est surtout un nom de reine...

La fréquence des futurs déconcerte dans un tel *Dialogue* :

Il descendra des montagnes..., 25.

Ce ton est dû à l'imitation du chapitre XL d'Isaïe, messianique : *Voix de celui qui crie dans le désert : Préparez les voies du Seigneur... Toutes les vallées seront comblées, toutes les montagnes et les collines seront abaissées... Toute chair n'est que de l'herbe...*

L'herbe se sèche et la fleur tombe... voici le Seigneur Dieu qui vient...

On comprend mieux ainsi l'origine de certaines images, dans la strophe 2. — Puis Bernard contamine ce texte avec des réminiscences du *Cantique*, III, 1 : *J'ai cherché dans mon lit, durant les nuits, celui qu'aime mon âme, je l'ai cherché et ne l'ai point trouvé...* Il ajoute une touche plus sensuelle à cette évocation, mais *lit* et *nuit* avaient attiré par association le Psaume VI : *Je laverai toutes les nuits mon lit de mes pleurs, j'arroserai ma couche de mes larmes.*

La *colombe* et la *tourterelle* appartiennent encore au *Cantique*, II, 10, 12 : *La voix de la tourterelle s'est fait entendre ;* d'où les derniers vers de notre texte.

Contre toute attente, ce *Dialogue* n'est donc pas un pastiche fruste d'un seul livre biblique ; il s'agit vraiment d'une recréation ; *oriental* est une qualification motivée.

Vigne, fontaine, prairie offrent pourtant une difficulté. *Exposer à l'étranger, sa fontaine et sa prairie,* pourrait passer au Moyen Age pour une allusion à tel épisode d'un roman arthurien : *Yvain*. Notre contexte ne s'y prête pas. Déjà, chez les Prophètes, la *vigne* est le symbole du peuple élu, gardé pour son Dieu. Bernard ici reprend cette métaphore et l'adapte à sa transposition du *Cantique*, IV, 12 (qui connaît aussi par ailleurs la vigne, I, 5) : *jardin fermé..., fontaine scellée, source close*, autres symboles de la bien-aimée qui se réserve pour son amant.

Quant au *verger*, il évoque les fruits exquis de ce jardin, (IV, 13).

Indiquons toutefois que dans le *Précis du Cantique des cantiques* (1759), Voltaire écrit aussi :

> *De mes parents la sévère rigueur*
> *Me commanda de bien garder ma vigne ;*
> *Je l'ai livrée au maître de mon cœur,*
> *Le vendangeur en était assez digne.*

Les vers de Bernard pourraient en être l'écho. Malgré tout, le ton du *Dialogue* n'est pas d'une insistante équivoque.

La versification assure le principal mérite de notre texte. Le choix d'un mètre impair, d'essence musicale, est une première réussite. On voit quelle tradition littéraire explique tel dogme de l'*Art poétique* de Verlaine !

Voltaire pareillement avait eu recours à l'heptasyllabe dans sa paraphrase. Mais ses *strophes* sont plus longues, amorphes, les jeux de rimes moins subtils ; de plus, elles alternent avec son mètre préféré, le décasyllabe, celui de *La Pucelle...*

Bernard a compris qu'il devait multiplier les reposoirs et sauvegarder l'unité métrique, cellule rythmique, à elle seule, puisque l'octosyllabe déjà ne connaissait pas de césure obligatoire, selon les théoriciens.

Nous rencontrons d'abord un septain sur deux rimes. Strophe et mètre se retrouveraient dans Belleau : sans plus. La disposition choisie manque de bonheur puisque le système est clos dès le quatrième vers. Seule la discordance atténue ce vice fondamental.

Le quintil suivant, détaché par un espace blanc, est une formule de chanson dans Corneille. La technique en est sûre : on attend jusqu'au bout la rime *b*.

Suit une large organisation d'apparence strophique : *Mes pleurs...* Elle se laisse ramener à des sous-unités 4 + 8 : c'est une radicale imperfection.

Nouveau quintil : *Il descendra...*, moins bien venu, car toutes les rimes ont été épuisées dès le quatrième vers ; *Qui devant lui fleuriront*, semble un appendice gratuit. La rime des deux futurs est du reste très faible grammaticalement : Malherbe déjà la condamnait.

Les Compagnes disent un septain, imparfait de nouveau : il repose sur deux rimes qui se constituent en quatrain initialement.

Ema prononce alors une longue confession : *Fais place...*, 12 vers qui se ramènent à trois quatrains juxtaposés, mais diversement construits.

L'intervention des Compagnes se fait d'après un schéma utilisé par Corneille encore dans ses stances à la Du Parc. Dernier élan d'Ema : une *strophe* démesurée. Une fois de plus, des unités élémentaires peuvent être isolées ; au début, un bon quintil (a b a a b) ; à la fin, un quatrain embrassé.

A l'intérieur, une succession de rimes plates brise toute structure authentique de strophes.

Plutôt que de chicaner Bernard sur des appels de sons et des réponses sans surprise : *montagnes — campagnes, infortunée — abandonnée...*, sachons-lui gré d'avoir réalisé une certaine unité tonale dans ce *Dialogue* par des retours de timbres identiques, alors qu'il eût pu tenter des strophes aux rimes bariolées.

Oublions les plates polissonneries de Voltaire : son âme et son oreille étaient si mal accordées au *patois de Chanaan*... Au XVIIIᵉ siècle le *Dialogue oriental* de Bernard mérite une estime certaine. Il y a plus. Notre poète a eu l'idée de se représenter le *bien-aimé* du *Cantique* sous les traits du Messie. Son chant reste un peu grêle ; mais il est aussi sûr que celui de Millevoye dans le *Chant élégiaque* de la Sulamite ou de Nodier dans les *Essais d'un jeune barde*.

Un siècle plus tard, V. Hugo écrira dans *la Fin de Satan* :

Le bien-aimé, celui que vous attendez, femmes,
C'est celui-ci qui passe...

Jésus, le Messie des Prophètes... *Le Cantique de Bethphagé* venait d'être dit... Et une jeune fille avait célébré l'amour dans des strophes brûlantes de sept syllabes :

J'aime. O vent, chassez l'hiver...

On voit quels cheminements ont précédé la conquête de tels sommets.

L'ENLÈVEMENT D'EUROPE

Sur le front du taureau la belle palpitante
S'appuie, et l'autre main tient sa robe flottante
Qu'à bonds impétueux souillerait l'eau des mers.
Autour d'elle son voile épandu dans les airs,
55 Comme le lin qui pousse une nef passagère,
S'enfle, et sur son amant la soutient plus légère.
Mais, dès que nul rivage à son timide effroi,
Nul mont ne s'offrit plus, qu'elle n'eut devant soi
Rien qu'une mer immense et le ciel sur sa tête,
60 Promenant autour d'elle une vue inquiète :
« Dieu taureau, quel es-tu ? Parle, taureau trompeur,
Où me vas-tu porter ? N'en as-tu point de peur
De ces flots ? Car ces flots aux poupes vagabondes
Cèdent ; mais les troupeaux craignent les mers profondes.
65 Où sera la pâture, et l'eau douce pour toi ?
Es-tu Dieu ? mais des dieux que ne suis-tu la loi ?
La terre aux dauphins, l'onde aux taureaux est fermée.
Mais toi seul sur la terre et sur l'onde animée
Cours. Tes pieds sont la rame ouvrant le sein des mers
70 Et bientôt des oiseaux peut-être dans les airs
Iras-tu joindre aussi la volante famille.
O palais de mon père ! O malheureuse fille,
Qui pour tenter sur l'onde un voyage nouveau,
Seule, errante, ai suivi ce perfide taureau !

> 75   Et toi, maître des flots, favorise ma route !
> Mon invisible appui se montrera sans doute ;
> Sans doute ce n'est pas sans un pouvoir divin,
> Que s'aplanit sous moi cet humide chemin. »
> . . . .
> Bucoliques.

La légende d'Europe est fameuse. Avant qu'on y ait vu un mythe solaire, poètes et peintres, à l'envi, Horace, Ovide, Lucien, Le Brun, Leconte de Lisle, l'Albane, le Dominiquin, Lorrain, Titien, Véronèse, surtout, en ont exprimé la beauté et la grâce. Chénier, à trois reprises, y rêva. Nous avons choisi d'étudier les caractères stylistiques de la version la plus élaborée qui date de 1780 au plus tôt, époque où Brunck lui révéla l'épyllion II de Moschos.

Commençons par dégager le sens et la portée des variantes d'après le manuscrit.

V. 51 : un premier essai non biffé *sur la corne du dieu* ne lui a pas donné entière satisfaction. *Corne* est trop concret ; le grec avait pourtant *Keras* ; *front* est tout à fait noble au contraire.

V. 57 : une leçon raturée : *rivage à ses yeux effrayés*. Chénier préfère l'abstraction, plus noble encore et moins commune : *à son timide effroi*.

V. 62 : leçon abandonnée :

> *ne te font-ils point peur*
> *Ces flots ; car leurs chemins aux poupes ; cèdent.*

Une suite allitérante gratuire *point-peur* a été évitée. La reprise de *ces flots* est suggestive, comme le grec *thalassa*. D'autre part l'article tendait à s'imposer dans les locutions verbales à complément d'objet, dans le cas surtout d'une valeur affective.

V. 65 : première version non rayée : *ta pâture ; pour toi* sera suffisamment précis. Mais Chénier renonce à sa traduction littérale : *et la douce boisson.*

V. 66 : Nouvelle rédaction abandonnée : *des dieux tu suis mal la leçon.*

Moschos disait : *tu agis comme font les dieux*, mais dans un esprit différent. Condensant son modèle, Chénier devait renoncer à cette phrase ambiguë.

V. 69-70 : en surcharge et barré : *rame, ils font céder les eaux.* Une métaphore plus vigoureuse est introduite :

ouvrant le sein des mers.
Et bientôt dans les airs peut-être des oiseaux.

Telle quelle, la phrase manquait de clarté ; une inversion plus franche a paru préférable.

V. 71 : Chénier d'abord songe à : *Iras-tu joindre encor...* ; *aussi* a le mérite d'éviter une licence gratuite et surtout une suite tapageuse de *r*, que toute l'esthétique du xviiie siècle réprouvait.

On pourrait enfin commenter la ponctuation ferme, ajoutée *a posteriori* pour scander le mouvement des alexandrins.

La langue de ce texte offre diverses particularités intéressantes. Dès la fin du xviie siècle les grammairiens réclamaient un accord de plus en plus strict avec le sens. Malgré deux sujets, *rivage* et *mont*, 57-8, le verbe se maintient au singulier : l'absence de coordination et le phénomène de discordance entre le mètre et la phrase expliquent ce fait.

Au vers 65, nous avons une inversion : *Où sera la pâture, et l'eau douce...* ; on remarquera cependant la coordination, et la ponctuation qui isole le premier sujet. Ces deux syntaxes étaient courantes au grand siècle où elles continuent un usage classique.

L'indéfini *autre* dans *l'autre main*, 52, décalque le texte grec : *cheri allê*.

Nul, 57-8, était *un peu dur à l'oreille*, selon l'Académie. Sa répétition ici est encore due à l'influence de Moschos : *oute, oute*.

Malgré Bouhours, *soi*, 58, est employé, comme au XVIIe siècle, au lieu du pronom *elle*. Chénier a peut-être voulu éviter une répétition choquante de sonorités.

L'adverbe pronominal *en*, 62, annonce *flots*, mis en valeur par le rejet, et attendu après un silence creusé par l'espace blanc au bout du vers. C'est une syntaxe affective.

Le choix de l'interrogatif *quel* dans *quel es-tu*, 61, semble dû au besoin d'éviter un hiatus. De surcroît : *qui*, n'eût marqué qu'un appel d'identité.

Au vers 62, la place du pronom atone : *Où me vas-tu porter*, s'explique par une longue tradition : une forme atone ne peut pas affecter un infinitif régime d'un précédent verbe ; usage fortifié par l'absence de diathèse à l'infinitif, la voix pronominale n'apparaissant qu'aux modes personnels. Historiquement, il conviendrait même de dégager les rapports entre *soi en aller, s'aller*... Plus simplement, en ce qui concerne notre tour, rappelons qu'il avait la faveur de Vaugelas. Mais au XVIIIe siècle, la nouvelle syntaxe qui sépare l'infinitif du verbe régissant finit par l'emporter, en prose du moins. Féraud constate que cet ordre *est plus analogue au génie de la langue, qui est de rapprocher tant qu'elle peut les mots qui ont une relation entre eux. Ce dernier sentiment paraît avoir prévalu ; mais si habituellement on doit le suivre, on peut pour la variété, ou pour la mélodie, s'en écarter quelquefois.* On ne saurait mieux marquer le caractère littéraire de ce tour. Leconte de Lisle dans l'*Enlèvement d'Européia* écrit de même : *qui te puisse nourrir*.

On pourra encore noter la force du tour prépositionnel *pour toi*, 65, détachant un *datif éthique*.

La concurrence entre l'adjectif et l'adverbe se voit au v. 56 : *légère*. Il faut mentionner que le latin utilisait les qualificatifs pour marquer la manière : *ibant obscuri*, et que Malherbe essaya de condamner cet usage. Nous avons ici un fait de style.

Nous rencontrons au vers 53 une syntaxe plus singulière : *à bonds impétueux. A* est une préposition polysémantique chère aux écrivains du XVIIe siècle, qui tendaient à l'économie et à la rapidité. Elle exprime à la fois manière et distribution, comme *à milliers*, que l'Académie recommandait. Mais nous aurions attendu une détermination : *par ses bonds*.

Se manifeste ici une volonté de concision qui se marque de bien d'autres façons ; *souillerait*, 53, est un éventuel : *pourrait souiller*. Chénier épargne encore un verbe dans :

> *Mais, dès que nul rivage à son timide effroi,*
> *Nul mont ne s'offrit plus...*
> *La terre aux dauphins, l'onde aux taureaux est fermée...*

L'inversion semble clore l'énoncé ; en fait, le verbe apparaît placé comme en facteur commun pour les deux sujets. Pareillement aux vers 58-59 :

> *...elle n'eut devant soi*
> *Rien qu'une mer immense et le ciel sur sa tête,*

devant soi ferme la proposition ; logiquement un autre verbe serait ensuite requis.

L'adjectif verbal réalise la gain d'un détour propositionnel ; *palpitante* : qui palpite... ; *flottante* : parce qu'elle flotte, sans figer la représentation dans une seule idée circonstancielle.

Dans tout texte lyrique, les mots de liaison sont peu insistants. Ici, à la fin, un *Et*, 75, d'élan pathétique, (*alla*, dans Moschos), accuse le rythme, fait rebondir la conclusion. *Mais* a plusieurs valeurs : préparant une objection, 66 ; ou une transition *Mais toi...* ; celle-ci correspond au *dé* de l'idylle grecque, vers 142.

Enfin le discours direct est présenté sans outil introducteur, alors que le modèle proposait : *phonên*. Cette manière est bien dans les habitudes vives de Chénier ; elle reste exceptionnelle en français.

Au total donc, des tours et des constructions savamment calculées.

De prime abord, le vocabulaire offre un lot de termes concernant l'amour et la mer. Ces deux thèmes orchestrent notre passage : *la belle palpitante, amant, perfide...* Le contexte en renouvelle l'originalité.

Le second thème est exploité plus largement : les vers 57-59, si dépouillés, conservent même un pouvoir exceptionnel d'évocation.

Toute cette construction enfin repose sur des données antiques : choix du sujet, développement inspiré par une soumission docile à Moschos...

La *robe flottante* et le *voile épandu*, 53-4, ne sont pas des détails gratuits ; une érudition stricte les explique : tel commentaire de Spanheim sur Callimaque, telle monnaie de l'île de Dolichè...

Les dauphins font partie du paysage grec : la légende d'Arion est célèbre...

Dieu taureau, 61, est même la transposition telle quelle du vocatif *theotaure* de Moschos...

Dans le détail, on est frappé par les caractères archaïques et nobles de cette langue poétique : *Timide*, 57, qui redoute ; *nouveau*, 73, inconnu, inédit ; *perfide*, 74, qui agit en traître : sens bien attestés dans la tragédie du XVIIe siècle. *Épandu*, 54, était regretté par Voltaire ; l'Académie le jugeait *vieux* dès 1718.

La langue classique se contentait volontiers d'un verbe simple, là où nous recourons au composé ; ici, *tient*, 52 : retient ou soutient ; *joindre*, 71 : rejoindre...

Chénier n'écrit pas *sauts, bateau, côte, frayeur, montagne, pâturage* (*herbage*, met Leconte de Lisle à cet endroit), *mer*... *Bonds, nef, rivage effroi, 'mont, pâture, flots, ondes*, sont des substituts obligés : on peut tous les contrôler dans Racine... L'idée ne lui est pas venue de *houle*, dans la langue pourtant depuis le XVe siècle ; c'est un terme trop technique, déplacé. Il faudra attendre Leconte de Lisle :

Pourquoi m'emportes-tu sur la houle infinie...

On parvient à un registre plus solennel grâce encore au pluriel qui élargit la représentation, à une détermination, une qualification : *les airs*, 54 ; *l'eau des mers*, 53 ; *une mer immense*, 59 ; *les mers profondes*, 64...

Inversement, dans : *Tes pieds sont la rame...*, 69, le singulier insolite dématérialise un substantif trop commun. La langue grecque ne connaissait pas ces scrupules ou ces servitudes. Moschos mettait le pluriel : *des rames*, et parlait *des sabots*. De toute manière, le rapport *pieds - rame* paraît artificiel. Leconte de Lisle a compris qu'il fallait une transposition totale de l'idée ; d'où ce beau vers :

Refoulant du poitrail le poids des grandes eaux...

Autre recette du style noble : la métonymie. *Poupes*, 63, peut passer pour une impropriété. Mais les poètes latins ont fait de *puppis* le synonyme de *navire*. *Le lin*, 55, est une voile de bateau au moins chez Sénèque le Tragique : dans *Médée ;* sans compter que le terme propre eût été mal venu, au voisinage du vers précédent où toute substitution était irréalisable. *Troupeaux* même, 64, désigne pompeusement les taureaux !

L'élimination des mots trop concrets, usés, est évidemment de règle. Tel était le sens de la variante du vers 57 ; et ainsi s'explique *vue inquiète*, 60, au lieu d'un banal ***regard...***

Mais la manière la plus efficace de valoriser le substantif est finalement d'y adjoindre une épithète significative, dût-on en étendre le sens original : *un pouvoir divin*, 77, est celui qui émane d'un dieu ; et que penser de la *nef passagère*, 55 : vagabonde, fuyante ?... A. Chénier joue avec l'extension illimitée du sémantisme traditionnel.

La fréquence de ces adjectifs est certes un souvenir de la langue grecque, de l'épithète homérique. Raffinant même sur son modèle, qui parle des *humides chemins*, Chénier évoque un *humide chemin*, plus essentiellement poétique. Dans l'ensemble, il peut s'agir d'épithètes de nature, consacrées, mais son instinct est assez sûr pour éviter les adjectifs délavés et le diriger au contraire vers des représentations concrètes, suggestives, pittoresques, sans pour autant atteindre la plénitude d'évocation de Leconte de Lisle :

> *Le souffle ambroisien de ses naseaux splendides...*
> *Vois ! la mer est stérile et n'a point de prairies*
> *Ni d'herbage odorant...*

On sait d'autre part quel rôle V. Hugo a su tirer de l'adjectif abstrait qui transfigure une représentation concrète.

Que ces recherches soient une constante de son art, dans les *Bucoliques* du moins, la preuve nous est fournie par les essais parallèles où nous retrouvons cette obsession du genre noble et de l'adjectif souverain.

Au vrai, il est injuste de confronter une technique du XVIIIe siècle, fût-elle de Chénier, le premier a-t-on dit des Parnassiens par sa vision plastique des êtres et des choses, et celle du maître précisément de cette École au XIXe siècle. Nous voulions simplement marquer des limites plutôt que des limitations.

Notre comparaison prendra au contraire tout son prix et son poids si nous nous référons à l'*Europe* de Le Brun, dont Chénier exaltait *la lyre divine*. Il s'agit d'une ode, de 17 sizains hétérométriques, beaucoup trop longue *a priori*, pour que le lyrisme se maintienne sans défaillance ; Europe et Jupiter parlent trop.

Nous y retrouvons interrogations, exclamations pressantes, mots nobles, parterre fleuri de rhétorique, cohorte d'adjectifs : *monstre rapide, plaine liquide*... ; alliances tapageuses : *naufrages heureux*... Tout cela est banal.

Mais un examen attentif nous fait découvrir chez nos deux poètes des coïncidences surprenantes : un vers, un hémistiche entier, *ô palais de mon père ;* une métaphore identique : *ouvrant le sein des mers — fendait le sein des mers ; les mers profondes* se retrouvent à la rime ! Sans parler de détails secondaires...

On peut considérer comme antérieure l'ode de Le Brun. Chénier a voulu réaliser un poème différent. Il l'abrège d'abord ; il garde la forme épique, se débarrasse des oripeaux rituels : *rives enchanteresses, innocentes fleurs, ondes orageuses*..., précise sa vision picturale. Les vers de Le Brun restaient d'une navrante convention :

> *Ses blonds cheveux épars flottaient au gré des Airs ;*
> *Et les fleurs qu'en son voile elle avait amassées,*
>   *Sur les flots dispersées,*
> *Vont servir de guirlande aux Déesses des Mers...*

Surtout il demande aux prestiges de la versification de servir son émotion avec spontanéité.

L'art du vers dans ce texte des *Bucoliques* ne manque pas en effet de séduction. Remarquons tout de suite le retour de sonorités identiques à la rime : *mers — airs ; passagères — légères ; mers — airs, tête — inquiète ; fermée — animée*, prolongent cette modulation ; ou encore dans une autre tonalité : *effroi, soi, toi, loi*.

A l'hémistiche même, on pourrait déceler de curieux échos : *taureaux, flots, troupeaux, oiseaux, flots*...

Dans la poésie classique, l'inversion grammaticale passait

pour une élégance. Elle est multiple ici : sujets, compléments indirects, circonstanciels, propositions entières reçoivent d'un ordre insolite qui bouscule une diction paresseuse, un dynamisme renouvelé. Celle du vers 70 est particulièrement significative. Nous y reconnaissons, aggravée, une ancienne loi : un nom complément déterminatif d'un autre nom, ne peut pas le précéder dans un même hémistiche.

Mais Chénier se fût-il prêté avec tant de complaisance à ces ruptures des lignes habituelles de l'alexandrin sans l'autorité pressante de son modèle grec ?

Certes, il est encore permis et possible de repérer d'authentiques formules circonflexes : en fait, il convient de voir que la sixième syllabe a cessé d'être un pôle rythmique. À chaque instant, des rejets brisent l'unité mélodique de l'alexandrin : *S'appuie*, 52 ; *S'enfle*, 56 ; *De ces flots*, 63 ; *Cèdent*, 64 ; *Cours*, 69...

De semblable manière, des césures nombreuses, autres que celle de l'hémistiche, rompent l'unité métrique : *Es-tu Dieu ?*, 66 ; *La terre aux dauphins*, 67 ; *Seule, errante...*, 74 ; *Et toi...*, 75.

Des vers entiers sont ainsi martelés, *disloqués*, déjà :
 Dieu taureau, quel es-tu ? Parle, taureau trompeur..., 61.

Dans pareil cas, les fins stylistiques sont suffisamment apparentes : il s'agit de trouver une forme versifiée accordée à l'émotion d'Europe. Après cette tension d'ailleurs, le mètre va retrouver une régularité plus traditionnelle : vers 76-78. Le *tempo* de ce texte connaît donc des allures contrastées : lent, agité, apaisé...

Notons encore — plus que la succession de deux toniques, phénomène moins rare qu'on l'assure, même au XVIIe siècle, — la formule descendante du très beau vers :

 Rien qu'une mer immense et le ciel sur sa tête..., 59.

L'accentuation initiale de *rien* lui assure un relief impressionnant : *mer, immense, ciel,* sont ensuite mis en valeur, tandis qu'une allitération discrète mais variée soutient la contemplation.

L'harmonie provient non seulement du retour de quelques mots directeurs dans ce contexte, mais de sonorités inlassablement distribuées : *palpitante, flottante, errante, volante...* La vertu de cette forme verbale s'épanouit en effets sonores. Une trame rythmique secondaire résulte aussi du jeu suggestif des consonnes : *la belle palpitante S'appuie,* 51-2, ou devient plus aérienne grâce à l'apport des *e* atones : *belle, autre, robe,* presque à tous les vers ; tandis que vibre la stridence des voyelles aiguës, soutenant la plainte de la jeune fille...

Si la part de l'invention reste mince dans un tel passage, à cause de la volonté expresse de Chénier, celle du travail demeure considérable. Un bilan positif d'abord : grâce à notre poète, la forme adjective du verbe en *ant (e)* s'est imposée dans la phrase : dès A. de Vigny, cette influence est nette. Plus généralement, l'adjectif a été revalorisé. Grâce à Chénier encore, l'alexandrin a été assoupli définitivement à l'aide de césures variées, de discordances diverses. Plus qu'au XVIIe siècle même, ce mètre s'est gonflé de suc ; les alexandrins à trois mots pleins rendaient souvent pesante une cadence circonflexe ; notre poète y glisse des mots nombreux, courts, gonflés de sève ou de rêve.

La réussite est-elle parfaite ici ? Son *cuadro* est encore trop chargé ! Sa doctrine de l'imitation en est finalement responsable : elle a brisé la spontanéité de son expression. Relisons dans les *Contemplations* le *Rouet d'Omphale* où V. Hugo lui aussi évoque l'aventure d'Europe :

> *Europe, dont un dieu n'écoute pas la plainte.*
> *Le taureau blanc l'emporte. Europe, sans espoir,*
> *Crie, et, baissant les yeux, s'épouvante de voir*
> *L'océan monstrueux qui baise ses pieds roses.*

L'hommage à Chénier est suffisamment explicite...

Mais quelle technique sans défaillance ! Quelle science de la litote !

Chénier a tenu avec éclat un rôle de précurseur. Mieux que ses contemporains, il a su reconstruire la réalité extérieure ; seule lui a manqué l'étincelle capable d'illuminer l'univers intérieur ou d'en marquer l'existence inquiétante.

DIDEROT

LE RENÉGAT D'AVIGNON

1. *Il arrive un soir chez son bon ami, l'air effaré, la voix entrecoupée, le visage pale, comme la mort, tremblant de tous ses membres. — Qu'avez-vous ? — Nous sommes perdus. — Perdus, et comment ? — Perdus, vous dis-je ; perdus sans ressource. — Expliquez-vous... — Un moment, que je me remette de mon effroi. — Allons, remettez-vous, lui dit le Juif ; au lieu de lui dire, tu es un fieffé fripon ; je ne scais ce que tu as a m'apprendre, mais tu es un fieffé fripon ; tu joues la terreur.*
2. *MOI. — Et pourquoi devoit-il lui parler ainsi ?*
3. *LUI. — C'est qu'il etoit faux, et qu'il avoit passé la mesure. Cela est clair pour moi, et ne m'interrompez pas davantage. — Nous sommes perdus, perdus sans ressource. Est ce que vous ne sentez pas l'affectation de ces perdus repetés. Un traitre nous a deferés a la sainte Inquisition vous comme Juif, moi comme renegat, comme un infame renegat. Vous voyez comme le traitre ne rougit pas de se servir des expressions les plus odieuses. Il faut plus de courage qu'on n'en pense pour s'appeler de son nom. Vous ne scavez pas ce qu'il en coute pour en venir la.*
4. *MOI. — Non certes. Mais cet infame renegat...*
5. *LUI. — Est faux ; mais c'est une fausseté bien adroite. Le Juif s'effraye, il s'arrache la barbe, il se roule a terre. Il voit les sbirres a sa porte ; il se voit affublé*

du san benito, il voit son auto da fé preparé. — Mon ami, mon tendre ami, mon unique ami, quel parti prendre... — Quel parti ? de se montrer, d'affecter la plus grande sécurité, de se conduire comme a l'ordinaire. La procedure de ce Tribunal est secrete, mais lente. Il faut user de ses delais pour tout vendre. J'irai louer ou je ferai louer un batiment par un tiers ; oui, par un tiers, ce sera le mieux. Nous y deposerons votre fortune ; car c'est a votre fortune principalement qu'ils en veulent ; et nous irons, vous et moi, chercher, sous un autre ciel, la liberté de servir notre Dieu, et de suivre en sureté la loi d'Abraham et de notre conscience. Le point important dans la circonstance perilleuse ou nous nous trouvons, est de ne point faire d'imprudence. — Fait et dit. Le batiment est loué et pourvu de vivres et de matelots. La fortune du Juif est a bord. Demain, a la pointe du jour, ils mettent à la voile. Ils peuvent souper gaiement et dormir en sureté. Demain, ils échappent a leurs persecuteurs. Pendant la nuit, le renegat se leve, depouille le Juif de son portefeuille, de sa bourse et de ses bijoux ; se rend a bord et le voila parti. Et vous croyez que c'est la tout ? Bon, vous n'y etes pas. Lors qu'on me raconta cette histoire, moi, je devinai ce que je vous ai tu, pour essayer votre sagacité. Vous avez bien fait d'etre un honnete homme ; vous n'auriez été qu'un friponeau. Jusqu'ici le renegat n'est que cela. C'est un coquin meprisable a qui personne ne voudroit ressembler. Le sublime de sa mechanceté, c'est d'avoir lui meme eté le delateur de son bon ami l'israelite, dont la sainte Inquisition s'empara a son reveil, et dont, quelques jours apres, on fit un beau feu de joye. Et ce fut ainsi que le renegat devint tranquille possesseur de la fortune de ce descendant maudit de ceux qui ont crucifié Notre Seigneur.

6 *MOI. — Je ne scais lequel des deux me fait le plus d'horreur, ou de la sceleratesse de votre renegat, ou du ton dont vous en parlez.*

Le Neveu de Rameau.

Diderot

Le Neveu de Rameau n'offre pas seulement un exposé passionné des contradictions psychologiques, morales, esthétiques même de Diderot ; plusieurs récits s'y trouvent, illustrant des situations exceptionnelles ou pittoresques. A cet égard, l'histoire du *Renégat d'Avignon* présente un cas privilégié où s'exerce la verve du Neveu. Est-il possible, au niveau de la langue et du style, d'en surprendre les manifestations ?

L'imparfait : *Et pourquoi devoit-il lui parler ainsi*, 2, peut paraître une élégance ou un archaïsme. Il était usuel au XVIIe siècle : Maint *est un mot qu'on ne devoit jamais abandonner* (LA BRUYÈRE) ; comme en latin, où un tel emploi des verbes marquant une idée de possibilité ou de convenance est classique.

Plus remarquable la dernière phrase de ce texte. On y relève d'abord un *lequel* nominal : *Je transissois, je brûle maintenant :* lequel *vaut mieux ?* (LA FONTAINE, *Contes*). Cette syntaxe réapparaît dans J.-J. Rousseau, Mérimée, Amiel ; elle a le mérite de la concision. On note ensuite l'insistante coordination *ou... ou* qui avait paru fâcheuse un temps ; et surtout la préposition *de* blâmée dans cet emploi par Domergue (1778). Aucun grammairien n'avait critiqué pourtant le vers de Racine : *Qu'il choisisse s'il veut d'Auguste ou de Tibère ;* mais notre censeur estime que *ce de n'est là ni un attribut extractif ni une particule explétive commandée par l'euphonie ; dites : qui fut plus éloquent, Cicéron ou César.* Le fait est que Voltaire écrit : *les princes voisins... ne savaient lequel ils devaient admirer davantage, ou un roi de Suède qui, à l'âge de vingt-trois ans donnait la couronne de Pologne, ou le prince Alexandre qui la refusait (Charles XII).*

Puisqu'on a la chance de travailler sur un manuscrit, il convient de remarquer encore la graphie : *lors que*, 5 ; au XIXe siècle, on trouve des tmèses comme : *lors donc que* (LAMENNAIS), signe de la valeur plus concrète de cette conjonction.

Au XVIIIe siècle, on redouble indiscrètement les consonnes des syllabes brèves : *secrette* (dans L<small>AMENNAIS</small> encore). La suppression des lettres doubles est pourtant un trait des manuscrits : *friponeau*.

Les accents commencent seulement à se fixer dans l'orthographe, à la fin des mots surtout. Quant à la ponctuation, les traités vont légiférer à ce sujet avec rigueur : mais l'absence du point d'interrogation dans la phrase : *Est ce que vous ne sentez pas l'affectation de ces perdus repetés*, 3, trahit surtout un emportement graphique.

Le vocabulaire de cette scène très concrète est fonction d'une certaine couleur locale, de la psychologie principalement du *Neveu de Rameau* qui oriente le récit.

N'y cherchons donc pas des mots rares de la langue psychologique : *affectation, fausseté* ... sont ordinaires. Seul, *sagacité*, a une certaine apparence de nouveauté puisque Bouhours en 1685 le jugeait peu usité. Au vrai, tout est ici subordonné à l'action : d'où l'importance de la catégorie verbale. Je relèverai seulement la nuance de *se montrer :* apparaître dans le monde, ostensiblement. Les substantifs *fortune, portefeuille, bourse, bijoux* (ces derniers entassés et allitérants) semblent bien conventionnels et d'un comique facile.

Les mots techniques *procédure, tribunal, délateur, un tiers* ... sont assez communs. Ce n'est pas le cas au contraire de *sbirres*, attesté pourtant depuis Rabelais : ce mot qui désigne l'exécuteur des sentences judiciaires est toujours péjoratif. Voltaire dans *Candide*, mais déjà Dellon (1688) avaient acclimaté *san benito* et *auto da fe*. Le *Dictionnaire de l'Encyclopédie* expliquait même longuement : *Le san benito est fait en forme de scapulaire ; il est composé d'une large pièce qui pend par devant et d'une autre qui pend par derrière ; il y a sur chaque pièce une croix de Saint-André ; cet habit est de couleur jaune et tout rempli de diables et de flammes qui y sont peints. Le jour* de l'*auto da fe* (dans MONTESQUIEU aussi), l'hérétique recevait son châtiment ou, si l'accusé était reconnu innocent, sa mise en liberté.

L'intérêt de ces mots exotiques accumulés vient surtout de ce que la scène se passe en Avignon ! Mais si l'on se représente les couleurs évoquées par *sbirre* (rouge ou roux comme le diable) *san benito* et le rouge du foyer d'incendie *(auto da fe)* et toute cette fureur sanguinaire, l'expression : *sous un autre ciel*, 5, prend alors un éclat singulier : ce n'est plus un synonyme expressif, banal de *ailleurs*.

S'arracher la barbe, se rouler à terre ne sont pas seulement des verbes pittoresques. Ils expriment, le dernier sous forme caricaturale, une forme de deuil rituel chez les Juifs, ainsi qu'on peut s'en rendre compte par *Esdras*, IX, 3.

La loi d'Abraham est une curieuse périphrase, de l'invention de Diderot. Absolument, *la loi* désigne dans l'Ancien Testament la religion juive ; terme repris par le Nouveau Testament et la langue théologique. On trouve aussi la *loi de Dieu (Exode)*, ou la *loi de Moïse* (*Rois*, passim) pour désigner le Pentateuque, la législation mosaïque ; et tous ces mots sont passés dans la langue française dès le Moyen Age. Mais la loi d'Abraham n'existe dans aucun Testament. Fantaisie ou à peu près de Diderot ? Il ne s'agit peut-être que d'un rappel de la périphrase utilisée par le Neveu tout au début de son récit pour désigner le Juif : *un bon et honnête de ces descendants d'Abraham*. L'effet comique est certain tout de même.

Le Neveu de Rameau recherche les termes familiers : *fieffé fripon* avec une allitération comparable à celle que l'on rencontre dans *L'Étourdi* de Molière : *filoux fieffé* ; *en vouloir à* (dans *L'Avare* aussi de Molière) ; *friponeau* (admis seulement en 1762 par le Dictionnaire de l'Académie) ; les expressions toutes faites, elliptiques : *fait et dit* ; les adjectifs surtout, chargés d'ironie (à la manière de Voltaire) : *infame renegat, honnête homme* (qu'on est loin des valeurs de ce mot au XVIIe siècle !), *beau feu de joye, tranquille possesseur, descendant maudit ; son bon ami, la sainte Inquisition*, au début et à la fin de ce récit, avec une insistance un peu lourde. Du reste, habituellement on ne disait pas *la sainte Inquisition ;* l'adjectif provient de la congrégation du Saint-Office dont une des tâches, il est vrai, était de déférer à ce Tribunal.

Il convient même de repérer le groupement de ces adjectifs dans une seule phrase, lorsque le Neveu, au bout de son histoire, éclate d'un rire grinçant, après l'antithèse fulgurante : *Le sublime de sa méchanceté*, qui nous atteint tout de suite par sa violence corrosive.

On voit ici comment un créateur, sans artifice et sans outrance, peut faire servir la langue comme parole à des fins esthétiques, surtout dramatiques.

L'art du dialogue ne manque ni d'habileté ni de naturel. Remarquons d'abord la façon dont s'opère l'enchaînement des répliques : par la reprise d'un mot essentiel : *Perdus*, 1 ; *Quel parti ?...*, 5.

Le naturel ? Ce sont les interventions dégagées de Diderot pour demander des explications ou arrêter la prolixité du Neveu ; ou bien ces parenthèses qui permettent tout de même au Neveu, après une feinte dérobade, de définir ce qu'il entend par la fausseté hypocrite des *perdus repetés*. On notera aussi l'apparition des tirets dans les répliques : ce signe typographique a dû sa fortune à Marmontel qui, dans *L'Encyclopédie*, à l'article *direct*, avait proposé de supprimer *la répétition fatigante de ces façons de parler :* lui dis-je, reprit-il, me répondit-elle, *interruptions qui ralentissent la vivacité du dialogue et rendent le style languissant où il devrait être plus animé.*

Pareillement, la multiplication des points de suspension est un trait du style vif, recherché par Diderot qui n'a pas inventé ce procédé, quoi qu'on en ait dit : il l'a seulement étendu, généralisé, avec bonheur presque toujours, **comme ici.**

Diderot

L'art de la narration est souverain, jusque dans les détails : *un soir*, 1, et non pas *un jour*, comme dans un conte banal : c'est tellement plus inquiétant ! En regard : *à la pointe du jour*, 5, si chargé de rêve et d'espoir fou.

Et quelle arrivée pathétique du renégat, présenté de la tête aux pieds rigoureusement. Il ne faut pas voir seulement une forme du haut degré dans la comparaison : *pale comme la mort*, 1 ; c'est-à-dire très pâle. La mort sera bien présente au rendez-vous finalement. L'expression figurée fonctionne ici comme un *signe* inquiétant. *Tu joues la terreur*, 1, est une métaphore empruntée au théâtre, plus naturelle peut-être dans la bouche du Neveu ou de Diderot lui-même (*s'il joue les mœurs et la vertu*, dit-il dans le *Père de Famille*) que dans celle du Juif. Mais l'emportement du récit l'explique ou l'excuse. En tout cas, la seconde métaphore : *C'est qu'il etoit faux et qu'il avoit passé la mesure*, n'offre aucune dissonance.

Les verbes au présent nous restituent la scène avec une force irrésistible de vie. Cette vie apparaît encore dans l'infinitif haletant : *quel parti prendre...*, ou le triple *voit* à la limite sans doute du ton mélodramatique. Mais comment interpréter les présents : *ils mettent à la voile... Ils peuvent souper... ils échappent... ?* On peut les considérer comme des futurs d'anticipation à cause de l'adverbe *demain* répété sur une note lyrique. Nous sommes plutôt en présence d'une forme particulièrement expressive du style indirect libre. Alors que dans : *ils en veulent*, le pronom renvoie classiquement à un indéterminé, facilement intelligible (les chrétiens), ici au contraire, *ils* est le substitut de *nous*. Il s'agit d'un monologue intérieur : toute distance est abolie. Éclate à plein la fourberie du renégat.

Contrastant avec ces valeurs, les passés définis mettent un point final décidé à cette histoire édifiante.

On pourrait encore commenter certaines réussites stylistiques : la variété de la détermination verbale : *gaiement*

— *en sureté*, 5, synonyme évité : tranquillement ; le rôle du possessif *notre* ou des pronoms complices de la ruse diabolique du renégat : *nous irons, vous et moi ;* l'effet produit par le complément inattendu : *la loi d'Abraham et de notre conscience :* le mot a une telle ambiguïté !

Il vaut mieux admirer le rythme extrêmement rapide de ces phrases, marqué par une ponctuation très personnelle, une coordination élémentaire *(et, mais)*, ou inexistante même, accordée à la trépidation des événements et des décisions, jusqu'à la conclusion illuminée par le triomphe du Neveu : quel excellent comédien il fut !

Après un *et* d'élan, oratoire, 5, la périphrase permet une chute progressive, insistante : l'outil *de* semble dessiner les différents moments du sourire sardonique de Rameau, clos sur une évocation imprévue : *Notre Seigneur.* Quelle logique ! Quelle argumentation !

Le même procédé d'étalement suspensif existait déjà dans la phrase précédente : c'est l'adverbe relatif *dont* qui jouait ce rôle.

Cette variété dans le débit est d'un grand art : elle s'ajuste à des fins psychologiques.

De surcroît, il faut être attentif au fait que ce récit n'est pas linéaire : il existe un va-et-vient du Neveu à ses personnages et à Diderot ; plus encore au fait que le ton des interlocuteurs nous est suggéré ainsi que leur comportement.

Un silence s'est creusé après : *perdus sans ressource*, 1. Les trois *perdus* n'ont pas été prononcés sur la même note, la même hauteur ; le renégat est à bout de souffle. D'où l'intervention du Juif et le commentaire du Neveu, contraire peut-être à certaines tendances de Diderot porté à confondre passion et pathétique facile.

Nouveau registre : *oui, par un tiers*, 5. Ce *oui*, n'est pas un succédané banal de la coordination. Avant *oui*, le renégat s'est arrêté pour réfléchir. Il reprend alors avec une ferme audace le cours de ses inventions mensongères.

Autre silence expressif après : *le voilà parti*. Le récit s'arrête. Le Neveu interpelle directement Diderot. Celui-ci se borne à un signe de tête, comme réponse affirmative à la question : *Et vous croyez que c'est là tout ?* 5. Jubilation alors du Neveu.

Il convient donc d'entendre ce texte en tenant compte de la présence vivante et agissante de quatre personnages. A cette condition seule s'atténueront quelques cacophonies charriées par un débit spontané : *du ton dont vous en parlez*, 6, mais surtout se comprendra la vertu d'un dialogue et d'un style de théâtre.

De toute évidence, il s'agit d'une page brillante où la verve de Diderot se déploie librement, où ses dons de conteur apparaissent avec éclat, avec quelque facilité aussi, rançon inévitable d'une sève trop généreuse. Par chance, cet entraînement, cette allégresse verbale sont d'abord le fait du Neveu de Rameau. Peut-on lui demander l'objectivité et la sérénité d'un moraliste ?

Laissons-nous donc séduire par ce récit dont les péripéties sont soigneusement calculées. Il faut attendre le dénouement pour posséder la clef principale de cette sombre machination. Le pittoresque demeure subordonné à cet élément de surprise. Le dialogue n'est pas encore purement psychologique ; il reste éminemment dramatique. Mais, en définitive, cet exercice savant de l'intelligence parvient à ébranler notre sensibilité.

BERNARDIN DE SAINT-PIERRE

L'ÉVEIL DE LA PASSION

1   *Un de ces étés qui désolent de temps à autre les terres situées entre les tropiques vint étendre ici ses ravages. C'était vers la fin de décembre, lorsque le soleil au capricorne échauffe pendant trois semaines l'Ile-de-France de ses feux verticaux. Le vent du sud-est qui y règne presque toute l'année n'y soufflait plus. De longs tourbillons de poussière s'élevaient sur les chemins, et restaient suspendus en l'air. La terre se fendait de toutes parts; l'herbe était brûlée; des exhalaisons chaudes sortaient du flanc des montagnes, et la plupart de leurs ruisseaux étaient desséchés. Aucun nuage ne venait du côté de la mer. Seulement pendant le jour des vapeurs rousses s'élevaient de dessus ses plaines, et paraissaient au coucher du soleil comme les flammes d'un incendie. La nuit même n'apportait aucun rafraîchissement à l'atmosphère embrasée. L'orbe de la lune, tout rouge, se levait, dans un horizon embrumé, d'une grandeur démesurée. Les troupeaux abattus sur les flancs des collines, le cou tendu vers le ciel, aspirant l'air, faisaient retentir les vallons de tristes mugissements. Le cafre même qui les conduisait se couchait sur la terre pour y trouver de la fraîcheur; mais partout le sol était brûlant, et l'air étouffant retentissait du bourdonnement des insectes qui cherchaient à se désaltérer dans le sang des hommes et des animaux.*

Bernardin de Saint-Pierre

2   *Dans une de ces nuits ardentes, Virginie sentit redoubler tous les symptômes de son mal. Elle se levait, elle s'asseyait, elle se recouchait et ne trouvait dans aucune attitude ni le sommeil ni le repos. Elle s'achemine, à la clarté de la lune, vers sa fontaine ; elle en aperçoit la source qui, malgré la sécheresse, coulait encore en filets d'argent sur les flancs bruns du rocher. Elle se plonge dans son bassin. D'abord la fraîcheur ranime ses sens, et mille souvenirs agréables se présentent à son esprit. Elle se rappelle que dans son enfance sa mère et Marguerite s'amusaient à la baigner avec Paul dans ce même lieu ; que Paul ensuite, réservant ce bain pour elle seule, en avait creusé le lit, couvert le fond de sable, et semé sur ses bords des herbes aromatiques. Elle entrevoit dans l'eau, sur ses bras nus et sur son sein, les reflets des deux palmiers plantés à la naissance de son frère et à la sienne, qui entrelaçaient au-dessus de sa tête leurs rameaux verts et leurs jeunes cocos. Elle pense à l'amitié de Paul, plus douce que les parfums, plus pure que l'eau des fontaines, plus forte que les palmiers unis ; et elle soupire. Elle songe à la nuit, à la solitude, et un feu dévorant la saisit. Aussitôt elle sort, effrayée de ces dangereux ombrages et de ces eaux plus brûlantes que les soleils de la zone torride. Elle court auprès de sa mère chercher un appui contre elle-même. Plusieurs fois, voulant lui raconter ses peines, elle lui pressa les mains dans les siennes ; plusieurs fois elle fut près de prononcer le nom de Paul, mais son cœur oppressé laissa sa langue sans expression, et posant sa tête sur le sein maternel elle ne put que l'inonder de ses larmes.*

Paul et Virginie (1788).

A la fin du XVIIIe siècle, une œuvre singulière a paru, pleine de séduction : *Paul et Virginie*. De confiance, on répète certaines idées simplistes sur l'exotisme, la sensibilité ou la sensiblerie de Bernardin de Saint-Pierre. Nous aimerions sur un texte précis éprouver les vertus de son art.

C'est vrai, l'exotisme nous attire tout de suite : *tropiques, capricorne*, 1... bien qu'au XVIIIe siècle ces mots fussent déjà familiers à des lecteurs de Voltaire. Mais les notations : *Un de ces étés, vers la fin de décembre..., l'Ile-de-France...* inquiètent nos habitudes d'Occidentaux.

Chemin au lieu de *route* est d'une rigoureuse exactitude.

Cafre est un néologisme que le contexte explique sans difficulté. Ce personnage qui apparaît à la fin de cette description n'anime pas seulement un plan du tableau, d'après un précepte classique ; il y ajoute une tache — sombre — de couleur : procédé de l'évocation indirecte...

La deuxième partie de notre texte habilement rattachée à la première par un élégant démonstratif : *dans une de ces nuits*, contient elle aussi quelques mots particularisés : *palmiers* et surtout *cocos*, acclimaté depuis le XVIe siècle pourtant.

Dans l'ensemble, la couleur locale est donc discrète.

D'autres termes sont plus frappants. *Orbe*, 1, est tout à fait technique. Le contexte le poétise. Mais *sud-est*, 1, reste un mot purement géographique.

Zone torride, 2, doit former une seule unité sémantique. Ce n'est que beaucoup plus tard que l'adjectif *torride* a joui de quelque autonomie. Le glissement commence à s'amorcer ici.

…mé, 1, a un air neuf au contraire : depuis le *Voyage* de J. Marot, il avait été oublié ! Chateaubriand ...ns le *Génie du Christianisme*.

nature du vocabulaire semble très ...ième partie : *mille souvenirs* et un adjectif fades ; *sein*, ...ons pas de voir seulement des emplois métonymiques dans : *son cœur, sa langue, le sein maternel* même. Une réalité concrète demeure sous-jacente. A fortiori, dans les qualificatifs, lourds d'une résonance abstraite et concrète : *ardentes, dévorantes, dangereuses...*

On opposera même les formes verbales adjectives si fréquentes dans la première partie, à ces purs adjectifs. Le style, c'est déjà de pareilles conquêtes sur une langue désormais accueillante.

Regardons le matériel grammatical : on peut passer sous silence diverses valeurs traditionnelles de l'article et du singulier, pour mieux détacher les suggestions poétiques livrées par les pluriels. *L'herbe était brûlée*, 1 ; mais *des herbes aromatiques*, 2, tapissaient le bassin où se baigne Virginie. *Les soleils de la zone torride*, 2, exaltent la puissance du *soleil au capricorne*, 1 ; *les reflets* des palmiers, *les parfums, l'eau des fontaines, les palmiers unis...* autant de prétextes à une rêverie concrète.

L'emploi des temps est ici très habile. Le passé-simple conserve bien sa valeur d'événementiel en regard des imparfaits qui font tableaux ou ajoutent à la description une dimension nouvelle, celle de la durée implacable : la violence de l'été qui s'éternise avec toutes ses conséquences... On notera même la formule introductive : *C'était*, 1, comme dans RACINE : *C'était pendant l'horreur...* ou CHATEAUBRIAND : *C'était une de ces nuits...*, qui tout en situant l'action dans une époque indéterminée en prépare la résurrection.

Remarquons toutefois l'insertion des présents dans cette évocation : « *Un de ces étés qui désolent... ; le vent du sud-est qui y règne...*, 1. Sur l'autorité de M. Proust, on a l'habitude de mettre Flaubert à l'origine de ce procédé qui agrandit les perspectives. On voit le parti qu'en sait tirer déjà Bernardin de Saint-Pierre.

Dans la deuxième partie du texte, les présents ont une charge dramatique surtout, servant à nous situer en face de Virginie ou à pénétrer dans sa conscience. Se glisse ici un imparfait insolite : *Elle entrevoit les reflets... des deux palmiers... qui entrelaçaient...* On peut certes justifier cette discordance temporelle par un souci de vérité de la part du narrateur. Était-ce une nécessité inéluctable ?

En tout cas, il convient de percevoir le mouvement de ce texte à la faveur de l'affrontement des plans : du récit (imparfaits) au regard attentif ou inquiet sur Virginie (présents), technique que Chateaubriand reprendra.

Mouvement impérieux que la phrase tout entière a pour fonction de développer, de diversifier, d'accompagner même musicalement.

Euphonie et harmonie deviennent en effet très sûres. Seule paraît indéfendable la répétition de *même*, 1, à quelques lignes d'intervalle. La suite : *Un de ces étés... C'était...*, manque aussi de grâce. Mais on se montrera plus sensible aux accords profonds *ou, on, au, an*, 1... qui suggèrent la détresse des troupeaux.

La dernière phrase de ce paragraphe bourdonne aussi de recherches sonores : les vibrantes et les nasales y sont multipliées.

Dans le détail, on pourrait même isoler des jeux supplémentaires d'accord. L'ensemble n'est jamais indiscret toutefois, si l'on veut bien songer aux dogmes enfantins de DE PIIS dans son *Harmonie imitative de la langue française* (1785). Il s'agit plutôt ici d'harmonie suggestive. Malgré tout, on n'arrive pas encore à percevoir des correspondances secrètes entre la description de la lumière par exemple et le choix de telles sonorités privilégiées, comme dans Chateaubriand, bien que le son *é* se montre déjà avec une insistance frappante dans cette évocation.

L'ordre des mots est un élément majeur de la structure de l'énoncé. Quand on connaît les hésitations de J.-J. Rousseau lui-même, on peut admirer sans réserve la sûreté de Bernardin de Saint-Pierre soumettant la place de l'adjectif à des impératifs stylistiques.

Compte tenu de certaines limites syntaxiques, imposées par l'histoire de la langue, une valeur surtout concrète se manifeste dans la postposition : *exhalaisons chaudes*, 1, *vapeurs rousses*, 1, *nuits ardentes*, 2 ; alors que l'affectivité domine dans l'antéposition : *dangereux ombrages*, 2, ou *tristes mugissements*, 1 : note sensible d'une phrase qui fait écho au chant des *Géorgiques III* sur l'épizootie du Norique.

Une simple progression arithmétique dans la masse syllabique des éléments, propositionnels ou non, de la phrase, est un facteur d'art. *Elle se levait, elle s'asseyait, elle se recouchait, et ne trouvait*, etc... — *Plus douce que les parfums, plus pure que l'eau des fontaines, plus forte que les palmiers unis*, 2... Ici, les métaphores articulatoires se font de surcroît insinuantes.

En revanche, le style indirect conjonctionnel paraît encombrant et oratoire : *Elle se rappelle que... ; que Paul ensuite...*, 2. La méthode du monologue intérieur n'est pas encore affinée.

On peut jouer sur l'attente différée de membres nécessaires à la pleine compréhension d'un énoncé même élémentaire : *Elle s'achemine, à la clarté de la lune, vers sa fontaine*, 2, où nous avons un ordre impressif ; le terme de la recherche n'est donné qu'en dernier lieu.

Voici un autre exemple plus savant : *L'orbe de la lune, tout rouge, se levait, dans un horizon embrumé, d'une grandeur démesurée*, 1. Par son volume, la dernière qualification sert suffisamment le dessein de l'auteur : formuler métaphoriquement, grâce à la marche de sa phrase et aux mots, une image visuelle et cinétique.

On pourrait encore expliciter la vertu de l'anaphore :

Plusieurs fois... plusieurs fois..., 2 ; l'insistance de certains groupes binaires ou ternaires : ...*plus douce... plus pure..., plus forte...*, 2.

Il vaut mieux s'attacher au volume varié des phrases, à leur liaison d'abord, dans ces paragraphes massifs, trop peu aérés.

Seulement, 1, est important. De son sens habituel de *sans plus*, cet adverbe en emploi affectif passe au sens adversatif : *mais, pourtant*, inconnu de l'Académie à cette date. Nous en avons ici un des premiers exemples sans doute avec une nuance supplémentaire de restriction. Lamennais et Renan aimeront ce tour.

Les mots de coordination dans un tableau doivent rester exceptionnels ou discrets si l'écrivain veut que sa technique corresponde à celle du peintre. Ils sont tels dans la première partie ; l'édition de 1788 portait même : *de la fraîcheur. Partout...* Mais au moment où Virginie songe à Paul, une symétrie vient frapper l'attention : un *et* lyrique souligne l'émotion : *et elle soupire ; et un feu dévorant la saisit*, détaché par une ponctuation forte, insistante. Il faudrait ici encore nuancer certaines affirmations ; car on répète que Chateaubriand se plaît à creuser ainsi un silence devant *et*. Or le procédé se trouve déjà savamment utilisé par Bernardin de Saint-Pierre. Une simple phrase suffira à faire comprendre la force de cette rupture : ...*des vapeurs rousses s'élevaient de dessus ses plaines, et paraissaient...*, 1.

A priori, la vérité picturale ne semble guère s'accommoder ou se soucier d'une notion étrangère, comme celle de mètre *poétique*, sinon par métaphore et abusivement. Il y aurait certes quelque abus non seulement à dépister mais à créer des organisations factices, du type octosyllabique en particulier, cher à la langue française. Mais une chute comme : ...*pour y trouver de la fraîcheur*, ne semble pas fortuite ou isolée dans un contexte qui tolère des mises en relief.

Bernardin de Saint-Pierre

Voici quelques crêtes accentuelles. L'apostrophe signale une syllabe atone, non élidée, qui ne passe pas dans le groupe rythmique suivant, à cause d'une ponctuation.

Aucun nuage ne venait du côté de la mer.
    4   ' 4   3   3

...et paraissaient au coucher du soleil comme les flammes d'un incendie.
    4   3   3   4   5

La nuit même n'apportait aucun rafraîchissement à l'atmosphère embrasée.
   3   4   2   5   4   3

L'orbe de la lune, tout rouge, se levait, dans un horizon embrumé, d'une grandeur démesurée.
 1   4'   2'   3   5   3   4   4

Frappé dynamique initial, rythme tonique descendant (1-4') : quelle convergence ! Ailleurs égalités, proportions, symétries sont assez apparentes. Mais dans nos deux derniers exemples le choix des mots longs autant que l'assonance en position finale surtout, sont significatifs d'une tension insupportable.

Un compte rendu pertinent de pareils faits semble plus facile encore dans la deuxième partie de notre texte où l'on décèle tout de suite des organisations métriques et toniques.

Nous avons analysé toutes les phrases de ce passage, depuis : *Elle entrevoit dans l'eau...* jusqu'à *l'inonder de ses larmes* pour essayer d'en comprendre l'obsession efficace. Les cellules brèves y sont d'une constante rigueur. Les sommets accentuels sont très rapprochés. Un lien s'établit entre ce rythme respiratoire haletant et le lyrisme tendre ou inquiet des scènes qui contrastent avec le pouvoir si purement descriptif du tableau initial où semblables régularités ne s'imposaient pas avec la même fixité.

Ces tons variés, ajustés au réel ou au sentiment, appartiennent à une conscience poétique très exercée, très sûre de ses ambitions.

Elles sont bien vastes. Il peut sembler vain de commenter avec application les transpositions d'art de Bernardin de Saint-Pierre dans cette page : les effets paraissent si évidents ! Je me bornerai à quelques remarques : le rôle des différents plans, comme en peinture ; le choix de verbes qui dessinent des mouvements ; l'importance des adjectifs de couleur, des sensations visuelles surtout. Les leçons d'un Vernet ont dû lui être utiles...

Un écrivain peu doué se fût contenté de dire : *des vapeurs rousses s'élevaient des plaines ;* de dessus précise des lignes. Dans le *Télémaque*, FÉNELON parle d'un *tourbillon de poussière ;* de longs tourbillons, 1, offrent une autre dimension, verticale.

De pareils tableaux n'ont pas été imaginés ; ils reposent sur une expérience. Comment la communiquer à ceux qui ne la possèdent pas ? Ce sera le rôle de la comparaison, moyen d'approximation du réel : ...*Comme les flammes d'un incendie*, 1. A partir d'un spectacle connu, tout lecteur pourra comprendre la nature des phénomènes représentés ici.

Indiquons à cette place une forme de comparaison remarquable dont on a fait honneur encore à Flaubert (il est vrai que celui-ci la prodigue avec maîtrise) : *plus douce que... plus pure que... plus forte que...*, d'une si élégante présentation.

Malgré tout, on restera frappé par l'économie du regard. Quelques corrections sont explicites (dans le manuscrit tout le passage trahit une dure création) : *il ne s'élevait de dessus l'Océan que des vapeurs rousses semblables à des flammes qui troublaient l'horizon... Il ne s'élevait pendant le jour de dessus ces vertes plaines que...*

Une source qui tombait de loin du flanc brun du rocher au clair de la lune en filet d'argent et formait un réservoir entouré d'arbrisseaux...

Elle voit au clair de la lune la menthe qui l'ombrageait... Paul en avait couvert le fond de sable et les bords de capillaires...

C'est le signe décisif que notre texte ne trouve pas son indépendance véritable dans un relais d'art.

Qu'elle est symbolique en effet cette représentation de la fournaise et de la passion qui s'annonce dans le cœur de Virginie ! On notera tout de suite la fréquence de la couleur rouge dans la première partie, en apparence, simplement objective : *ardentes, brûlantes, torrides, feu...* répondent à des notations directement formulées ou non : *vapeurs rousses, incendie...*

A l'attitude passive du cafre s'oppose l'agitation tourmentée de Virginie.

La nuit elle-même apparaît comme le temps tragique de la déroute pour la raison, submergée par un sang brûlant. Il ne suffit pas d'affirmer que la violence du climat tropical exaspère la sensibilité de la jeune fille. C'en est surtout une transposition métaphorique, jusqu'à la nudité du corps, reflet de l'âme offerte dans sa candide transparence.

Parle-t-on assez du *paysage, état d'âme*, à partir du romantisme, dans une formule souvent équivoque ou imprudente ! Les pressentiments de Bernardin de Saint-Pierre vont au delà, et avec plus de persuasion troublante, puisque cette scène de lustration semble due à la seule puissance du romancier. Il existe en effet un épisode d'une singulière analogie au début de *Daphnis et Chloé, (Je ne*

sais quel est mon mal... je brûle assise sous une ombre aussi épaisse ... ô cruelle fontaine qui l'as rendu si beau...).
Mais le passage de Longus I, 13-17 est resté inconnu jusqu'à la traduction de P.-L. Courier.

On n'admirera que mieux les démarches d'une imagination et d'un esprit attentifs à délivrer (avec quelle pudeur !) des correspondances aussi inquiétantes que mystérieuses entre les forces de la nature, nouant les êtres au plus intime d'eux-mêmes, et les formes les plus impérieuses de la tendresse.

Bernardin de Saint-Pierre a sans doute écrit des pages qui mettent en jeu plus de virtuosité encore dans l'exercice des divers sens. Celle-ci nous a paru importante par la qualité réfléchie de sa technique et ses résonances affectives : elle dépasse étonnamment son siècle et ses modes.

Sans outrance, il a su nous présenter une crise physiologique et psychologique dans leurs manifestations les plus caractérisées. L'épithalame qui monte si spontané des lèvres de Virginie garde une simplicité émouvante, une fraîcheur de vérité. A peine entrevu, le domaine enchanté s'éloigne :

> *Comme vous êtes loin, paradis parfumé...*
> *L'innocent paradis, plein de plaisirs furtifs...*

CHATEAUBRIAND

UNE NUIT EN AMÉRIQUE

1. A l'Orient, la lune reposait sur des collines lointaines ; à l'Occident, la voûte du ciel était fondue en une mer de diamants et de saphirs, dans laquelle le soleil, à demi plongé, paraissait se dissoudre. Les animaux de la création veillaient ; la terre, en adoration, semblait encenser le ciel, et l'ambre exhalé de son sein retombait sur elle en rosée, comme la prière redescend sur celui qui prie.
2. Quitté de mes compagnes, je me reposai au bord d'un massif d'arbres : son obscurité, glacée de lumière, formait la pénombre où j'étais assis. Des mouches luisantes brillaient parmi les arbrisseaux encrêpés, et s'éclipsaient lorsqu'elles passaient dans les irradiations de la lune. On entendait le bruit du flux et reflux du lac, les sauts du poisson d'or, et le cri rare de la cane plongeuse. Mes yeux étaient fixés sur les eaux ; je déclinais peu à peu vers cette somnolence connue des hommes qui courent les chemins du monde : nul souvenir distinct ne me restait ; je me sentais vivre et végéter avec la nature dans une espèce de panthéisme. Je m'adossai contre le tronc d'un magnolia et je m'endormis ; mon repos flottait sur un fond vague d'espérance.
3. Quand je sortis de ce Léthé, je me trouvai entre deux femmes ; les odalisques étaient revenues ; elles n'avaient pas voulu me réveiller ; elles s'étaient assises en silence

> *à mes côtés ; soit qu'elles feignissent le sommeil, soit qu'elles fussent réellement assoupies, leurs têtes étaient tombées sur mes épaules.*
> 4 *Une brise traversa le bocage et nous inonda d'une pluie de roses de magnolia. Alors la plus jeune des Siminoles se mit à chanter.*
>
> Mémoires d'outre-tombe, livre VIII, 4 (1822-1848).

De son voyage en Amérique, Chateaubriand a ramené d'inépuisables impressions. Lorsque, rédigeant les *Mémoires d'outre-tombe*, il revit ces mois d'aventures, il retrouve, en apparence spontanément, sa ferveur première. Les pages qu'il consacre à la Floride sont parmi les plus travaillées de ce pèlerinage du souvenir. Au livre huitième, chapitre 4, il évoque une de ces nuits merveilleuses du Nouveau-Monde. Comment peut-il nous faire participer à son enchantement ?

En nous présentant une série de tableaux diversement colorés : avant, pendant, après la nuit. Nous avons là une suite chronologique naturelle. Bien que Chateaubriand n'emploie jamais les mots *soir* ou *nuit*, nous en devinons les effets grâce à un choix heureux de détails : ainsi la présence de l'aube est signalée par la *pluie de roses de magnolia*. Dans l'obscurité, cette notation eût été sans objet. Du reste, c'est *l'Aurore aux doigts de roses* qui métamorphose les fleurs blanches de cet arbre. Au milieu d'un univers préservé, les Floridiennes apparaissent comme l'incarnation de la beauté. Transposition du thème du bon sauvage, symbole de la pureté primitive de cet Éden ? Tout cela peut sembler naturel. Et pourtant...

En fait, notre page est la refonte d'une première rédaction qu'on lit dans le *Voyage en Amérique* précisément. Pour ne pas morceler le commentaire, il vaut mieux marquer tout de suite les principaux écarts entre ces deux textes. *La lune... semblait reposer... la voûte du ciel paraissait fondue... ;* la vision de Chateaubriand va se délivrer de ces approximations.

Les côtes lointaines deviennent *des collines lointaines.* Côtes, terme de géographie, fait place à un mot qui évoque un mouvement harmonieux, apaisé.

Les animaux de la création étaient comme nous, attentifs à ce grand spectacle : anthropomorphisme aventureux.

Le crocodile, tourné vers l'astre du jour, lançait par sa gueule béante l'eau du lac en gerbes colorées : perché sur un rameau desséché, le pélican louait à sa manière le maître de la nature, tandis que la cigogne s'envolait pour le bénir au-dessus des nuages ! Toute cette faune va disparaître. Ces actions de grâce rappelaient trop le finalisme puéril de Bernardin de Saint-Pierre. L'ensemble relevait du burlesque désormais. *Nous te chanterons aussi, Dieu de l'Univers,* etc... Ce couplet d'un lyrisme prétentieux est supprimé.

A notre retour dans l'île, j'ai fait un repas excellent ; des truites fraîches... Détails gastronomiques superflus, de même que les réflexions grandiloquentes : *Si le sort m'avait placé sur le trône et qu'une révolution m'en eût précipité, au lieu de traîner ma misère dans l'Europe, comme Charles et Jacques, j'aurais dit aux amateurs...*

L'histoire de la tortue, amusante mais gratuite, est éliminée.

Après le souper, je me suis assis à l'écart sur la rive, on n'entendait que le bruit du flux et du reflux du lac, prolongé le long des grèves... Non seulement la phrase a été reprise (elle rappelait de trop près le texte de la 5ᵉ *Rêverie* de J.-J. Rousseau) mais Chateaubriand introduit des notations concrètes et poétiques dans ce tableau : *les sauts du poisson d'or* (qu'il avait longuement décrit : *cinq pouces de long... carnivore*), *le cri rare de la cane plongeuse.*

Je suis tombé dans cette espèce de rêverie connue de tous les voyageurs. Chateaubriand va préciser sa pensée et en prolonger les résonances.

Je me sentais vivre comme partie du grand tout et végéter avec les arbres et les fleurs : pesante philosophie, gauchement exprimée.

Il y a dans ces plaisirs un certain fond d'amertume, un je ne sais quoi... Ce souvenir de Lucrèce est trop flagrant : *de fonte leporum surgit nescio quid amarum...* Savoir dissimuler son érudition...

Les sauvages de la Floride racontent qu'il y a au milieu d'un lac une île où vivent les plus belles femmes du monde. Les Muscogulges ont voulu plusieurs fois tenter la conquête de l'île magique ; mais les retraites élyséennes fuyant devant leurs canots, finissaient par disparaître. L'épisode amoureux, d'une grâce alliciante, ne figure donc pas dans le *Voyage en Amérique :* stylistiquement son insertion apparaît comme le troisième volet d'un triptyque : crépuscule en Floride ; une nuit de Chateaubriand en Floride, rêve d'amour en Floride. Quelle variété du regard sur des plans différents, mais complémentaires !

Après cet examen des variantes, on peut mieux s'interroger sur les habiletés de Chateaubriand dans la rédaction de cette page des *Mémoires d'outre-tombe*.

Examinons le matériel grammatical : déjà les intentions stylistiques se manifestent.

La préposition *en* : *fondue* en *une mer*, 1, n'évite pas seulement une lourde répétition avec *dans laquelle*. *Dans* est trop spatial ; *en*, moins précis, suggère mieux cette assimilation, ce dégradé de sensations.

L'absence d'article dans *entre deux femmes*, 3, permet de noter plus justement la surprise de Chateaubriand à son réveil, quand sa conscience est encore engourdie.

L'article indéfini est employé avec sa valeur traditionnelle d'indétermination : des *collines lointaines*, 1, les noyant dans le flou de l'horizon. La première rédaction portait : les *côtes*, ce qui convenait à un premier plan surtout.

L'article défini a des emplois plus variés ; Les *animaux de la création*, 1 : des valeurs épiques se laissent deviner. La *prière*, 1 : il s'agit d'un singulier d'ordre général, noble. Le *poisson d'or*, la *cane*, 2 : paradoxalement, c'est une façon de les dématérialiser. Avec un pluriel, l'article défini eût introduit la notion d'unités nombrables : c'était un non-sens dans le contexte.

Les temps utilisés ici sont l'imparfait, le passé simple, le plus-que-parfait. Les présents atemporels viennent briser une succession qui risquait d'être monotone par son uniformité. Ils tentent aussi d'arracher à l'accidentel une expérience peut-être unique : *comme la prière redescend...*, 1, *connue des hommes qui courent les chemins du monde*.

L'imparfait sert avant tout à exprimer des faits selon une certaine durée : *reposait, veillaient*, 1, il s'impose donc dans les descriptions ; mais aussi pour traduire des états psychologiques que l'on prolonge ou qu'on voudrait éterniser : *je déclinais, je me sentais vivre...*, 2.

Il est mis souvent en relation avec un passé simple plus apte à traduire une action ponctuelle, c'est un discontinu, un événementiel : *je me reposai, je m'adossai, je m'endormis*, 2. Des outils lexicaux en précisent même parfois la valeur : *alors*.

En face de l'imparfait qui note le processus verbal se déroulant dans le temps, donc valorisé psychologiquement, le plus-que-parfait est un temps de contraste qui sert à résumer des situations : au § 3 notamment.

Quant aux imparfaits du subjonctif, justes grammaticalement, ils sont de surcroît accordés par leurs sonorités à la langueur berçante de cette scène d'amour, un peu apprêtée.

Au total, la chronologie, suffisamment variée, est évocatrice, ajustée à la représentation des différents plans de ces tableaux.

On relèvera surtout la fréquence anormale des passifs et de la voix pronominale. Êtres et choses subissent en même temps qu'ils accueillent les événements : *était fondue, étaient tombées, se dissoudre, s'éclipsaient*... C'est le narrateur principalement qui éprouve ces sensations avec volupté : telle est du reste la valeur grammaticale première de la diathèse pronominale, à la fois active et passive : *je me reposai, je me sentais vivre, je m'adossai, je m'endormis, je me trouvai*, etc.

Alanguissement, nonchaloir, disponibilité, réceptivité totale : ce sont les significations de ces formes accordées au rêve. Il peut ainsi s'insérer naturellement dans un vaste courant animiste et permettre à la conscience d'intégrer le monde extérieur à sa vie et à sa durée.

C'est au vocabulaire qu'a été dévolue la fonction essentielle de transfigurer ces souvenirs. Plusieurs tons y apparaissent. La couleur locale reste discrète. Un seul nom propre : *Siminoles*, 4, aux sonorités charmantes qui s'adaptent à la modulation de toute la phrase. *Magnolia* et, si l'on veut, *poisson d'or* (encore que ce mot soit moins descriptif que poétique) complètent le décor exotique.

Le premier paragraphe offre une série de mots à résonance religieuse : *Les animaux de la création veillaient*, évoquant une genèse d'avant la faute ; *en adoration, encenser, ambre* (transposition synonymique, poétique autant que pittoresque, de l'encens), *prière*, et sans doute *rosée*, de saveur biblique.

Est, ouest, auraient été des termes purement géographiques : *Orient, Occident*, 1, sont au contraire chargés de poésie, traditionnellement.

Le souci de style noble se glisse dans le pluriel augmentatif : *les eaux*, 2 ; (à cette place, J.-J. Rousseau avait usé du singulier, purement informationnel) ; dans la qualification surtout qui excuse ou valorise un substantif.

Chateaubriand

Elle peut consister en un simple adjectif : *la cane plongeuse*. Il ne s'agit pas d'une épithète de nature si courante au XVIIIe siècle, mais pleinement descriptive, aux sonorités très douces.

L'adjectif verbal est lui aussi très bien venu dans cette fonction : *des mouches luisantes*, aux vibrations insistantes.

Une détermination joue à l'occasion ce rôle : *les chemins du monde*.

Elle peut même tenir lieu d'adjectif et s'épanouit alors en image : *une mer de diamants et de saphirs*.

Sous forme de proposition relative, c'est une vision dynamique que Chateaubriand nous offre : *les hommes qui courent les chemins du monde*. Quel contraste avec la banalité de *voyageurs* dans la première rédaction !

La palette des couleurs est très riche puisqu'il s'agit d'une description par évocation, directe ou indirecte : la lune, le soleil...

Je relèverai seulement *glacée*, terme technique : revêtu d'un vernis poli, transparent. *Irradiations* s'est substitué à *rayons*, trop commun ; *s'éclipsaient* est un terme technique encore, dans le même champ sémantique que *lune*.

Et puis nous avons des mots rares : *les arbrisseaux encrêpés tendus de réseaux sombres ;* le terme ne figure même pas dans le dictionnaire de l'Académie de 1878. *Panthéisme* venait d'être accueilli dans l'édition de 1835, comme *somnolence*. Relevons ici la qualité de ce suffixe expressif (nous le retrouvons dans *espérance* au lieu d'*espoir*) : il fut cher à Chateaubriand avant de l'être aux symbolistes. On remarquera encore l'heureuse combinaison des termes concrets dans ces deux premiers paragraphes : verbes, noms ou adjectifs, chargés de nous restituer par leur éclat et leur densité, la splendeur de ces visions édéniques. D'autre part, contrastant avec la charge descriptive de ce vocabulaire, le lexique vers la fin du deuxième tableau a pour mission de nous orienter vers un univers intérieur. Il doit exprimer et traduire les sentiments d'une conscience enracinée à la terre et chavirant dans le rêve.

La réussite est-elle totale ? *Bocage* est apparemment un terme bien occidental. En fait, depuis le *Télémaque* au moins, dans la prose poétique, il désigne tout lieu garni d'ombrage. Il est donc synonyme de *massif d'arbres*, mais il a le mérite supplémentaire de se lier par l'allitération à *brise*.

Assez discutable à la réflexion apparaît *le bord d'un massif d'arbres*. L'image est à peu près morte cependant.

Très graves au contraire les dissonances apportées par *Léthé* et *odalisques*. Parlant des Floridiennes, Chateaubriand a commencé par les désigner comme les *compagnes* ; étymologiquement même, le mot est heureux : qui partage son pain avec, alors qu'*odalisques* traîne à sa suite une série de représentations voluptueuses. Négligeons même le contexte géographique. Je ne pense pas qu'on puisse supprimer complètement ces dissonances ; mais il faut les interpréter. *Léthé* assure la transition entre deux mondes : nom propre en principe, mais aux valeurs métaphoriques déjà assurées, que l'Académie pourtant refuse d'entériner, en 1878 encore, malgré l'autorité de Lamartine. Pour bien marquer la fin de sa rêverie mystique, Chateaubriand va utiliser successivement des mots qui marqueront de plus en plus nettement cette rupture et cette reprise de conscience, son retour à la réalité. *Espérance* nous y avait déjà préparés. Un sourire se glisse alors sur ses lèvres. De même, l'exclamation *Mein Herr* vient interrompre l'invocation à Cynthie.

Tels sont les caractères, si accusés dans leur diversité, de cette nuit d'extase. Elle est d'un peintre certes, selon la volonté expresse de Chateaubriand : *la nature se joue du pinceau des hommes*, écrivait-il dans la page correspondante du *Voyage en Amérique* ; elle est aussi d'un moraliste, inquiet d'analyses subtiles, toujours lucide pourtant au cœur même de ses explorations les plus hardies.

L'expression figurée et les images précisent l'orientation du lexique. Elle se manifeste avec insistance sous la figure de la personnification : *reposait, traversa, inonda...* Cet animisme n'est jamais artificiel. Un verbe, comme *sembler*, atténue ce qui risquait de manquer de naturel.

Un nom peut porter l'image : *une mer de diamants et de saphirs*. L'éclat, la transparence, la couleur bleue sont ainsi évoqués avec une économie de moyens, efficacement toutefois par le procédé de la transposition d'art.

Le sein, 1, de la terre n'est sans doute pas une métaphore banale. Pour les Peaux-Rouges, la terre est un grand animal vivant. Du coup, on comprend mieux : *exhalé*.

Une comparaison présentée avec une agrafe insistante est curieuse : *comme la prière redescend sur celui qui prie*. Les deux termes de la comparaison ne sont pas sur le même plan. Le concret : *l'ambre*, est rapproché de l'abstrait : *la prière*. Ce type est appelé parfois ascendant. En dehors de la signification théologique, peut-on en découvrir la source ? C'est une adaptation du début du Psaume 140 : *Que ma prière s'élève vers vous comme la fumée de l'encens ! Que l'élévation de nos mains vous soit agréable comme le sacrifice du soir !*

Malgré tout, Chateaubriand n'y avait pas songé dès le *Voyage en Amérique*. L'atmosphère est devenue celle de la *Maison du Berger* :

> *...L'herbe élève à tes pieds son nuage des soirs,*
> *Et le soupir d'adieu du soleil à la terre*
> *Balance les beaux lis comme des encensoirs...*

Les perceptions enfin concernent tous les sens : la vue naturellement et avec quelle acuité ! Soyons attentifs par exemple à la poésie du cercle et de la sphère au début de cette évocation. Notre regard parcourt l'horizon, circulairement. *Colline* suggère des formes arrondies, *la lune, le soleil, la voûte du ciel,* autant de termes qui repoussent les angles, les arêtes.

L'odorat même est sollicité par *l'ambre ;* l'ouïe guette le silence des animaux : *veillaient,* perçoit *le bruit du flux et reflux du lac, les sauts du poisson d'or et le cri rare de la cane plongeuse,* 2.

Enfin le chant d'une Siminole fait éclater le silence, 4.

La réminiscence de la cinquième *Rêverie* est flagrante. Chateaubriand a même pu songer à J.-J. Rousseau lorsqu'il fait allusion aux *hommes qui courent les chemins du monde.* Dans ces conditions, il est intéressant de comparer les sensations internes des deux écrivains. Celles de Chateaubriand sont plus précises. Il a réussi à mieux noter la dissolution de son être dans les éléments qui l'entouraient. *Décliner* (comme les astres), *végéter, flotter, vague,* autant de termes qui marquent l'absorption de sa conscience par toute la nature.

En dernière analyse, cette page s'ordonne autour de deux principaux centres d'images ou de sensations finalement : la lumière sans doute avec ses jeux, ses reflets, ses transformations ; mais aussi intensément l'eau, sous des formes multiples : mer, lac, fleuve... On trouve l'eau du début à la fin de cette nuit enchantée : *Quand je sortis de ce Léthé..., nous inonda d'une pluie de roses...* Au-delà d'une réussite incontestable et de la vertu poétique de cet élément, un psychanalyste n'aurait aucune peine à découvrir ici des symboles classiques de l'amour triomphant.

La phrase enfin draine et collecte tous ces éléments. Les périodes n'ont rien d'oratoire, si bien que la recherche de la protase et de l'apodose est assez vaine dans un texte descriptif qui obéit à l'ordre de la perception, essentiellement successif et non synthétique. Un ordre si peu soumis aux contingences des lois respiratoires ! D'où des énumérations de forme ternaire : *bruit, sauts, cri*, 2.

On rencontre peu de propositions subordonnées, alors que les propositions indépendantes ou juxtaposées se pressent comme autant de notations pittoresques accumulées ou d'observations psychologiques successives à peine reliées parfois à l'aide de la plus élémentaire des coordinations : *et*. Démarche intuitive plus que discursive...

Ne manquons pas non plus de relever la méthode de Chateaubriand : il amortit les chutes trop brutales : *en une mer de diamants et de saphirs*, 1. Le deuxième déterminant, outre son pittoresque, a une valeur rythmique, prolongée même par la finale consonantique, suspensive. On peut, dans cet esprit, commenter le choix et la place de diverses épithètes : telle, *plongeuse*.

De même la comparaison qui clôt le premier paragraphe n'est pas purement décorative, c'est une formule rythmique efficace qui étale le decrescendo de l'apodose.

Pareillement, on admirera la variété d'attaque des phrases : un complément circonstanciel, un adverbe, une conjonction temporelle, un sujet nominal, un pronom... Une fois au moins, le tour semble insolite : *Quitté...*, 2. L'emploi de la forme adjective du verbe tenant lieu de toute une proposition plus complexe, sous prétexte d'alléger la phrase, lui donne un aspect archaïque. Curieuse rencontre. Voltaire écrivait dans l'*Essai sur les Mœurs* : *Quitté par ses maîtresses sans avoir connu l'amour*. Mais Chateaubriand qui voulait sans doute donner un cachet de noblesse à l'ensemble de sa phrase durcit encore cette syntaxe par le choix de la préposition *de*, si commune au Grand Siècle pour exprimer l'état ou une durée.

Non seulement aucune uniformité n'existe dans la présentation de ces tableaux, mais le mouvement même d'ouverture de chaque paragraphe contraste avec le mouvement de fermeture, grâce à l'opposition des temps.

A ce point, il n'est plus possible de différer l'étude des problèmes du rythme dans le texte.

Nous remarquons d'abord que Chateaubriand a refusé le lyrisme facile du *Voyage en Amérique* : *nous te chanterons aussi... la voix d'un homme s'élèvera avec la voix du désert : tu distingueras les accents du faible fils de la femme*, etc...

L'unité du ton a été sauvegardée dans les *Mémoires d'outre-tombe*, et pourtant quelle variété dans la masse des phrases !

Les deux premières ont pratiquement le même nombre de syllabes : 56-59. Les deux suivantes se font un équilibre rigoureux : 37 syllabes. Et puis une rupture : *On entendait... plongeuse*, 30 syllabes seulement. C'est en réalité une phrase qui prépare à la rêverie largement déployée : *Mes yeux... panthéisme*. De même après cet effort, une nouvelle phrase symétrique de 30 syllabes offre à la voix son débit mesuré : *Je m'adossai... espérance*.

L'architecture de la phrase la plus longue dans ce paragraphe repose même sur ces calculs.

Mes yeux... eaux : 9 syllabes, puis une vague de 27 syllabes ; de nouveau, un mouvement bref de 10 syllabes : *nul souvenir... restait*. Enfin, un dernier élan de 24 syllabes : *je me sentais vivre...*

Cet art des *reposoirs* est souverain. N'oublions pas qu'au XVIIIe siècle, un grammairien, Buffier, assignait à la période un nombre idéal de 20-25 syllabes. On est loin de : *l'étendue de six ou sept vers héroïques*, admise communément au XVIIe siècle.

On sera sensible pareillement à la disposition de certains mouvements ternaires : *A l'Orient... lointaines*, 17 syllabes ; *à l'Occident... saphirs*, 24 syllabes ; *dans laquelle... se dissoudre*, 18 syllabes.

Encadrement inverse : *On entendait... lac*, 13 syllabes ;

les sauts du poisson d'or, 6 syllabes ; *et le cri... plongeuse*, 11 syllabes.

Le rôle de la ponctuation est donc primordial ici : virgules, points-virgules sont des indications efficaces du mouvement général de la phrase ; grâce à ces signes s'éclaire précisément l'allure du troisième paragraphe, de transition cependant : 16, 10, 11, 14 syllabes, affrontant le dernier pallier de 32 syllabes, lui-même étagé en 9, 12, 11 syllabes.

Alors que Chateaubriand se plaît souvent à placer une ponctuation illogique devant un outil de coordination, creusant ainsi un silence, il écrit au contraire d'une seule venue : *Une brise... magnolia*, 4, transcription d'un rythme ample, accordé métaphoriquement à l'idée.

Le rythme de ce texte, c'est aussi la distribution des accents à des intervalles très rapprochés, 2, 3, 4 syllabes : tant les mots ont une densité poétique. On rencontre 5-6 syllabes atones successives, mais dans une symétrie évidente : *de la création, en adoration*, 1.

Le cas du groupe octosyllabique *dans les irradiations* est unique. Un accent de hauteur, sinon d'intensité, s'installe à l'initiale du mot et rétablit l'équilibre rythmique.

La constance de ces unités toniques rend donc facile l'établissement de groupes qui ont l'apparence de formules métriques simples. Il en est d'authentiques : *nul souvenir distinct ne me restait* : 10 syllabes ; ou : *les odalisques étaient revenues*.

Suite d'octosyllabes : *Quand je sortis de ce Léthé, je me trouvai entre deux femmes*. C'est une des démarches les plus prévisibles de la prose poétique.

Alexandrin a trois accents : *Je m'adossai contre le tronc d'un magnolia*, 2.

Elles demeurent toutefois l'exception. Abstraction même des *fautes* du type *connue des hommes*, la preuve manifeste de ce refus d'une cadence versifiée nous est donnée par la phrase entière : *on entendait... plongeuse ;* Chateaubriand a évité le cadre de l'alexandrin alors même qu'il semble l'appeler ou le suggérer. Ce faisant il obéit à une tradition de la prose d'art depuis le XVIIe siècle. Pareillement dans le *finale : soit qu'elles feignissent...*, les formules impaires sont prépondérantes.

A partir du moment où l'on a repéré cette essentielle distribution des accents, il est presque superflu de reconstituer des isocolies. En voici une pourtant d'une régularité presque parfaite : *Son obscurité* (5), *glacée de lumière* (5'), *formait la pénombre* (5) *où j'étais assis* (5).

On pourrait même s'interroger sur l'alternance des finales consonantiques ou vocaliques devant une ponctuation surtout. Trop peu de régularité se manifeste ici pour qu'on puisse légitimement conclure à un désir d'expressivité.

Telle quelle cette page reste suffisamment gonflée d'intentions et d'effets sonores.

L'harmonie, en effet, s'y trouve délicatement distribuée. Chateaubriand a commencé par éliminer les sonorités incongrues. Il avait noté dans le *Voyage en Amérique, le bruit du flux et du reflux du lac.* Au prix d'une hardiesse syntaxique il renonce à un article tapageur.

Positivement, l'harmonie ne résulte pas seulement de la multiplication de certaines consonnes privilégiées, attendues dans la structure de tout texte poétique (les labiales notamment), des voyelles *eu, ou, au*, et des nasales. Elle provient d'un emploi habile du *e* atone qui tempère un rythme qui risquait d'être trop marqué. Du coup le mot vibre plus efficacement : *lune, collines lointaines...*

Elle est liée encore aux modulations de la diérèse ou du hiatus intérieur : *Orient*, dont le poids fait équilibre à *Occident ; ciel, diamants, création, adoration, prière...*, qui nous obligent à détailler chacun de ces mots, à leur restituer leur densité sémantique.

L'harmonie est aussi convergence de sonorités : au niveau des consonnes : *flux et reflux, vivre et végéter, flottait, fond...*

Cette distribution peut concerner toute une phrase : *l'Orient, la lune, les collines lointaines.*

Elle affecte, à l'occasion, les formes d'une harmonie imitative discrète, dans le jeu par exemple des liquides *l*, *r*, et des sifflantes : *des mouches luisantes... lune.*

Consonnes et voyelles se rencontrent parfois dans ce rôle : *le cri rare de la cane plongeuse.* Mais au-delà de ces recherches isolées et toujours limitées, on repèrera la fréquence anormale des voyelles térébrantes, du *é* surtout. Dans la technique de Chateaubriand, elles semblent associées à la description de la lumière.

Pour la première fois, nous saisissons l'accord mystérieux, dans la conscience d'un écrivain, entre la structure sonore et la charge représentative ou émotionnelle des mots du lexique, même valorisés déjà poétiquement.

Dès lors, l'harmonie a cessé d'être un phénomène mécanique, tout juste utile à la reconstruction grossière des sons ou des mouvements. Elle coïncide avec les vibrations de la sensibilité pour suggérer la recréation d'un univers affectif.

On voit assez combien un texte apparemment aussi sincère que cette page des *Mémoires d'outre-tombe* pose de problèmes. Au-delà de l'exactitude historique, seul importait à notre propos le travail de l'artiste à la recherche d'une forme définitive. Grâce au *Voyage en Amérique*, nous avons pu surprendre les calculs et les ruses de Chateaubriand écrivain : soucieux d'une écriture noble, mais exacte et colorée, luttant pour que le chant de ses rêves devienne incantation.

RÊVERIE AU LIDO

Venise, quand je vous vis, un quart de siècle écoulé, vous étiez sous l'empire du grand homme, votre oppresseur et le mien ; une île attendait sa tombe ; une île est la vôtre : vous dormez l'un et l'autre immortels dans vos Sainte-Hélène. Venise ! nos destins ont été pareils ! mes songes s'évanouissent, à mesure que vos palais s'écroulent ; les heures de mon printemps se sont noircies, comme les arabesques dont le faîte de vos monuments est orné. Mais vous périssez à votre insu ; moi, je sais mes ruines ; votre ciel voluptueux, la vénusté des flots qui vous lavent, me trouvent aussi sensible que je le fus jamais. Inutilement je vieillis ; je rêve encore mille chimères. L'énergie de ma nature s'est resserrée au fond de mon cœur ; les ans au lieu de m'assagir, n'ont réussi qu'à chasser ma jeunesse extérieure, à la faire rentrer dans mon sein. Quelles caresses l'attireront maintenant au dehors, pour l'empêcher de m'étouffer ? Quelle rosée descendra sur moi ? Quelle brise émanée des fleurs, me pénétrera de sa tiède haleine ? Le vent qui souffle sur une tête à demi dépouillée, ne vient d'aucun rivage heureux !

Mémoires d'outre-tombe, livre VII, 4.

Le livre 7 de la quatrième partie des *Mémoires d'outre-tombe* est consacré au *Séjour à Venise*. Maurice Levaillant en a retracé l'histoire. La *Rêverie au Lido* marque un moment exceptionnel de cette évocation. Nous voudrions essayer de rendre compte de l'art de Chateaubriand dans le dernier paragraphe de cette méditation qui nous frappe par son frémissement.

Peut-être sommes-nous atteints dès l'abord par le mouvement impérieux de cette conclusion évoquant tour à tour Napoléon, Venise, Chateaubriand enfin, dans son âpre solitude.

Il suffit d'être attentif aux indications de la représentation pronominale pour subir cet irrésistible enchaînement des idées, ce triple palier : 1. Venise... Sainte-Hélène ; 2. Venise... jamais ; 3. Inutilement je vieillis... Dans cette troisième partie, le *je* s'impose souverainement, contrastant avec *nos, vous, votre*... qui ont précédé ; ou *sa, l'un et l'autre* dans la première partie.

L'examen des variantes doit préciser ensuite diverses intentions de Chateaubriand. Le manuscrit de 1835 porte : *quand je vous vis pour la première fois ;* avec *un quart de siècle écoulé*, la notion du temps s'impose plus vivement dans notre conscience.

O Venise ! lyrisme facile, déclamatoire.

Un point isolait *mes ruines* de *votre ciel*. Le point virgule installe une pause moins longue dans ce développement désormais plus ample.

M'ont retrouvé, dans ces derniers jours, aussi sensible à vos charmes que je le fus jamais. Le présent *me trouvent* est plus pathétique, car il introduit une notion de permanence ; de là aussi la substitution de *trouver* à *retrouver*. L'indication temporelle *dans ces derniers jours* n'est donc plus justifiée. *Charmes* n'offre qu'une limitation dans la personnification de Venise.

D'après Sainte-Beuve, le manuscrit de 1834 donnait : *je rêve encore mille chimères ; les ans...* Le manuscrit de 1835 insère une idée nouvelle. D'autre part, le manuscrit de 1834 ajoutait gauchement : *les ans, qui auraient dû m'assagir...*

Le manuscrit de 1835 se termine ainsi : *...dans mon sein. Mais que me font ces brises du Lido, si chères au poète de la fille de Ravenne ? Le vent...* Une périphrase un peu prétentieuse est tombée. L'équilibre rythmique de toute cette conclusion a été repensé. La perspective psychologique a été modifiée.

Entre *sa tiède haleine* et *le vent*, un *hélas* trop oratoire a disparu.

Qui souffle sur ma tête : ce possessif apporte une restriction. Grâce à l'indéfini, l'expérience de Chateaubriand prend valeur d'une vérité soustraite à sa personne, au-delà d'un moment et d'un lieu limité : les grèves du Lido, le 17 septembre 1833.

L'étude du vocabulaire ne confirme pas seulement des impressions premières un peu approximatives. Le caractère très littéraire de cette conclusion se manifeste dans le choix des latinismes : *lavent* au sens de *baignent*, assez fréquent à l'époque classique (MALHERBE, RACINE : *Bajazet...*), surtout *Vénusté*, allitérant avec *voluptueux ;* et puis *grâce* n'aurait pas rappelé *Venise !* Chateaubriand a utilisé ce substantif dans le portrait de Lucile : quelle aubaine pour la psychanalyse ! Malheureusement, dans ce passage, il résulte d'une correction tardive. C'est le *Tableau de la poésie française au XVIe siècle* de Sainte-Beuve (1828) qui a guidé Chateaubriand vers les écrivains de la Pléiade...

Son univers poétique est constitué de mots qui drainent de larges associations : *palais, arabesques, songes, rêve, chimères...,* spécialisés bien souvent déjà par toute une tradition : *rosée* (de parfum oriental) ; *brises, fleurs,* etc.

Le thème du temps suscite d'autre part tout un lot de

termes suggestifs : *siècle, immortels, ans, jeunesse...* Ce temps est surtout considéré dans ses effets dévastateurs : *s'évanouissent, s'écroulent, périssez, ruines, vieillis...* Amère dérision : aux *heures* du *printemps* succède l'impitoyable automne : *le vent qui souffle sur une tête à demi dépouillée.* Joie et tristesse des saisons, art des évocations indirectes...

Cette méditation opère aussi sur un espace privilégié : Venise, des îles, Sainte-Hélène ; l'infini même ou l'illimité : le *ciel* et les *flots,* rappelé encore par la dernière phrase : *Le vent... aucun rivage.*

Elle porte enfin essentiellement sur la force d'un sentiment irrésistible, l'amour, délicatement évoqué : *voluptueux, caresses...*

Il est remarquable pourtant que cette rêverie, si concrète d'enracinement, permette une introspection et une confession lucides ; en particulier dans la phrase : *L'énergie de ma nature...,* où chaque mot est d'une telle rigueur ! C'est que Chateaubriand a su amortir ses sensations extérieures. Il peut alors retrouver des accents pascaliens : *Quand l'univers l'écraserait, l'homme serait encore plus noble que ce qui le tue, puisqu'il sait qu'il meurt...* Mais la connaissance ici n'est plus que détresse déchirante.

Le matériel grammatical et les figures de style servent également les desseins du moraliste et de l'artiste.

On repèrera tout de suite la fréquence du pronom ou du possessif de la première personne qui dirigent, ordonnent toute cette rêverie, même dans l'évocation de Napoléon : *votre oppresseur et le mien ;* soulignement supplémentaire, certes ; mais c'est Chateaubriand qui ressuscite cette ombre terrible.

Il est facile de justifier dans leurs emplois perspectifs les temps du passé : ils se définissent surtout les uns par rapport aux autres. Admirons plutôt l'habile utilisation des présents : tour à tour signes d'une insertion dans une

177

réalité immédiate ou accordés à une méditation qui repousse toutes les frontières de la durée.

Cet élargissement de la rêverie se retrouve dans les futurs qui lui donnent une valeur de lamento. Les présents qui répondent à ces interrogations en soulignent la vaine illusion.

En regardant la qualification, on demeure frappé par sa discrétion, sa variété plus encore. Au lieu du parallélisme attendu, avec deux adjectifs symétriques, Chateaubriand préfère recourir au prestige du substantif soulignant la qualité : *votre ciel voluptueux — la vénusté des flots...*

Caresses (au pluriel), *rosée* (au singulier) se suivent dans les interrogations finales très dépouillées ; mais la dernière s'orne d'une large qualification verbale : *Quelle brise émanée des fleurs...*

Apostrophes alliciantes, personnifications variées, antithèses multiples ou métonymie : *ciel voluptueux*, ne résument pas ici tout l'effort stylistique de Chateaubriand. La comparaison *descendante : les heures de mon printemps se sont noircies, comme les arabesques dont le faîte de vos monuments est orné*, est plus significative par sa richesse esthétique et sa valeur rythmique.

On se montrera pourtant aussi attentif aux diverses sensations, visuelles *(noircies)*, tactiles *(caresses, brise, vent)*, viscérales même en définitive, qui soutiennent cette rêverie en l'informant de vérité et de brûlante ardeur.

En dernière analyse, c'est peut-être la phrase qui reçoit le privilège de révéler la palpitation des sens et de l'âme au plus près de ses tressaillements. On peut négliger les effets habituels obtenus par un ordre insolite des mots ; par exemple, le dessin expressif réalisé grâce à l'antéposition de l'adverbe : *Inutilement je vieillis*, au lieu d'un énoncé circonflexe sans relief. L'essentiel, ce sont les mouvements affectifs marqués par les exclamations, les interrogations, mais aussi une ponctuation qui hache le déroulement de la pensée.

Les lignes mélodiques ne sont pas seulement renouvelées, elles demeurent imprévisibles. Nous avons ici des unités respiratoires extrêmement nombreuses. Ne parlons pas de groupes rythmiques, notion étrangère à Chateaubriand. Comment du reste assimiler le poids de *Venise* aux quatre syllabes : *Quand je vous vis ?*

Mais Chateaubriand pouvait connaître les théories de Scoppa ; tout imparfaites qu'elles fussent, elles ont fondé la notion d'accent rythmique : Daru en 1813 devait bien préciser que la syllabe forte était la dernière syllabe masculine.

Systématiquement donc, nous avons noté la répartition des éléments toniques dans une lecture insistante, celle que Chateaubriand lui-même recherchait : la densité poétique de ce texte nous y invitait.

Dans le cas d'un *e* atone non élidé, devant ponctuation, nous avons placé le signe de l'apostrophe comme une vibration supplémentaire suivie d'un silence ou d'un repos ; Venise : 2'. Sans ponctuation, cet *e* atone normalement passe dans le groupe rythmique qui suit.

Enfin, nous avons calculé la masse syllabique de chacune de ces unités respiratoires, en guise de contre-épreuve supplémentaire.

On trouvera, en page 180-181, le spectre impressionnant de régularité que nous avons obtenu.

Il semble vain de gloser sur un pareil tableau. L'esprit peut à volonté y découvrir rappels, correspondances, symétries. Les formules métriques, 4, 5, 6, 8 sont tout de suite repérables par la mémoire, mais aussi facilement les séries 7, 7 ou 11, 11...

Les unités respiratoires sont de faible étendue : une seule

Structure tonique	Éléments toniques	Unités respiratoires	Nombre de syllabes
I Venise et Napoléon			
2',	1	*Venise,*	3
4,	1	*quand... vis,*	4
4 3,	2	*un... écoulé,*	7
3 3 4',	3	*vous... homme,*	11
4 3 ;	2	*votre... mien ;*	7
2 3 2 ;	3	*une... tombe ;*	7
2 3' :	2	*une... vôtre :*	6
3 3 3 5'.	4	*vous... Sainte-Hélène.*	15
	18	8	60
II Venise et Chateaubriand			
A { 2' !	1	*Venise !*	3
3 5 !	2	*nos... pareils !*	8
2 5',	2	*mes... évanouissent,*	8
3 5 2' ;	3	*à mesure... s'écroulent ;*	11
2 5 4,	3	*les heures... noircies,*	11
6 4 6 3. }	4	*comme... orné.*	19
	15	6	60
B { 5 4 ;	2	*Mais... insu ;*	9
1, 2 2' ;	3	*moi... ruines ;*	6
3 4,	2	*votre... voluptueux,*	7
4 2 3',	3	*la... lavent,*	10
2 5 5 2. }	4	*me... jamais.*	14
	14	5	46
Total A + B =	29	11	106

Structure Tonique	Éléments Toniques	Unités Respiratoires	Nombre de Syllabes

III Chateaubriand

A { 5 3 ; 2 2 5'.	2 3 — 5	*Inutilement... vieillis ;* *je... chimères.* 2	8 10 — 18

B { 3 4 5 2 3 ;
    2 2 4,
    4 3 3 3,
    3 3 3.
	5
	3
	4
	3
	—
	15
		L'énergie... cœur ;
		les ans... m'assagir,
		n'ont... extérieure,
		à... sein.
		
		4
			17
			8
			13
			9
			—
			47

C { 4 5 3 3,
    4 4 ?
    4 3 2 ?
    3 3 2,
    5 4 2' ?
    2 2 5 3 3,
    2 4 2 !
	4 } 6
	2 }
	3
	3 } 6
	3 }
	5 } 8
	3 }
	—
	23
		Quelles... dehors,
		pour... m'étouffer ?
		Quelle... moi ?
		Quelle... fleurs,
		me... haleine ?
		Le vent... dépouillée,
		ne vient... heureux !
		
		7
			15 } 23
			8 }
			9
			8 } 20
			12 }
			15 } 23
			8 }
			—
			75

Total A+B+C = 43		13	140

atteint 19 syllabes : il s'agit de l'apodose largement étalée grâce à l'image : *comme les arabesques...* Elles restent donc comparables à celles que l'on rencontre dans les vers. On demeure frappé par ces phrases haletantes accordées à une rêverie secouée des frissons d'une telle sensibilité. Bien remarquable en effet, cette distribution de reliefs accentuels à des places aussi rapprochées : deux fois seulement on peut découvrir une suite de cinq syllabes sans crête bien caractérisée. Ailleurs domine le dessin iambique, anapestique ou le frappé dynamique 5.

La progression de ce développement n'est pas seulement d'une absolue régularité, attestée par les chiffres. On peut même admirer l'architecture des parties. Une double exclamation était possible, initialement. Chateaubriand a préféré amorcer sa méditation personnelle par un silence expressif : *Venise ! nos destins...* Une virgule eût été inconsistante.

L'exclamation finale crée une ligne phonétique nouvelle accordée aux interrogations. Un point aurait marqué une conclusion sèche : la phrase cessait d'être affective.

Les virgules ne notent pas simplement des reposoirs logiques dans le débit ; après *m'assagir* ou *dépouillée*, elles surprennent. Mais Chateaubriand veut nous obliger à n'avancer qu'à son rythme. Deux points, points-virgules, signalent à leur manière aussi des haltes plus importantes dans l'écoulement de la phrase arrêtée par le point.

Tel est le *tempo* insistant et grave de ce *final* que fait vibrer la stridence des voyelles *é*, *i*, où s'insinue la grâce des *v*.

Malgré soi, en présence d'un tel ensemble concertant, on évoque une musique de Vivaldi...

Que cette analyse ne nous abuse pas ! Elle était nécessaire pour essayer de surprendre, à l'état natif, si je peux dire, les divers éléments qui constituaient un pareil texte. Que notre regard désormais s'en détache : tout va se fondre dans une harmonieuse unité ! Le miracle, c'est l'impression de spontanéité qui nous atteint. Notre émotion peut alors rejoindre celle de Chateaubriand. Son art nous aura rendus complices de ses passions.

BÉNÉDICTION

. . . .
Vers le Ciel, où son œil voit un trône splendide,
Le Poëte serein lève ses bras pieux,
Et les vastes éclairs de son esprit lucide
56 *Lui dérobent l'aspect des peuples furieux :*

— « Soyez béni, mon Dieu, qui donnez la souffrance
Comme un divin remède à nos impuretés
Et comme la meilleure et la plus pure essence
60 *Qui prépare les forts aux saintes voluptés !*

Je sais que vous gardez une place au Poëte
Dans les rangs bienheureux des saintes Légions,
Et que vous l'invitez à l'éternelle fête
64 *Des Trônes, des Vertus, des Dominations.*

Je sais que la douleur est la noblesse unique
Où ne mordront jamais la terre et les enfers,
Et qu'il faut pour tresser ma couronne mystique
68 *Imposer tous les temps et tous les univers.*

Mais les bijoux perdus de l'antique Palmyre,
Les métaux inconnus, les perles de la mer,
Par votre main montés, ne pourraient pas suffire
72 *A ce beau diadème éblouissant et clair ;*

> *Car il ne sera fait que de pure lumière,*
> *Puisée au foyer saint des rayons primitifs,*
> *Et dont les yeux mortels, dans leur splendeur entière,*
> 76 *Ne sont que des miroirs obscurcis et plaintifs ! »*
>
> Les Fleurs du Mal (1857).

A. de Vigny écrivait dans *Stello : le poète a une malédiction sur sa vie et une bénédiction sur son nom* (XL). Cette thèse fut celle de toute la génération romantique. Lamartine affirmait :

> *Homme ou Dieu, tout génie est promis au martyre*[1].

Lamennais le redit dans sa traduction de la *Divine Comédie*. *Bénédiction* de Baudelaire n'exprime donc pas des idées absolument neuves, encore que nous puissions y découvrir des allusions précises à des infortunes personnelles.

Dans la dernière partie, Baudelaire montre l'aventure spirituelle du poète. Le style et la versification de ce texte sont-ils accordés au ton de cette révélation ?

L'ordonnance de ces strophes est simple ; après une brève introduction, Baudelaire nous montre la glorification du poète après sa mort. Cette partie apparaît comme l'illustration de la paraphrase biblique de *Stello : votre royaume n'est pas de ce monde sur lequel vos yeux sont ouverts, mais de celui qui sera quand vos yeux seront fermés.* Enfin Baudelaire exalte le rôle unique de la Douleur, seule capable d'assurer cette éternité de joie, cette rédemption.

Le vocabulaire d'un tel passage est nécessairement sans dissonance : aucun mot familier ou bas ne peut s'y trouver. Pourtant certains termes demandent une explication.

---

1. Ce vers du *Cours familier de littérature* est une variante, heureuse, du texte de FERRARE, « improvisé en sortant du cachot du Tasse » (1844) :
   Que l'on soit homme ou Dieu, tout génie est martyr.

Splendide, 53, ne signifie pas *très beau* ; ce n'est qu'un sens dérivé, banal ; mais conformément à son étymologie : *rayonnant, lumineux*.

Lucide, 55, n'est pas non plus un quelconque adjectif synonyme de clairvoyant. On peut lui restituer une de ses valeurs anciennes : qui donne de la lumière. On comprend mieux ainsi la métaphore : éclairs suscités par son esprit, foyer de leur éclat.

Primitif, 74, garde trace de sa valeur fondamentale : *premier*. Il s'agit d'un état non dégradé, état antérieur à la faute originelle.

Béni, 57. Il ne s'agit pas d'une simple action de grâces. Celui qui bénit est d'ordinaire Dieu, ou le père, source de vie. La racine hébraïque *brk* s'applique en effet à la puissance des organes sexuels. Mais paradoxalement le faible peut bénir le puissant (*Job*, Psaumes) car la bénédiction crée un courant, un échange d'énergie et de bienfaits réciproques.

Le nom des Anges : dans le ciel les Anges célèbrent une perpétuelle Liturgie à laquelle répond celle de l'Église souffrante ici-bas dans le *Gloria*, le *Sanctus*, la *Préface* de la Messe surtout. C'est là, plutôt que dans *Les Martyrs* (III) de Chateaubriand que Baudelaire a pris les mots : *Trônes, Vertus, Dominations*, 64. Il a éliminé pourtant toute trace de mythologie orientale, mésopotamienne notamment, en excluant les Chérubins.

Les enfers, 66. De toute évidence, le mot ne désigne pas la Géhenne nommée au début du poème avec horreur :

> *Elle-même prépare au fond de la Géhenne*
> *Les bûchers consacrés aux crimes maternels*

mais le shéol, lieu de rassemblement de tous les morts qui mènent là une ombre d'existence, larvée, sans joie : *Job* XXX, 23. Il se situe dans le même champ sémantique

que *Limbes*. Du coup, nous rattachons le premier poème des *Fleurs du Mal*, et l'un des premiers que Baudelaire ait écrits à cet énigmatique recueil *Les Limbes* dont il annonçait la parution *à Paris et à Leipzig le 24 février* 1849.

Mystique, 67, est un autre mot important non seulement de ce texte mais de tout le recueil, où il apparaît une douzaine de fois.

Mysticus désigne ce qui a trait aux mystères. Comme pluriel neutre, il signifie les mystères païens. Dès saint Augustin, il prend le sens de symbolique ; chez le pape Léon II au VIIe siècle, ce qui est sacré.

On comprend donc son rayonnement, à l'époque classique, dans le sillage de *spirituel, profond, figuré : il y a deux sens parfaits, le littéral et le mystique*, écrit Pascal à Mlle de Roannez.

Le mot semble avoir été délaissé par la plupart des Romantiques au profit de *mystérieux*. C'est Sainte-Beuve qui l'a remis en honneur, avec ses valeurs traditionnelles. Baudelaire retrouve donc un courant orthodoxe en reprenant un terme galvaudé par G. de Nerval et Balzac qui l'encombraient de notions ésotériques.

Par rapport aux verbes, le nombre des adjectifs et des substantifs est considérable ; l'univers poétique est en effet contemplation et non action ; si bien que *mordre*, 66, malgré son sens classique (entamer, réduire) et *imposer* (demander une contribution ; valeur toute moderne et récente sans doute) ne manquent pas de relief.

La fréquence des adjectifs est typique évidemment d'une certaine mode. Ils écrasent parfois le substantif : *ce beau diadème éblouissant et clair*, 72. *Entre deux adjectifs*, dira Giraudoux, *le nom meurt crucifié*. Malgré tout, grâce à l'antéposition ou à la postposition, Baudelaire varie suffisamment la charge affective ou concrète de l'épithète. Mais depuis Malherbe, le participe passé à valeur adjectivale se situe normalement après le nom : *bijoux perdus*. D'autre part, Chateaubriand a donné la recette de l'encadrement du nom, par la place variée de l'adjectif dans un même élément propositionnel : *les vastes éclairs de son esprit lucide*, 55 ; ...*les rangs bienheureux des saintes Légions*, 62. Il est vrai que les contingences du vers opposent plus de résistances que la prose à ce balancement alterné : chez les classiques déjà !

Il importe surtout de bien voir comment Baudelaire procède pour spiritualiser sa vision. D'abord, il élimine les mots chargés irrémédiablement de glaise concrète. Une épreuve de 1857 porte : sertis *par votre main*, 71. Un tel verbe dans ce contexte est trop technique. Il l'écarte.

La *douleur*, la *souffrance* restent au contraire des termes suffisamment généraux.

Il utilise le pluriel d'extension : *les peuples ;* c'est-à-dire les hommes dans leur plus grande généralité. *Nos impuretés :* l'impureté ne désignerait que le péché de la chair.

Baudelaire joue des ressources de la qualification pour dématérialiser le substantif. *Essence* n'est pas ici un terme philosophique. Au voisinage de *remède*, il risque d'évoquer on ne sait quel philtre dangereux (on songe à l'*Irréparable*). Baudelaire se hâte d'en suggérer la nature vraie par deux épithètes superlatives, antéposées.

Légion pourrait évoquer malencontreusement les soldats romains. Toute ambiguïté a disparu dans :

> *Les rangs bienheureux des saintes Légions*, 62.

Il ne peut s'agir que de l'armée céleste des purs esprits. De même, *trône, couronne, diadème*, sont purifiés par un adjectif qui préserve leur caractère surnaturel.

Soit encore le groupe les *yeux mortels ;* entendons : les yeux des hommes. L'épithète ici n'est pas simplement de nature, dans le goût et la tradition postclassiques. Elle introduit une notion nouvelle : les yeux condamnés à la mort ; et par là s'oppose à l'éternité divine.

Si l'on tient compte enfin des ressources de la synonymie (souffrance - douleur ; couronne - diadème), plus encore des appels de mots identiques reliant les strophes (œil - yeux ; splendide - splendeur ; poète ; éclair - clair ; saintes - saint), on conviendra que l'ensemble de ces moyens constitue un lexique concentré, riche pourtant de résonances multiples.

Parallèlement, le matériel grammatical et la phrase collaborent efficacement à cette méditation du voyant. L'article défini évoque la totalité générique : le Poète. Singulier et majuscule ont le mérite de mieux éclairer le rôle et le destin exemplaire de cet élu.

L'article garde quelque reste de son ancienne valeur démonstrative : *l'antique Palmyre*. Notre regard est dirigé avec plus d'insistance vers cette ville prestigieuse, morte désormais, grâce à l'épithète qui rend nécessaire l'actualisation.

L'article indéfini a une moindre valeur discriminante : *Un trône*. Cela fait partie en outre des procédés de style des prophètes : ils sont incapables de noter tous les détails de leurs visions ; d'où les *sicut*, les *species* d'approximation. *Un* marque de plus ici une distance déférente.

On opposera le caractère absolu : des *rayons primitifs*, 74, à la limitation : des *miroirs obscurcis*, 76.

Le possessif : nos *impuretés*, n'est pas un pluriel de majesté. Baudelaire associe toute l'humanité à sa quête spitiruelle. Le poème acquiert ainsi une nouvelle dimension.

La première personne *je sais* est encore un trait du style prophétique : le voyant se met en scène lui-même et témoigne de la force de sa révélation.

Le style biblique se manifeste également dans l'adjectif

substantivé : *les forts*, calqué sur *impii, fortes...* ; l'anthropomorphisme : *votre main*, au singulier. Au contraire *son œil* n'est qu'un singulier poétique, noble.

L'emploi des temps et des modes ne manque pas d'intérêt : en face des présents atemporels, les futurs prophétiques soulignés par *jamais*.

Après un système hypothétique, Baudelaire revient au futur ; tandis que le dernier vers est un ultime retour sur notre condition terrestre, passagère. Ainsi, sous le regard du poète la durée éclate en se diversifiant.

La phrase dans ces vers est très caractéristique d'un effort de Baudelaire vers l'expressivité. Deux inversions retiennent notre attention ; la première indique bien la nature profonde de cette élévation : *Vers le ciel*. La seconde résulte d'une correction. Baudelaire avait primitivement écrit : *montés par votre main*. Certes l'allitération est devenue plus vive, mais surtout le poète a voulu suggérer plus nettement cette création de Dieu attirant à lui les éléments pris à la terre et à la mer.

Inséparable de toute forme lyrique, la concision se manifeste notamment dans cette proposition d'hypothèse, *montés*, 71 : *s'ils étaient montés par Dieu...* Comment toutefois oublier les mots de coordination tellement insistants dans un pareil texte poétique ? *Mais*, 69 ; *et pourtant* ; *car* ; *et* surtout. Ils soulignent la démarche logique de cette vision, au même titre que l'anaphore : *je sais, je sais*.

Les *et* rappellent en outre la conjonction si typique de l'Apocalypse et des livres prophétiques en général. De surcroît ils favorisent une cadence proche du parallélisme biblique : cela est particulièrement net dans les strophes 2 et 3, où nous avons des faits de synonymie avec ces quatre vagues symétriques de propositions : *qui donnez la souffrance comme... et comme ; je sais que vous gardez... et que vous l'invitez*.

Prenons garde enfin à la présentation du discours direct.

Dans la première partie du poème, le substantif *blasphèmes* préparait les paroles de la mère :

Ah ! que n'ai-je mis bas tout un nœud de vipères...

Dans la seconde partie, une périphrase verbale, *va criant*, annonçait les propos de la femme. Rien de tel ici. Assurément, c'est un moyen déjà pour mettre en valeur le message extraordinaire du voyant. Mais cette présentation abrupte du discours direct est tout à fait exceptionnelle dans la langue française. Au contraire, elle est fréquente dans les deux Testaments. Nul doute que Baudelaire n'ait tenu à souligner dès le début cette parenté d'inspiration par une analogie d'écriture (*Nombres* XXIII, 7-8, Jérémie XX, 10 ; Luc, V, 24...).

Autant de moyens efficaces pour créer une atmosphère rare.

Les intentions stylistiques de Baudelaire apparaissent à des niveaux plus profonds encore. D'abord grâce au choix d'une forme dramatique d'exposé, soulignée par l'apostrophe : *Mon Dieu*. Deux êtres sont situés face à face. Ce qui pouvait rester monologue intérieur devient donc exposé vivant, concret.

Le développement de cette vision repose sur une antithèse implicite ou formulée avec discrétion : misère présente, gloire de l'au-delà. Notons aussi l'opposition grammaticale : le *Poète* - *les peuples* : expression de quelle solitude ! Le contraste : *serein* - *furieux ;* l'alliance de mots : *saintes voluptés*.

Plus que ces réussites, l'expression figurée doit nous retenir. Elle peut se manifester dans un nom : *miroir ;* un verbe : *puisée ;* s'embusquer derrière un adjectif sous forme de personnification : *plaintifs*. *Obscurcis* avait fourni une première dématérialisation ; la seconde épithète, si neuve et imprévue, opère définitivement la mutation.

Ainsi le thème majeur de la souffrance humaine traverse d'un bout à l'autre cette vision et cette prière.

A deux reprises, *comme* épingle une comparaison. C'est autant un outil d'approximation que l'indication d'un rapport imagé. Il faut noter surtout le rôle du verbe *être* qui réalise l'identification des termes métaphoriques, au dernier vers notamment : *Ne sont que des miroirs...* Les *yeux* ne sont pas une banale métonymie. Ils représentent ce qu'il y a de plus rare, de plus préservé dans l'homme. Eux seuls sont capables de refléter le ciel.

La source de ces images ? Celle de *la souffrance remède* a des résonances pascaliennes : *Prière pour demander à Dieu le bon usage des maladies.*

Les *éclairs* proviennent certainement du *Moïse* d'A. de Vigny :

> *Moïse était parti pour trouver le Seigneur,*
> *On le suivait des yeux aux flammes de sa tête...*

D'autres analogies existent du reste entre les deux poèmes, au plan de l'idée cette fois.

L'image du miroir est dans Platon déjà ou Swedenborg. En fait, elle dérive de la 1re Épître aux Corinthiens, XIII-12 : *Aujourd'hui certes nous voyons dans un miroir, d'une manière confuse, mais alors ce sera face à face.*

Enfin, dans cette dernière partie, Baudelaire nous présente la vision d'un monde transfiguré. Comment nous l'offre-t-il ? On remarque tout de suite des éléments empruntés. Le *trône* et la *couronne* proviennent de l'Apocalypse. Je crois aussi que l'ensemble de ces strophes est une réplique à la vision inaugurale d'Ézéchiel I : voûte éclatante comme le cristal, pierre de saphir en forme de trône, etc.

Dans ce monde nouveau, il n'y a place que pour la lumière et sa transparence. Toutes les autres sensations sont exclues. Une métaphore comme *puisée* se rattache même à cette préoccupation fondamentale de n'offrir à notre contemplation que la pureté limpide.

Pour agrandir sa vision, Baudelaire relie le passé, symbolisé par *Palmyre* et souligné par *antique*, au présent et à l'avenir.

A cet infini du temps, il joint l'infini de l'espace : celui du ciel, celui des gouffres marins. C'est sans doute la seule dissonance de cette révélation. Dans sa vision du monde nouveau, Jean élimine en effet la mer, vestige du chaos. Cette disparition de la mer est un trait de l'eschatologie traditionnelle.

Mais il était juste que la sensibilité personnelle de Baudelaire informât totalement son regard.

Le rôle de la versification sera d'unifier dans une forme contraignante toutes ces recherches.

Le poème est écrit en alexandrins ; depuis longtemps, ce mètre a servi avec bonheur l'expression de sentiments variés : de la colère à l'extase amoureuse ou mystique.

Les alexandrins sont groupés ici en quatrains isométriques, à rimes dites croisées a b a b . L'alternance des rimes est donc assurée de strophe en strophe et le poème se clôt sur un timbre masculin, très classiquement. Chaque strophe offre en outre une unité totale de sens.

Si la rime n'est jamais pauvre, elle n'est riche que dans la dernière strophe tout entière où nous avons l'accord de trois éléments.

Il est vrai, des timbres homophones renforcent maintes fois les sonorités : imp*u*retés, vol*u*ptés ; *les* enfers, *les* univers ; *p*rimitifs, *p*laintifs.

L'isométrie existe dans toutes les strophes, sauf dans la troisième.

Le caractère un peu artificiel de la rime se montre encore dans l'identité grammaticale des mots qui se trouvent à cette place : elle est rigoureuse dans les trois premières strophes. Le nom propre *Palmyre* crée une heureuse diversion grâce à un appel de sens tout à fait imprévu. Malgré tout, la rime n'est jamais monotone ; même les groupes *pieux - furieux, impuretés - voluptés* ne constituent pas de banales antithèses.

Le rythme est constitué d'abord par le cadre métrique des 12 syllabes organisées en quatrains ; puis par les divers accidents soulignés à l'aide de la ponctuation.

Au vers 53, la césure principale se trouve après la troisième syllabe : *Vers le ciel...*, et non à l'hémistiche. Le rythme absolu du vers 64 :

Des Trônes, des Vertus, des Dominations

contraste avec le rythme du vers précédent. Nous avons ici à la fois un trimètre et un ternaire, destiné à mettre en valeur cette hiérarchie des esprits célestes.

Très classiquement encore, nous rencontrons des structures circonflexes, mais étalées sur deux vers :

Protase : *Je sais que vous gardez une place au Poëte.*

Apodose : *Dans les rangs bienheureux des saintes Légions...*

Les formules 2 4 2 4 ou 4 2, ou 3 3 sont donc prévisibles, mais n'ont rien d'exceptionnel. On notera pourtant la rencontre de deux toniques possibles à l'hémistiche : *œil voit ; serein, lève.*

Le rythme 6 6 est fondamental ; s'il n'a pas constamment les arêtes :

Les métaux inconnus, les perles de la mer,

il accepte toujours une mise en valeur de la sixième et de la douzième syllabe, soulignée à cette place par une diérèse : *pieux, furieux, Légions*, même *Dominations*.

Le vers 72 a même la facture de l'alexandrin classique où l'on redoublait la qualification pour éviter de déséquilibrer l'hémistiche : *éblouissant et clair,* comme *antique et solennel* dans *Athalie.*

La discordance entre le mètre et la syntaxe, sous forme d'enjambement, apparaît dans toutes les strophes : phénomène de rupture et de liaison tout à la fois. Mais il n'y a pas de rejet : c'est une rupture trop brutale d'une ligne mélodique. Or toute cette méditation doit suivre un mouvement apaisé, sans dissonance.

Tel est le rôle aussi des correspondances sonores, subtiles et profondes, réparties sur toutes les strophes. Nous relevons d'abord les répétitions élémentaires, symétriques : *des, des, des ; les, les, les...* Puis, les échos : au vers 64, un accent secondaire sur *Dominations* rattache le mot à *Trônes.*

Pareil jeu se manifeste à travers les consonnes. Ainsi *Palmyre - perles de la mer ; tresser* et *mystique* sont reliés à l'hémistiche et à la rime par une double allitération. On a même de vers à vers : *mortels, miroirs :* ce sont les termes majeurs du poème. Les accords à la sixième syllabe sont si importants qu'ils vont jusqu'à l'assonance : *gardez, invitez ; perdus, inconnus,* provoquant ainsi des ébauches de strophes ; et comme dans maints poèmes des *Fleurs du Mal,* la vibrante *r* éclate dans le mot rime : *furieux, souffrance, enfers, univers, lumière, entière ;* dans l'avant-dernière strophe tout entière.

Plus que des organisations factices et faciles en diades ou triades, ils assurent la continuité d'une trame sonore, solide, à ces places essentielles de l'alexandrin.

Il faut relever aussi la fréquence du *e* atone non élidé : *trône, poète, lève, vastes, dérobent, peuples...* réalisant partout une harmonie délicate.

Techniquement, la strophe de conclusion est d'ordinaire privilégiée. Nous entendons ici les sons *i, é,* insistants. Ils ne font que regrouper et orchestrer une dernière fois mais somptueusement, les notes fondamentales de *Béné-*

diction ; la dernière syllabe consonantique, c'est-à-dire suspensive, laissant libre cours à notre sensibilité.

Tel est le *Magnificat* du Poète.

Mais un texte aussi dense que *Bénédiction* ne peut livrer tous ses secrets. Du moins cet effort d'analyse aura permis d'en mieux cerner l'originalité. A partir d'une thèse romantique, même explicitée avec la force de Balzac dans *Seraphita (le poète... à qui Dieu réserve sans doute une place dans le ciel parmi ses prophètes)*, Baudelaire crée une page toute neuve, d'accent. Qu'on est loin surtout du ton d'A. de Musset :

Les plus désespérés sont les chants les plus beaux...

La signification spirituelle de *Bénédiction* ne s'éclaire totalement que dans la dernière partie, grâce notamment à la convergence des ressources si diverses de l'expression. Dessein et réalisation exceptionnels ? Il suffit de se rappeler l'*Imprévu*, dont les échos sont si proches, pour être sûr qu'on a rencontré ici un des pôles de la pensée de Baudelaire et de son art.

BAUDELAIRE

LE BALCON

Mère des souvenirs, maîtresse des maîtresses,
O toi, tous mes plaisirs ! ô toi, tous mes devoirs !
Tu te rappelleras la beauté des caresses,
La douceur du foyer et le charme des soirs,
5 *Mère des souvenirs, maîtresse des maîtresses !*

Les soirs illuminés par l'ardeur du charbon,
Et les soirs au balcon, voilés de vapeurs roses.
Que ton sein m'était doux ! que ton cœur m'était bon !
Nous avons dit souvent d'impérissables choses
10 *Les soirs illuminés par l'ardeur du charbon.*

Que les soleils sont beaux dans les chaudes soirées !
Que l'espace est profond ! que le cœur est puissant !
En me penchant vers toi, reine des adorées,
Je croyais respirer le parfum de ton sang.
15 *Que les soleils sont beaux dans les chaudes soirées !*

La nuit s'épaississisait ainsi qu'une cloison,
Et mes yeux dans le noir devinaient tes prunelles.
Et je buvais ton souffle, ô douceur ! ô poison !
Et tes pieds s'endormaient dans mes mains fraternelles.
20 *La nuit s'épaississisait ainsi qu'une cloison.*

Je sais l'art d'évoquer les minutes heureuses,
Et revis mon passé blotti dans tes genoux.
Car à quoi bon chercher tes beautés langoureuses

ANALYSES STYLISTIQUES

> *Ailleurs qu'en ton cher corps et qu'en ton cœur si doux ?*
> 25 *Je sais l'art d'évoquer les minutes heureuses !*
>
> *Ces serments, ces parfums, ces baisers infinis,*
> *Renaîtront-ils d'un gouffre interdit à nos sondes,*
> *Comme montent au ciel les soleils rajeunis*
> *Après s'être lavés au fond des mers profondes ?*
> 30 *— O serments ! ô parfums ! ô baisers infinis !*
>
> Les Fleurs du Mal (1856).

Historiquement, le *Balcon* a été inspiré par Jeanne Duval. Il doit être contemporain de la lettre si douloureuse de Baudelaire à Mme Aupick, du 11 septembre 1856 : *ma liaison, ma liaison de 14 ans avec Jeanne est rompue...*

Pour ce poème, il n'existe aucune variante entre les différentes éditions des *Fleurs du Mal*. Malgré l'absence aussi des brouillons primitifs qui nous eussent permis de mieux comprendre les intentions créatrices, nous allons essayer d'en définir les aspects essentiels par une étude du style et de la versification.

Le plan est simple : il suit les démarches et l'union de deux amants, du crépuscule jusqu'à l'aube. Chaque strophe détaille un de ces moments. A partir de telles données, de ces repères purement chronologiques, comment Baudelaire a-t-il pu réaliser une œuvre d'art ?

Grâce au matériel grammatical d'abord. Il convient en effet de noter quelques emplois expressifs de l'article défini ; des valeurs d'excellence : *la beauté, la douceur, le charme,* etc... ; d'unicité, isolant l'être ou la matière dans une saisie fervente : *le cœur, le parfum,* etc... ; de geste vers un passé tout proche, inaccessible pourtant : *les minutes...*

Dans cette fonction, il apparaît comme une variante **stylistique** du démonstratif : *Ces serments...*

Il permet et accompagne un élargissement sémantique : les *soleils ;* notre représentation concrète s'en trouve multipliée, agrandie.

En regard, l'article indéfini apparaît chargé de nuances psychologiques, présentant la matière inerte, étrangère aux amants, ou le mystère : *une cloison, un gouffre...*

La fréquence des pronoms et des possessifs de la 1re et de la 2e personne, ou leur fusion sous la forme plurielle *nous* est pareillement significative. C'est la façon privilégiée de faire revivre la passion et les étreintes en situant face à face les partenaires.

Dans la dernière strophe, l'unique possessif, nos *sondes*, va bien au-delà de leur être. Il nous concerne tous. La tristesse du poète exprime une vérité soustraite à l'accident et à la durée

L'emploi des temps est digne d'intérêt aussi. Un futur dirige et clôt toute l'évocation. Comment interpréter :

Tu te rappelleras... : Il faut que tu te rappelles ; c'est une modalité.

Au souvenir de ce passé brûlant, Jeanne doit revenir vers le poète. Et puis, un futur vraiment temporel : plus tard, tu te souviendras de ces moments heureux. Sera-t-il temps alors ?

> *Quand vous serez bien vieille, au soir, à la chandelle*
> *Direz...*
> *Ronsard me célébrait du temps que j'étais belle...*

Les perspectives sont identiques.

Au contraire, le dernier futur, 27, n'a que sa valeur primaire. Du moins, la méditation s'est élargie jusqu'à une dimension inattendue, tragique d'essence.

La résurrection de ces moments de bonheur ou d'extase peut se dérouler normalement au présent qui nous restitue d'une façon plus concrète un souvenir exalté : je *revis*.

Mais tel n'est pas le rôle habituel des présents dans ce texte. Ils contribuent à détacher de Baudelaire et de Jeanne des valeurs éternelles. Oui, dans l'amour, l'espace est profond, le cœur est puissant. Leur aventure ne se limite pas à leur expérience ; elle est celle du couple, en définitive. Le poème dépasse donc la portée d'un témoignage pour s'inscrire dans la ligne de l'observation des moralistes, enrichie de cette attention nouvelle aux valeurs physiques.

Ce sont les imparfaits (exceptionnellement le passé composé, qui n'interrompt pas une ligne chronologique) qui ont pour tâche de fixer l'insertion de ces réflexions dans une trame vécue. Leur rôle est certes d'immobiliser en quelque sorte une attitude ou un procès dans une durée indéfinie, mais il est impossible d'ignorer leur valeur affective : contemplation fervente et nostalgique d'instants si proches qu'ils ne sont pas encore abolis dans la pensée. Peut-on ne pas rêver à Manet, à Renoir ?

Syntaxiquement, la phrase dans ce poème se définit par son extrême brièveté et son caractère exclamatif. L'absence de subordination complexe favorise déjà l'élan lyrique. Ici, une agrafe élémentaire *et*, 22, marque plus une juxtaposition qu'une coordination : successions d'états plutôt qu'enchaînements.

Car, 23, indique le point d'aboutissement d'une opération mentale. Seule nous est livrée la conclusion.

On admirera l'ordre si expressif des vers 13 et 14. Baudelaire fait désirer le verbe principal qui ne peut logiquement apparaître qu'au bout de cette recherche.

L'exclamation permet d'économiser des propositions. A ce titre, elle est chère à tous les poètes. Qu'on y prenne garde : elle est ici, non pas rhétorique, mais transcription fidèle du comportement des amants abandonnés à leur joie, la transcription rigoureuse de leurs souffles mêlés, **haletants**.

Les *o* du dernier vers ont une autre résonance toutefois. Venant après les démonstratifs, ils éclatent, comme des appels, sans rien désormais qui leur réponde. Un tiret même signale avec plus de dureté cette rupture avec le reste de la strophe.

L'œuvre d'art se manifeste encore plus nettement au niveau du lexique. Il nous donne l'impression d'être concentré grâce à la reprise de quelques mots clefs : *cœur, doux, soleils, beautés*, grâce à la faiblesse même du verbe *être* si fréquent ; charnière très souple reliant sujet et prédicat. N'en sont que plus énergiques les verbes si précis de la strophe 4, sommet naturel de cette évocation.

Nous constatons ensuite que Baudelaire valorise quelques termes par un retour au sens premier, originel : *Mère*, toi qui suscites, fais naître les souvenirs ; *maîtresse* : comme *domina*, souveraine ; c'est un titre. *Ardeur* : le rayonnement de la chaleur. *Langoureuses*, déjà chez les Latins, le mot désigne la passion amoureuse. *Profondes*, 29 : qui s'étend à perte de vue ; et non pas *creuses* qui ferait pléonasme avec *au fond*. Du coup, nous retrouvons, mais à un autre plan, la perspective évoquée au vers 12 : *Que l'espace est profond*.

Un univers concret, choisi, s'inscrit dans le vocabulaire. Il concerne la nature et l'être humain. Ce sont des instants apaisés de la journée que Baudelaire a retenus, ceux qui permettent au silence de s'établir. Contrairement aux écrivains romantiques, la description est évitée ; de simples touches suffisent à tracer le cadre de ces amours. Mais une esthétique nouvelle, la recherche du modernisme apparaît : *charbon, cloison* ou *sondes*, malgré l'abstraction sous-jacente ici. *Balcon* qui donne son titre au poème ne peut pas être considéré comme un simple détail d'architecture. Il faut penser aux valeurs symboliques qui l'enrichissent : sans se retirer dans une tour d'ivoire, le poète prend assez de hauteur et de distance pour se pencher jusqu'au vertige sur un passé frémissant.

Les notations concrètes relatives aux personnes sont nombreuses et précises ; *prunelles* par exemple est d'une extrême justesse par rapport à *yeux* dans ce contexte. Elles sont surtout discrètes dans une telle évocation ; *sein* et non pas *gorge ; genoux* et non pas *jambes*. Ne parlons pas ici de termes nobles, mais seulement de pudeur. Le choix parfois d'une préposition suffit à purifier le mot : en *ton cher corps*.

Le poème en effet tend à spiritualiser la matière et la chair. D'où l'importance des détails qui précisent l'essence même de ces moments : *soirs illuminés, soirs voilés de vapeurs roses*. Dans cette recherche, la qualification est primordiale.

L'hébraïsme initial, *maîtresse des maîtresses*, servant à l'expression du haut degré absolu est lui-même révélateur ; il favorise notre juste compréhension du texte, en évoquant une atmosphère partiellement vidée de sensualité. L'adjectif débarrasse en outre le substantif de son contenu trop exclusivement physique : *mains fraternelles, baisers infinis*, même *impérissables choses* qui rachète de surcroît, par sa masse expressive et son antéposition, la banalité du mot à la rime.

L'épithète *de nature* n'existe donc plus.

Enfin le déplacement de la qualification vers le nom a pour but de mieux éclairer le déterminant : *beauté des caresses, ardeur du charbon*.

On mesure déjà l'écart par rapport aux leçons classiques, puisqu'on s'attendait ici à des mots obligés du vocabulaire galant. Or, s'en éloignent tout de suite les trois vocatifs. Ils ne sont pas liés seulement par leurs éléments sonores (*é*) mais par la suggestion commune d'une atmosphère de ferveur et de mysticité, assez trouble il est vrai, mais accordée aux pluriels *devoirs* et même *plaisirs*, rapprochés dans une antithèse insidieuse ou satanique, comme *douceur* et *poison*.

Certes, la tradition littéraire ne livrait pas au poète ces effets qui éclairent de déchirantes détresses spirituelles.

L'effort le plus original de Baudelaire aura été d'unifier et d'intégrer son être au monde extérieur.

Cette saisie a été réalisée par des sens vigilants ; tous y collaborent sauf l'ouïe. En fait cet état de réceptivité totale ne s'explique que par l'élimination des bruits destructeurs du recueillement intérieur.

La vue, l'odorat, le toucher, participent à cette recréation de la mémoire affective. Les attitudes sont dessinées par les mots : *me penchant, blotti*, et par l'évocation suggestive : *je buvais ton souffle ;* ce n'est pourtant qu'un transfert discret.

Deux notations sont particulièrement importantes au vers 12, la dilatation de l'univers liée à une sensation interne, musculaire : les pulsations cardiaques. Sans aucun doute, il faut prendre ici au sens concret, physiologique, le mot *cœur* et l'adjectif *puissant*. Au vers 24, il retrouve son sens abstrait, habituel ; ce n'est plus qu'une métonymie. Le sens général de la strophe est explicite.

Comment ne pas être sensible encore aux diverses et multiples indications de *chaleur* distribuées dans le *Balcon : foyer* (le mot est pleinement concret), toute la strophe 2, *sang, souffle, blotti, soleils*, etc... marquant, à travers leurs sémantismes variés, la présence et le triomphe de la vie ?

Unie à la chaleur et d'un symbolisme convergent, la couleur rouge enfin, directement ou non, jette son éclat sur l'ensemble de ces vers et leur donne une vibration inquiétante.

En dernière analyse, l'œuvre d'art ne se conçoit pas sans l'expression figurée. Or, dans un tel poème, la place lui est mesurée, puisqu'il s'agit avant tout d'une évocation. C'est une raison supplémentaire pour se montrer attentif aux deux comparaisons présentées avec tant d'insistance :

> *La nuit s'épaississait ainsi qu'une cloison...*
> *Comme montent au ciel les soleils rajeunis*
> *Après s'être lavés au fond des mers profondes...*

La première n'est pas une simple notation concrète, formulant un haut degré : la nuit devenait très noire ; elle est le signe de l'opacité du monde à cet instant d'ivresse. La seconde, à la faveur et au-delà de lointaines allusions mythologiques, offre le clair symbole d'une renaissance à une vie transfigurée.

Comment dès lors interpréter la métaphore du gouffre dans ce contexte ? Ne nous laissons pas fasciner par des symbolismes freudiens.

En accord avec le sémantisme habituel du gouffre terrestre dans Baudelaire, en antithèse aussi avec tout ce qui précède, elle ne peut que représenter la nuit terrible, froide, sans fond, des cœurs solitaires. Cette nuit obscure, parallèle à la nuit des mystiques, apparaît comme une épreuve ou une phase du cycle de l'amour.

Il reste à définir la volonté d'art impliquée dans le choix d'une forme versifiée. Le *Balcon* est écrit en *strophes* isométriques d'alexandrins. Tout au long de son histoire, ce mètre a su s'adapter à l'expression délicate de pensées et de sentiments variés. On comprend qu'un musicien raffiné comme Debussy, séduit par un tel poème, l'ait transcrit.

Le choix de la strophe signale nettement l'intention lyrique. La structure a b a b a des quintils est assez rare, bien qu'on la retrouve dans *Mœsta et Errabunda*, par exemple. Techniquement, elle est imparfaite, puisque le système des rimes est clos dès le quatrième vers.

Ici, il s'agit de quatrains auxquels s'ajoute plus que s'ajuste syntaxiquement le premier vers, en guise de refrain. Une telle organisation n'a rien à voir avec le triolet, mais dès le XVIIe siècle, cette formule existe dans une chanson de Hesnault :

> *Quoi ! vous partez sans que rien vous arrête...*

Classiquement, nous avons l'alternance des rimes de strophe en strophe, et la résolution du poème sur une rime masculine, conclusive de surcroît, puisque vocalique.

La reprise du vers initial (Verlaine se contente du dernier mot) donne l'illusion d'une grande richesse sonore à la rime. En fait, sans être somptueuses, elles sont au moins suffisantes.

Quelques homophonies supplémentaires en renforcent la résonance : des *maîtresses* - des *caresses ; devoirs* - des *soirs*.

En outre l'isométrie apparaît au moins une fois dans la plupart des strophes. Mais pour éviter des automatismes trop flagrants, Baudelaire aime unir adjectif et substantif surtout : *roses - choses*, etc...

Le rythme naît d'abord de cette construction strophique qui enferme pensées et sentiments sur eux-mêmes, malgré toutes les discordances internes ou externes. On remarquera l'étalement rythmique dû à l'enjambement (vers 23-24, par exemple) et l'absence du rejet qui est au contraire rupture d'un mouvement.

Les strophes 1 et 2 sont liées : telle est du moins la leçon de toutes les éditions selon Crépet. Baudelaire réalise ainsi un fondu entre des moments divers. L'intention et l'effet sont identiques au vers 9, où il n'y a pas de ponctuation à la fin du vers.

Le rythme de ces strophes, c'est ensuite la pulsation élémentaire des hémistiches, du type binaire, donnée dès le premier vers ; ou la formule circonflexe : *La nuit s'épaississait ainsi qu'une cloison.*

D'autres crêtes existent assurément, aussi classiques, 3 3 3 3 par exemple :

> *La douceur du foyer et le charme des soirs...*
> *Que ton sein m'était doux ! que ton cœur m'était bon !*
> *Que l'espace est profond ! que le cœur est puissant !*
> *Et mes yeux dans le noir devinaient tes prunelles...*
> *Ces serments, ces parfums, ces baisers infinis...*
> . . . .

A toutes les strophes donc, cette cadence pacifiée se retrouve, d'une symétrie parfaite.

Soyons sensibles surtout au rythme descendant :

> *Mère des souvenirs*, 1-5,

à quoi fait écho *reine des adorées*, d'autant plus net qu'il suit la tonique de l'hémistiche, et à l'ampleur du trimètre, suscité par une forme verbale d'une longueur insolite :

> *Tu te rappelleras la beauté des caresses.*

Au total, un rythme varié qui ne laisse pas de temps morts à l'attention.

L'harmonie est-elle irréprochable dans ce texte ? On y décèle au moins trois faiblesses : *Tu te rappelleras*, où les mouvements articulatoires sont tapageurs ; *car à quoi*, cacophonique ; et le vers rocailleux : *Ailleurs qu'en ton cher corps...*

Outre le jeu des nasales et des labiales, habituelles en poésie, le fait le plus typique est l'écho intérieur dû non seulement au retour du vers initial, mais à l'homophonie des hémistiches qui peut aller jusqu'à une identité de rimes : *souvenirs/plaisirs ; évoquer/chercher.*

Des repères sonores apparaissent même distribués plus subtilement : *balcon/profond/au fond.*

Enfin, on notera les appels concertés et convergents de consonnes surtout autour des mots clefs, tissant un même réseau de métaphores articulatoires : ces points d'orgue sont manifestes dans la dernière strophe notamment, autour des labiales.

Ainsi peut-on définir les axes essentiels du *Balcon*. L'audace était belle. Baudelaire a su pourtant renoncer à tout érotisme facile. Du passé retrouvé, ce qui reste, c'est l'aveu d'une solitude. *Spleen et idéal* reçoivent ici une neuve illustration. *La chair est triste, hélas,* chante aussi Mallarmé.

Chez Baudelaire le tentations de la tendresse prennent des formes angoissées : l'intimité des corps appelle l'abandon absolu des âmes.

MOESTA ET ERRABUNDA

Dis-moi, ton cœur parfois s'envole-t-il, Agathe,
Loin du noir océan de l'immonde cité,
Vers un autre océan où la splendeur éclate,
Bleu, clair, profond, ainsi que la virginité ?
5 *Dis-moi, ton cœur parfois s'envole-t-il, Agathe ?*

La mer, la vaste mer, console nos labeurs !
Quel démon a doté la mer, rauque chanteuse
Qu'accompagne l'immense orgue des vents grondeurs,
De cette fonction sublime de berceuse ?
10 *La mer, la vaste mer, console nos labeurs !*

Emporte-moi, wagon, enlève-moi, frégate !
Loin ! loin ! ici la boue est faite de nos pleurs !
— Est-il vrai que parfois le triste cœur d'Agathe
Dise : Loin des remords, des crimes, des douleurs,
15 *Emporte-moi, wagon, enlève-moi, frégate ?*

Comme vous êtes loin, paradis parfumé,
Où sous un clair azur tout n'est qu'amour et joie,
Où tout ce que l'on aime est digne d'être aimé,
Où dans la volupté pure le cœur se noie !
20 *Comme vous êtes loin, paradis parfumé !*

> *Mais le vert paradis des amours enfantines,*
> *Les courses, les chansons, les baisers, les bouquets,*
> *Les violons vibrant derrière les collines,*
> *Avec les brocs de vin, le soir, dans les bosquets,*
> 25 *— Mais le vert paradis des amours enfantines,*
>
> *L'innocent paradis, plein de plaisirs furtifs,*
> *Est-il déjà plus loin que l'Inde et que la Chine ?*
> *Peut-on le rappeler avec des cris plaintifs,*
> *Et l'animer encor d'une voix argentine,*
> 30 *L'innocent paradis plein de plaisirs furtifs ?*
>
> Les Fleurs du Mal (1855).

L'évasion par le voyage ou le souvenir est un thème typiquement baudelairien. *Mœsta et Errabunda* développe des idées familières au poète des *Fleurs du Mal*. La contemplation du monde le pousse vers des refuges, inaccessibles hélas ! Tel est le sens général de cette pièce qui se situe justement vers la fin de *Spleen et Idéal*, préparant une conclusion désespérée à cette quête du salut.

Le style et la versification de ces vers sont-ils en harmonie avec ces préoccupations ?

Le poème a paru le 1ᵉʳ juin 1855 dans la *Revue des Deux-Mondes*. Plusieurs variantes sont instructives du soin apporté par Baudelaire à nuancer sa pensée.

Vers 7 : *Rude* chanteuse se transforme en *rauque ;* la qualification est plus riche ; elle évoque même un souvenir virgilien : *rauca fluenta (Énéide)*. Cette poétique de l'écho savant est importante.

Vers 23 : Les violons mour*ants* deviennent dans la 1ʳᵉ édition : mour*ant ;* un verbe remplace un adjectif avec un pittoresque accru ; dès la 2ᵉ édition, on a *vibrant* : l'allitération renforce l'éclat d'un verbe neuf, non conventionnel.

Vers 24 : Les *brocs* de vin se sont substitués à *pots* de vin ;

le terme précis l'a emporté ; il a le mérite supplémentaire de participer à l'allitération fondamentale de la strophe.

Vers 27 : La 3ᵉ édition porte : l'Inde *ou* que la Chine. Les deux leçons sont défendables ; la dernière a peut-être l'avantage de supprimer deux sons trop semblables *(est-et)* au début et à la fin du vers.

Malheureusement, nous ne connaîtrons jamais, sans doute, les sentiers parcourus par Baudelaire pour arriver à cette forme décisive qui donne une impression d'aisance.

Le style, disait Buffon, *n'est que l'ordre et le mouvement que l'on met dans ses pensées*. Le poème est composé avec un souci d'art incontestable dont les termes derniers nous sont marqués par le titre même. Quelle en est la signification ? Depuis Ferran, on traduit : *Triste et vagabonde*, ce qui ne signifie pas grand-chose. Nous noterons d'abord le goût de Baudelaire pour les titres latins, goût qu'il partage avec V. Hugo notamment. C'est déjà comme une promesse d'échappée, un souffle exotique. Je pense qu'il faut comprendre : *mœsta et errabunda, carmina,* ou *cogitata :* rêves tristes d'évasion.

La progression ne s'opère pas bien sûr, avec une rigueur logique ; il n'est pas question d'un développement oratoire ; malgré tout, nous avons le cheminement : *ici, là-bas ;* ce là-bas étant une projection du rêve : forme ouverte en principe ; close en fait. Le poème conserve ainsi une unité intérieure. Dans sa relative brièveté, condition d'existence du lyrisme, il est éminemment capable de créer un état de recueillement et de ferveur sans retombée.

Le matériel grammatical lui prête du reste ses moyens humbles mais efficaces.

L'article actualise le substantif. La détermination qui accompagne océan :

> *Loin du noir océan de l'immonde cité,*

suffirait à rendre compte de l'article défini qui le précède, à défaut de l'image.

Cité est doté du même article, parce qu'il s'agit d'une entente mutuelle logique entre le poète, Agathe, le lecteur ; que cette *cité* soit Paris ou tout autre ville soumise au mal.

Dans *la* mer, on a un objet universellement connu comme unique au moins dans cette fonction d'apaisement.

L'article défini sert aussi à introduire une notion de réalité immédiatement tangible ou perçue concrètement, avec une valeur quasi démonstrative, geste vers le passé : *Les courses...*

Valeur qui est poussée à un degré absolu d'unicité dans : *Mais le vert paradis...*

Pareil effet saisissant est obtenu avec un nom abstrait : *un autre océan, bleu... ainsi que la virginité.*

L'article indéfini présente un objet non encore connu ou insuffisamment, qu'on nous révèle peu à peu :

vers un autre océan où...

Les qualificatifs expliquent sa nature.

Curieusement, l'article indéfini donne un halo supplémentaire de réalité : *Où sous un clair azur*, par une individualisation. Il actualise enfin avec une totale indifférence : *des* cris plaintifs. La somme de ces cris reste elle-même indéfinie.

Quant aux vocatifs, puisqu'ils représentent le destinataire de la phrase, ils sont par eux-mêmes actualisés assez nettement ; *Agathe, wagon, frégate...* L'article serait inopportun.

Le pluriel, enfin, agrandit, multiplie la sensation, contribue même à lui ôter tout caractère uniquement limité, contingent : de là naît en partie le charme du tableau suggéré par la strophe 5.

L'emploi de l'adjectif possessif *ton* cœur marque bien une présence d'intimité. *Nos* labeurs, nous associe à ce désir d'évasion. Au-delà de Baudelaire et d'Agathe, c'est un destin collectif qui est représenté. Le poète y insiste : *nos* pleurs, dit-il encore. Le personnel *moi* (emporte-moi, enlève-moi) ne désigne pas seulement Agathe ou Baudelaire mais tout homme engagé dans cet univers souillé.

L'auteur veut nous faire participer à son inquiétude, nous la faire éprouver comme Pascal : *le silence éternel de ces espaces infinis m'effraie*. De là cette interjection *dis-moi* qui ne porte pas seulement sur Agathe.

Cette complicité est du reste rappelée par l'article défini : *le cœur se noie ;* entendons : notre cœur à tous.

Les verbes sont au présent naturellement (sauf au vers 7, mais il s'agit bien ici d'un perfectum : *a doté*) qui projette en un temps idéal toute cette méditation et la soustrait à la durée.

L'absence des mots de coordination et de subordination est d'autre part significative. Baudelaire n'a retenu que les outils les plus neutres : *mais, et*. Cela est tout à fait conforme à une démarche contemplative.

On aura remarqué aussi que tout énoncé strictement positif a été exclu. Seules l'exclamation et l'interrogation, c'est-à-dire des mouvements affectifs, de mode très voisin, figurent dans ces trente vers. Elles sont signe, à leur manière, de tension lyrique qui devient émotion poignante et se gonfle d'angoisse vers la fin du poème. Les vers 16 et 27 ne sont qu'un même appel déchirant clos sur une nouvelle interrogation oratoire, brève, de désespoir cette fois. Les impératifs *dis-moi* (à valeur d'interjection), *emporte-moi, enlève-moi*, ont préparé cet élan.

La phrase elle-même paraît dépouillée. Les subordonnées sont agrafées avec l'outil le plus ténu *où*. Mais le mouvement qui les entraîne est constamment varié, sans monotonie.

La qualification enfin est capitale. Le nombre et la diversité des adjectifs sont symptomatiques déjà. De plus l'antéposition vient gonfler d'affectivité : *immonde, immense, triste, innocent*. Quant à *noir, bleu, clair, profond, vert*, une valeur morale s'y glisse qui en prolonge la résonance. Il est frappant à cet égard que *bleu*, par exemple, appelle *virginité* (les deux mots sont postés aux places extrêmes dans le vers), dans un champ sémantique de même tonalité religieuse.

La postposition restitue aux adjectifs leur valeur première, fondamentale, descriptive ou déterminative : *vents grondeurs, amours enfantines, plaisirs furtifs, voix argentine ;* assurant ainsi une ambiguïté originale à l'ensemble de l'expression poétique de ce texte.

D'autres facteurs collaborent au charme du poème. L'expression figurée tout d'abord si insistante et multiple. La personnification s'insinue dans toutes les strophes, à la faveur du verbe : *éclate...*, ou sous couvert de l'apostrophe.

La comparaison au contraire est soigneusement évitée ; car elle n'est qu'un détour ou une approximation ; Baudelaire en a utilisé deux pourtant ; l'une, de type ascendant, c'est-à-dire exceptionnelle :

> *Vers un autre océan...*
> *Bleu, clair, profond ainsi que la virginité*

l'autre aux échos illimités grâce aux sortilèges des noms propres :

> *Est-il déjà plus loin que l'Inde et que la Chine ?*

La métaphore, en revanche, triomphe, dans presque toutes les situations grammaticales : adjectif : voix *argentine ;*

substantif : rauque *chanteuse;* verbe surtout : *s'envole, se noie...*

Il faut être de nouveau attentif à l'orientation religieuse de :

> *Qu'accompagne l'immense orgue des vents grondeurs...*

Il est bien possible que Sainte-Beuve soit à l'origine de cette image :

> *Et l'orgue immense où gronde un tonnerre éternel*

trouve-t-on dans le *sonnet imité de Wordsworth.*

Mais Baudelaire a pris soin non seulement de *filer* sa métaphore *(rauque chanteuse)* mais de lui donner un caractère neuf grâce au mot *démon* qui gouverne sa phrase.

Néanmoins, la vraie originalité de ces vers pourrait ne pas être dans les images (on en rencontre de banales, l'*océan* ou *se noie* étaient bien galvaudés même du temps de Baudelaire), mais dans l'évocation d'un univers préservé, de grâce. Comment y parvient-il ? Par le contraste d'abord. Tout le poème est une antithèse. Antithèse entre les couleurs : *noir océan* et l'*autre océan où la splendeur éclate.* Ce n'est qu'une étape du reste sur la route du *vert* paradis. Antithèse entre la réalité : cité ; et le rêve : paradis. Même des mots très simples peuvent souligner ce contraste : *ici, loin.* Antithèse entre la laideur de notre univers : *immonde, labeurs, remords, crimes, douleurs* (la sensibilité exacerbée du poète se manifeste à plein) et la beauté idyllique de cette terre perdue : amour et joie. Antithèse en somme entre les ténèbres et la splendeur immatérielle d'un pays et d'un temps abolis. Ce paradis nous est restitué dans ses dimensions idéales ; spatiales, sonores, visuelles (le mot *collines* a une nuance apaisée). L'odorat lui-même intervient, avec discrétion, sans doute *(parfumé)* mais sans limitation.

Une telle évocation est soumise naturellement aux contingences du vocabulaire. Ici justement apparaît la maîtrise de Baudelaire. De prime abord, le lexique offre un curieux mélange de termes concrets et abstraits. On y rencontre même paradoxalement un mot prosaïque, *wagon*, que l'Académie doit accueillir en 1878 seulement. Il contraste avec *frégate*, adopté depuis longtemps en poésie (A. de Vigny l'a rendu célèbre) et qui bénéficie des reflets de son homonyme, l'oiseau.

Dans cette présentation d'un univers souillé et sauvé, la catégorie nominale est la plus représentée. Les substantifs s'accumulent dans la strophe 5 notamment. Les verbes restent limités à l'expression d'actions essentielles : *envole, console, doté, emporte, enlève*... La fréquence du verbe banal *est*, habituelle chez Baudelaire demeure ici sans signification particulière. Ce n'est qu'un signe commode de transition vers le prédicat. Plus chargés de valeur sont les mots adverbiaux : *ici, loin*, qui traduisent le conflit irréductible avec l'idéal.

En y regardant de plus près, on découvre une spiritualisation de tout le lexique. Il n'y aurait guère d'exception que pour la strophe 2 ; mais si l'on accepte les conclusions de la psychanalyse selon lesquelles la mer signifie le désir de mourir afin de pouvoir renaître, tandis que l'oiseau correspond à une libération d'énergie spirituelle, plusieurs images baudelairiennes, même concrètes, révèlent alors un substrat symbolique.

Pour nous en tenir au plan de la stylistique, nous remarquerons que le mot *cœur* si important doit s'interpréter au figuré. Il désigne au-delà de la partie de l'être encore intacte, susceptible d'accueillir une rédemption, la personne tout entière.

Précisément pourquoi s'obstiner à retrouver derrière Agathe les traits d'une femme aimée ? Il peut s'agir sans doute d'une Éva qui reçoit un hommage poétique. N'est-il pas possible cependant d'interpréter et de traduire : mon amie, ma sœur d'élection, toi qui es digne de cette quête.

Au lieu d'y voir d'hypothétiques jeux de mots, un écho au titre du conte d'Hoffmann, le *Cœur d'agate* et une allusion aux reflets mouvants de l'eau, je le considère comme un vocatif lourd de son sémantisme originel. C'est peut-être aussi un souvenir du *Freischütz* de Weber. Du coup, on comprendrait mieux le décor d'opéra de plusieurs vers, la strophe 5 elle-même, dont l'atmosphère est si irréelle.

Cette dématérialisation frappe encore non seulement *labeurs* (gonflé de ses sens primitifs : peines, souffrances) mais le mot *boue*, mais toute l'évocation idyllique de la strophe 5 bien qu'elle rappelle textuellement une *Élégie* de Chénier :

> *Nous entendrons les ris, les chansons, les festins*
> *Et les verres emplis sous les bosquets lointains,*
> *Viendront animer l'air et...*
> *De leur voix argentine égayer notre oreille...*

Justement au-delà de cette fête galante, nous sentons bien, grâce au mot *innocent*, que le mirage exprime la nostalgie d'une âme et d'un temps « *d'avant la connaissance* », pour parler comme Mauriac, que le vers 4 déjà nous avait livrés :

> *Un autre océan où la splendeur éclate,*
> *Bleu, clair, profond, ainsi que la virginité.*

Le mystère du poème réside à peu près tout entier dans cette transmutation de valeurs traditionnelles. Prenant appui sur des données expérimentalement éprouvées, concrètes, Baudelaire les dépasse et façonne un monde spirituel d'une inaccessible réalité.

Les motifs de ce poème ne se manifestent pas non plus isolément : d'un bout à l'autre *spleen et idéal* tissent de subtils liens et s'enlacent réciproquement. Les mots s'attirent l'un l'autre, se repoussent ou s'excluent ; grâce à la synonymie et à une certaine richesse verbale, le poète prolonge les accords ou les dissonances. Sémantiquement, *loin, aimer, paradis* jalonnent un itinéraire de déroute et de vertige.

Tel est le dessein stylistique fondamental dans ce texte : une transposition constante ; un déplacement des diverses catégories habituelles. Par cette instabilité de la représentation, notre émotivité reste constamment en éveil.

La versification ajoute ses prestiges à cette création poétique. Nous avons six strophes isométriques d'alexandrins. La forme strophique révèle immédiatement une intention de lyrisme. Ce choix du quintil et cette structure ne sont pas uniques dans Baudelaire. Malgré tout, le cinquième vers paraît sémantiquement étranger à la strophe maintes fois, le jeu des rimes étant épuisé dès le quatrième vers. L'art du poète a été de le rendre nécessaire, au moins musicalement. Il y réussit pleinement dans les trois dernières strophes.

Le compte des syllabes ne présente aucune particularité ; relevons seulement le glissement sur des sons vocaliques opéré par les diérèses : *fonction, violon*. Comme très souvent dans Baudelaire, les rimes sont fréquemment de nature consonantique, même quand elles sont féminines. Nous trouvons ici la voyelle préférée *a* et l'homophonie de la consonne voisine de la voyelle à la rime, *r*. Ces faits sont typiques de sa langue versifiée.

La reprise du vers refrain, donne l'impression d'une isométrie flagrante. En fait, elle n'est pas exceptionnelle. La strophe 2 est tout de même curieuse avec toutes ses rimes disyllabiques de coloration vocalique semblable.

Deux noms propres figurent à la rime offrant des associations imprévisibles. On remarquera la banalité des rimes *joie* et *noie*, attestées dans Voltaire, Léonard, etc…

L'ensemble néanmoins demeure suffisamment riche et significatif parce que l'auteur a recherché des sonorités pleines et détruit des liens grammaticaux, mais trop peu souvent dans l'ensemble : substantif-verbe ; adjectif-substantif : *enfantines, collines,* etc.

Quelques homophonies renforcent le son de la rime contribuant à nous donner un sentiment de plénitude verbale : *les bouquets, les bosquets.* Enfin, on sera sensible à des échos intérieurs ; consonantique : *mer, labeurs ;* vocalique : *paradis-enfantines.*

Cette assonance lancinante revient douze fois.

Au lieu d'un timbre isolé, on peut avoir des sons plus complexes : *azur, pure ; océan, océan.* En violation bien entendu des règles classiques : mais le poème est musique et non pas développement intellectuel. De là vient aussi la richesse rythmique de ces vers.

La formule de l'hémistiche symétrique existe à l'état pur :

Emporte-moi, wagon ! enlève-moi, frégate !

on rencontre même la ligne circonflexe authentique :

Où tout ce que l'on aime est digne d'être aimé ;

C'est l'exception pourtant. Des signes de ponctuation marquent trop nettement l'avancée du mouvement rythmique, à toutes les strophes, pour qu'on puisse les sacrifier. Chaque vers pour ainsi dire possède de cette façon son allure particulière, spécifique. Ces principes nous conduisent à ne pas accorder trop d'importance à la rupture de l'hémistiche traditionnel par un élément qui s'y trouve en relief inopinément

Où dans la volupté pure...

Les règles de Malherbe ont cessé d'être valables, encore que la 6ᵉ syllabe ait conservé, chez Baudelaire, de l'importance. Bien des alexandrins de ce poème s'ordonnent par rapport à elle strictement :

Comme vous êtes loin, paradis parfumé !

On sera frappé de même par les cadences d'allure iambique, anapestique de certains vers essentiels :

> *La mer, la vaste mer...*
> *Emporte-moi...*
> *Mais le vert paradis...*
> *L'innocent paradis...*

Il est loisible en outre de rechercher la distribution des accents toniques à l'intérieur de ces strophes. Mais sans esprit de système ; pareille enquête demeure en effet assez vaine et fausse au niveau d'un poème lyrique qui reste chant intérieur.

Ce chant est obtenu par la répétition dans chaque strophe :

a) De tout un vers, telle une phrase musicale ;

b) De quelques mots, comme une même note ; ou à défaut d'une allitération : en *b* (strophe 5), en *p* (strophe 6) ; il n'est pas question ici d'harmonie imitative ; mais d'abord d'un élément créateur de rythme consonantique.

c) Par le silence qui sépare ou amortit deux toniques : *loin ! loin !*

La discordance enfin entre le mètre et la syntaxe offre constamment des compromis de rupture et de liaison. Nous avons soit le rejet métrique : *Est-il vrai que... le triste cœur d'Agathe Dise...*

l'enjambement surtout qui provoque un fondu, un enchaînement à l'intérieur de la strophe, ou de strophe en strophe.

Enfin l'harmonie n'est qu'un nouvel aspect de la structure musicale du poème. Le jeu des consonnes, des voyelles, du *e atone,* est vraiment souverain et nous oriente vers un univers de douceur, apaisé.

Quelques-uns des vers de *Mœsta et Errabunda* chantent dans toutes les mémoires. Après un départ un peu lent, dissimulé par les impératifs et les interjections, Baudelaire trouve le ton, la cadence adaptés à l'expression de ses sentiments. Vite, il franchit les limites du réel. Les éléments objectifs s'amenuisent ; la transfiguration se réalise. L'évasion dans l'espace et le temps est demeurée symbolique : puisqu'il s'agissait d'une quête spirituelle finalement, tous ces refuges étaient illusoires. A son tour, Mallarmé s'écriera : *Fuir ! là-bas fuir !* dans un mouvement pris à notre poème. Mais, le premier, Baudelaire a su transcrire, d'une façon neuve, suggestive, sans romantisme, l'un des itinéraires d'une course navrante, désenchantée.

BAUDELAIRE

RÉVERSIBILITÉ

Ange plein de gaieté, connaissez-vous l'angoisse,
La honte, les remords, les sanglots, les ennuis,
Et les vagues terreurs de ces affreuses nuits
Qui compriment le cœur comme un papier qu'on froisse ?
5 *Ange plein de gaieté, connaissez-vous l'angoisse ?*

Ange plein de bonté, connaissez-vous la haine,
Les poings crispés dans l'ombre et les larmes de fiel,
Quand la Vengeance bat son infernal rappel,
Et de nos facultés se fait le capitaine ?
10 *Ange plein de bonté, connaissez-vous la haine ?*

Ange plein de santé, connaissez-vous les Fièvres,
Qui, le long des grands murs de l'hospice blafard,
Comme des exilés, s'en vont d'un pied traînard,
Cherchant le soleil rare et remuant les lèvres ?
15 *Ange plein de santé, connaissez-vous les Fièvres ?*

Ange plein de beauté, connaissez-vous les rides,
Et la peur de vieillir, et ce hideux tourment
De lire la secrète horreur du dévouement
Dans des yeux où longtemps burent nos yeux avides ?
20 *Ange plein de beauté, connaissez-vous les rides ?*

Ange plein de bonheur, de joie et de lumières,

> *David mourant aurait demandé la santé*
> *Aux émanations de ton corps enchanté ;*
> *Mais de toi je n'implore, ange, que tes prières,*
> 25 *Ange plein de bonheur, de joie et de lumières !*
>
> Les Fleurs du Mal (1853).

Réversibilité appartient à un groupe de poèmes suscités par Mme Sabatier. Un même lot d'images les alimente ; un même climat spirituel les entoure, assez bien caractérisé par le dernier vers du sonnet XLII :

> *Je suis l'Ange gardien, la Muse et la Madone.*

Seule une étude détaillée du style et de la versification peut nous permettre de définir l'originalité de cette pièce adressée dès mai 1853, à son inspiratrice.

Malgré une démarche lyrique, ce poème révèle une stricte composition : les deux premières strophes ont essentiellement un contenu psychologique ; les deux suivantes s'intéressent au physique ; la dernière strophe réalise une synthèse harmonieuse de ces éléments.

Nous sommes partis du spirituel, nous débouchons sur des perspectives immatérielles. Construction parfaite donc, mais forme ouverte pourtant que l'examen du vocabulaire précisera.

Schématiquement, il serait tentant de rendre compte de ce poème, en ordonnant les mots dans un vaste tableau antithétique. Chaque strophe fournirait ainsi des éléments caractéristiques : *gaieté, angoisse ; bonté, haine ; santé, Fièvres,* etc. La place même des termes aux postes clefs de l'alexandrin, l'hémistiche et la rime, livre une indication suffisamment explicite.

Le diptique, si instructif fût-il, dans sa sèche rigueur, laisserait échapper des aspects plus significatifs encore ; à commencer par la masse impressionnante des substantifs et des adjectifs par rapport au reste des éléments lexicaux. Ce fait caractérise la poétique du XIXe siècle et Baudelaire en particulier. Puis l'emploi des noms abstraits au pluriel. Ils représentent plusieurs espèces ou manifestations de l'action ou de la qualité ; c'est-à-dire qu'ils multiplient les résonances du substantif, que leur sémantisme s'élargit, et par là, ils contrastent plus nettement avec les singuliers qu'ils entourent.

Ainsi l'angoisse ou la honte pure, presque métaphysique, s'oppose à tous les motifs d'avoir du remords, de l'ennui. Ce dernier terme révèle une préoccupation majeure de Baudelaire. On le retrouve dans *Spleen* LXXVIII, associé comme ici à *nuits*.

Plus audacieux, le pluriel *les Fièvres* : les états fébriles qui amènent les hommes à... De toute évidence, Baudelaire joue sur l'évocation concrète. Mais le mot reste riche de possibles vibrations abstraites : inquiétudes morbides, dévorantes. Souvenons-nous surtout de la prière de Pascal :

Faites-moi bien connaître que les maux du corps ne sont autre chose que la punition et la figure tout ensemble des maux de l'âme.

Éclate enfin le pluriel *lumières*. Techniquement, un singulier eût été possible, en modifiant le vers 24 : ta prière. Rappelons-nous *Bénédiction* :

> *ce beau diadème éblouissant et clair...*
> *...il ne sera fait que de pure lumière...*

L'adjectif souligne ici la dématérialisation du substantif. Dans *Réversibilité*, le pluriel joue le même rôle : il définit une essence non matérielle en la revêtant de reflets multiples.

Nous sentions bien que l'orientation du poème tout entier était mystique. Elle nous est livrée dès le premier mot : *Ange*, au polysémantisme déconcertant, mais que le contexte explicite sans hésitation possible. Ce substantif occupe le rang 2 420 dans la liste témoin de Van der Beke ; onze fois, il apparaît dans notre texte : simultanément mot thème et mot clef. Il contribue à nous donner le sentiment d'un lexique concentré.

Le vocabulaire est parsemé de discrètes références au lexique chrétien : péchés capitaux ou vertus cardinales, par-delà des significations en apparence simplement psychologiques. *Plein de* est même le décalque fidèle de la salutation angélique : *gratia plena*.

Dans la dernière strophe, cette coloration se fait plus insistante : *joie*, remplace *gaieté*, entaché parfois de notions suspectes ; *prières*. Une certaine ambiguïté demeure pourtant.

L'adjectif *enchanté* n'arrive pas sans doute à purifier totalement *corps*, à le laver de toute matérialité ; probablement à cause d'*émanations*, alors qu'au singulier, il pouvait passer pour un terme de spiritualité ou de théologie. L'allusion biblique est singulièrement compromettante de surcroît. Pourquoi même avoir ainsi *David* au lieu d'une quelconque périphrase : le Roi-prophète, par exemple ? *David* signifie : le bien-aimé. Dés lors, je suis enclin à voir dans *Réversibilité* comme une parodie inquiétante du dogme catholique. Notons du reste que Baudelaire n'avait pas précisé cette direction spirituelle dans son envoi à Mme Sabatier, par ce terme technique, rare, d'une longueur insolite même. Une communion des saints, mais à rebours ?

Comme il serait tentant de gauchir ainsi le sens du poème ! Le mieux alors ne serait-il pas de se rappeler la note fameuse des *Journaux intimes : Il y a en tout homme, à toute heure, deux postulations simultanées...* Du coup, c'est finalement une contradiction interne qui se trouve expliquée.

Le matériel grammatical offre prise pareillement à l'analyse stylistique. On est tout de suite frappé par l'usage généralisé de l'article défini devant les abstraits comme devant les concrets : *l'angoisse... les rides*. Le fait doit être mis en rapport avec l'utilisation du démonstratif : ces *affreuses nuits* qui ; ce *hideux tourment* de... Il s'agit bien de restituer à ces outils une pleine valeur de geste. Le poète veut diriger le regard de l'ange sur ces contingences et ces misères, pour le rendre sensible à ces réalités qu'il ne connaît qu'intellectuellement.

L'article confère aussi au substantif une valeur unique, symbolique : *l'hospice*. A l'univers préservé de l'ange s'oppose l'univers douloureux de l'homme.

L'article détache un substantif, *les lèvres*, isolant pour ainsi dire cette partie de l'être d'une façon monstrueuse, alors que le possessif n'aurait servi qu'une banale attribution.

A l'inverse, l'article indéfini efface, estompe la personnalité des êtres, ou la richesse des objets désignés : un *papier ;* un *pied traînard ;* des *yeux* : on n'ose plus même reconnaître les yeux aimés.

L'emploi des possessifs révèle de semblables intentions expressives, au vers 8 par exemple où Baudelaire unit indissolublement la Vengeance et son infernal rappel.

Le cas de : nos *facultés*, nos *yeux avides* est différent. C'est toute une humanité souffrante, la nôtre, que Baudelaire associe à sa quête. Puis dans la dernière strophe, la distance que le pluriel *vous* mettait entre l'Ange et le poète est abolie. Baudelaire se situe seul devant l'Ange en un pathétique appel.

Une même antithèse apparaît dans les modes. Une expérience permanente est transcrite au présent de l'indicatif ; un passé simple vient marquer brutalement le point de rupture avec un temps aboli : *burent*. Une forme de l'hypothèse oppose l'attitude de David *(aurait demandé)* à la démarche de Baudelaire qui s'inscrit dans un instant précis de la durée : *je n'implore* ; encore que ce comportement puisse être généralisé, abstraction faite du destinataire primitif.

Grammaticalement, il faut noter la périphrase d'aspect duratif : *s'en vont cherchant et remuant* ; condamnée à l'époque classique, les romantiques venaient de la réhabiliter.

La *phrase* enfin relève d'une organisation lyrique élémentaire. Les interrogations lancent et ferment le mouvement de chaque strophe, sauf de la dernière où une exclamation en tient lieu.

Des énumérations avec la ligature la plus normale *et* soutiennent la progression. Une fois, elle peut paraître oratoire, au vers 17 ; mais il s'agit d'une avancée discontinue : *rides, peur de vieillir, hideux tourment*, ne sont pas rigoureusement sur le même plan.

Pour le reste, on notera une économie des ligatures ; ce qui est normal dans un énoncé poétique.

On remarquera cependant la variété que Baudelaire a réalisée dans chaque strophe : une proposition relative, une proposition temporelle, une comparaison, un infinitif, évitent successivement toute monotonie ou symétrie facile dans cette progression proche d'une litanie.

Quant aux inversions, elles sont très peu nombreuses : la réforme romantique s'est imposée sur ce point également. Celle du vers 9 conserve pourtant une allure classique ; celle du vers 24 est due simplement à un désir d'insistance.

Le dialogue dans ce poème ne dépasse pas l'esquisse : signe que finalement les interrogations peuvent être senties comme purement oratoires. L'ange, préservé de la corruption, pourra racheter la détresse du bien-aimé.

Plus nettes encore se révèlent les intentions stylistiques de Baudelaire dans l'utilisation de la qualification et de l'expression figurée.

A elle seule, la fréquence de la qualification serait significative. Sous la forme d'une détermination, *larmes de fiel*, elle montre même un souci de variété, renforcé par sa place à la rime.

Les nombreux adjectifs antéposés révèlent bien quelle affectivité gonfle la pensée : *vagues terreurs, affreuses nuits, secrète horreur*, etc. Postposés, une nuance plus descriptive se manifeste : *hospice blafard* : c'est une notation concrète, physique de lumière... Pied *traînard* offre une vision réaliste renforcée de sensations auditives. *Yeux avides* souligne une concupiscence.

Depuis Malherbe, le participe passé doit suivre le nom : corps *enchanté* ; d'une servitude syntaxique, Baudelaire sait tirer un effet imagé d'insistance. Il est remarquable enfin que tous ces adjectifs sont situés à la rime ; ce qui renforce leur potentiel d'évocation.

L'essentiel pourtant n'est pas là. La plupart de ces adjectifs permettent une fusion de la sensibilité et de l'esprit ; un passage de la sensation, non seulement vers le sentiment, mais vers l'idée.

Nuits est concret ; *affreuses* le dématérialise ; *grands* auprès de *murs* introduit une notion d'univers concentrationnaire, illimité, même moralement. *Tourment* est abstrait ; *honteux* que Baudelaire avait d'abord écrit, restait dans la même tonalité ; *hideux* opère une transubstantiation ; et la voyelle térébrante s'accorde mieux avec les mêmes sonorités de l'hémistiche précédent : *vieillir*. *Horreur* évoque une réaction physique ; *secrète* la transfigure, sur le plan moral, avec plus de profondeur.

Dans le cas de la postposition, l'effet est identique. S'il est vrai que dans, yeux *avides*, l'accent est mis sur une épithète peu banale, le choix de cette qualification résulte de vibrations psychologiques qu'elle est seule à pouvoir donner. Dans, soleil *rare*, cet adjectif insolite suggère une métaphore ; on peut même songer à l'*Aube spirituelle ;* et ainsi pour *blafard, trainard*, etc. Deux univers coexistent, l'un informant l'autre, lui donnant sa plénitude de vérité.

Le rôle de *l'expression figurée* n'est pas différent. La présentation grammaticale n'offre guère d'intérêt ici. C'est en partie la qualification qui sauve la métaphore assez commune : *burent*.

Il est vrai cependant que ce verbe déclenche tout un réseau d'associations poétiques : fraîcheur, clarté, etc.

Nous serons attentifs tout spécialement à la comparaison insistante, dépréciative : *Qui compriment le cœur comme un papier qu'on froisse.*

A quel mot renvoie *qui* grammaticalement ? En principe à *nuits*. Mais *terreurs* n'est pas exclu *a priori ;* en fait, c'est à l'expression globale sans doute dans la pensée de Baudelaire. *Terreurs* et *nuits* s'allient pour comprimer le cœur.

Une deuxième comparaison est importante. Elle fait appel de nouveau à la même agrafe : *comme* des exilés. Baudelaire avait écrit dans la lettre à Mme Sabatier : comme des *prisonniers. Exilés* a un accent biblique, chrétien (l'image traverse en effet les deux Testaments) ; en harmonie par conséquent avec tout le contexte du poème. Or *prisonnier* en était dépourvu ; le mot insistait fâcheusement sur une représentation platonicienne de notre univers, suggérée par *murs*, dans le même champ sémantique que caverne et sans soleil. Du coup, *soleil* peut retrouver son sens figuré mystique.

Le fait le plus important demeure ce que M. Pommier appelle *l'abstraction magnifiée jusqu'à l'allégorie* et qui *produit tout son effet au contact d'un pittoresque trivial.* N'oublions pas en effet, qu'à côté des Fièvres et de la Vengeance (le poète y revient dans le *Tonneau de la*

Haine), Baudelaire avait d'abord mis : le *Dévouement*. Même atténuée, l'image de cette strophe reste suffisamment évocatrice.

Il n'y a pas seulement ici une transposition d'art, commode, mais facile. (Le tableau de Prudhon *La justice et la vengeance divine poursuivant le crime* peut avoir servi de repoussoir.) Pour Baudelaire, le monde extérieur apparaît comme le symbole, le support des faits psychologiques, jusqu'à l'identification. Mais de plus, les transpositions sont constantes d'un univers à l'autre. Le monde concret alimente les impressions spirituelles. Mais celles-ci à leur tour subliment la réalité.

Enfin on remarquera la continuité d'un thème d'un bout à l'autre de ce poème ; il en assure l'unité foncière : *nuits, ombre, soleil rare, lumières*. Au-delà d'une antithèse facile, on découvrira des échos spirituels plus profonds, d'origine mystique : nuits de déréliction, nuits du mal, lumière enfin du salut sur toutes les ténèbres.

La versification coordonne ces desseins.

Le poème est en alexandrins. Depuis la Pléiade, ce mètre a servi l'expression de sentiments lyriques avec bonheur. Ces alexandrins s'organisent en quintils isométriques. Même si la formule de Baudelaire est sans doute héritée, reconnaissons que le vers refrain souligne clairement l'intention lyrique. Elle s'accorde ici avec le ton d'une litanie lancinante.

La rime ? Les identités grammaticales sont soulignées par le mécanisme du refrain. Ce cas excepté, elles demeurent assez nettes, encore que Baudelaire ait réussi à les estomper soit par le genre : *la* haine ; *le* capitaine ; ou par une majuscule qui opère une transmutation radicale : les *F*ièvres, les lèvres.

L'isométrie n'est flagrante que dans une strophe entière : la troisième. De rares homophonies supplémentaires

ANALYSES STYLISTIQUES

soulignent l'écho à la rime : t*ou*rment, dév*ou*ement. Et sans doute les voyelles nasales : *an*goisse, *on* froisse.

Naturellement, on rencontre à la rime les sons *a* et *r*, si aimés de Baudelaire. Ils éclatent dans la troisième strophe. Sans être somptueuses uniformément, les rimes sont tout de même suffisantes. Elles ont au moins deux éléments identiques.

En ce qui concerne la structure strophique proprement dite, le schéma a b b a a n'est pas en soi le plus heureux, puisque l'attente du son et du sens n'est plus motivée après un quatrième vers qui clôt un système sonore et syntaxique.

Contrairement aux règles classiques, nous n'avons pas non plus l'alternance des rimes, masculine et féminine, de strophe en strophe, ni la résolution du poème sur un timbre masculin.

Au vrai, la progression lyrique n'en souffre pas.

Le rythme naît d'abord du retour mécanique à la fin de chaque strophe du vers initial qui enferme ainsi le quintil sur lui-même. Il procède ensuite du contraste entre l'élan suscité par les 8 interrogations et le repos préparé par la dernière strophe de structure énonciative. Seule la voix nuance la dernière phrase qui monte vers l'intercesseur aimé.

Le rythme de chaque strophe est en outre dominé par une formule tonique, descendante : *Ange*, expressive, parce qu'inhabituelle en français.

A l'intérieur de chaque strophe, nous pouvons percevoir des progressions 4 2 2 4, ou 3 3 3 3, d'une isochronie classique. Plus intéressants les vers marqués par 3 reliefs accentuels privilégiés :

> *Aux émanations de ton corps enchanté.*

La diérèse détache encore le mot essentiel ; si bien que le vers se déroule comme une lente prière.

Un tel rythme absolu contraste avec les crêtes plus nombreuses des vers environnants.

On notera aussi le choc expressif de deux syllabes consécutives accentuées ; tel : le *soleil rare*.

La discordance entre le mètre et la syntaxe sous forme d'enjambement apparaît à trois reprises : *nuits | Qui compriment ; tourment | De lire, santé | Aux émanations*. Elles évitent un débit trop morcelé nécessairement du fait de l'existence d'un refrain.

L'harmonie apparaît parfois comme soulignant ou accompagnant un rythme :

Qui compriment le cœur comme un papier qu'on froisse.

On peut ici parler de métaphore articulatoire dans ce choix de sonorités. Le verbe *compriment* a même été retenu certainement à cause de ce contexte.

D'une façon générale, le dessein des allitérations et des assonances est apparent sans qu'il soit besoin d'y insister. Au contraire, il faut souligner l'opposition des finales vocaliques et consonantiques : *gaieté, angoisse ; bonté, haine ; santé, Fièvres ; beauté, rides*, opposition répercutée par le refrain et la fréquence des timbres atones qui amortissent les effets des voyelles nasales, usuelles en poésie pourtant.

Les échos intérieurs sont importants aussi à l'hémistiche : *terreurs - cœur, facultés - bonté, exilés - santé*, à la rime et à l'hémistiche : *traînard - rare, dévouement - longtemps*. Baudelaire a pris soin toutefois d'éviter tout ce qui aurait pu sembler une rime intérieure condamnable ; d'où notamment ces oppositions, pluriel-singulier.

La dernière strophe n'a pas de telles correspondances. Cependant, d'un bout à l'autre du poème court l'appel de syllabes identiques : *gaité, bonté, santé, beauté, enchanté*, assurant ainsi une même trame sonore, fondamentale.

Telles sont les lignes de force principales de *Réversibilité*. Assurément, il faudrait les comparer avec celles d'autres poèmes pour une mesure exacte de l'inspiration de Baudelaire. Comment toutefois ne pas songer aux *Litanies de Satan*, qui semblent faire contrepoids à ces élans de *Spleen et Idéal* et aux *Fenêtres* de Mallarmé ?

La qualité de *Réversibilité* tient peut-être en définitive à une inquiétude exprimée avec tant d'émotion et de retenue.

SPLEEN

Quand le ciel bas et lourd pèse comme un couvercle
Sur l'esprit gémissant en proie aux longs ennuis,
Et que de l'horizon embrassant tout le cercle
Il nous verse un jour noir plus triste que les nuits;

5 *Quand la terre est changée en un cachot humide,*
Où l'Espérance, comme une chauve-souris,
S'en va battant les murs de son aile timide
Et se cognant la tête à des plafonds pourris;

Quand la pluie étalant ses immenses traînées
10 *D'une vaste prison imite les barreaux,*
Et qu'un peuple muet d'infâmes araignées
Vient tendre ses filets au fond de nos cerveaux,

Des cloches tout à coup sautent avec furie
Et lancent vers le ciel un affreux hurlement,
15 *Ainsi que des esprits errants et sans patrie*
Qui se mettent à geindre opiniâtrement.

— Et de longs corbillards, sans tambour ni musique
Défilent lentement dans mon âme; l'Espoir,
Vaincu, pleure, et l'Angoisse atroce, despotique,
20 *Sur mon crâne incliné plante son drapeau noir.*

Les Fleurs du Mal, LXXVIII (1857).

ANALYSES STYLISTIQUES

Tout un groupe de poèmes des *Fleurs du Mal*, à l'intérieur de la première partie *Spleen et Idéal*, est intitulé simplement *Spleen*. Ils se caractérisent par la suggestion d'une atmosphère identique, due à l'évocation d'un climat physique, déprimant : *Pluviôse, irrité...* ;

Je suis comme le roi d'un pays pluvieux...

Plus complètement que dans les autres, dans le dernier de ces poèmes *Quand le ciel bas et lourd*, Baudelaire nous paraît avoir révélé les raisons de son angoisse. Nous allons tenter d'en explorer les abords.

Le mot anglais *spleen* crée tout de suite un dépaysement, entretenu au long du poème par l'évocation climatérique de nuages gonflés de pluie ou la pluie elle-même, interminable.

Il est chargé en outre de valeurs abstraites. Il représente un certain « mal du siècle », le dégoût de la réalité, la nostalgie d'un ailleurs.

Les quatre premières strophes vont définir cet état d'esprit.

Le regard du poète part du ciel. Les adjectifs *bas* et *lourd* refusent immédiatement les qualités idéales, traditionnelles, du ciel : signe que ce ciel n'est pas seulement physique.

Cette ambiguïté foncière, primordiale, concret-abstrait, était à relever immédiatement.

Deux accents consécutifs à la 6e et à la 7e syllabes renforcent le martèlement du vers.

Une comparaison insistante avec l'agrafe *comme* nous surprend ensuite. Lamennais avait écrit dans une de ses *Paroles d'un Croyant* (XIII) : *un ciel sans astres pesait sur la terre comme un couvercle de marbre noir sur un tombeau*. Baudelaire a pu s'en souvenir ; mais atténuant les touches romantiques, il a gardé des notations évocatrices ou neuves en poésie : le verbe énergique *pèse*, uni par l'allitération à la métaphore du vers suivant *en proie; couvercle*, substantif insolite dans la tradition poétique, relié aussi par l'allitération à la métaphore du vers 5 : *cachot*.

Le pluriel *ennuis* multiplie les résonances du substantif ; par là, il peut rejoindre des valeurs du *spleen*. L'adjectif *long* en précise le caractère dans le temps. *Long* est rattaché à *opiniâtrement*, à *corbillards*. Il s'agit bien du même univers de désolation, infini dans l'espace *(tout le cercle ; immenses traînées)* comme dans la durée.

La première édition donnait au vers 4 : *Il nous fait un jour noir*. Baudelaire a préféré un verbe d'action plus évocateur et dramatique.

On remarquera le contraste expressif *un jour, les nuits ;* l'allitération à l'hémistiche et à la rime : *noir - nuits ;* la couleur elle-même qui sera celle de tout le poème, directement ou non exprimée : *nuit, cachot, corbillards*. Cette absence de lumière est typique de la vision angoissée de Baudelaire. Elle prend valeur de symbole.

Dès la première strophe aussi, la tonalité mineure est livrée ; voyelles postérieures, formes en *-ant ;* sonorités térébrantes à la rime. La strophe 2 ne connaît même que cet unique son *i*, à cette place.

La quête de Baudelaire va se poursuivre, marquée rhétoriquement par l'anaphore : *Quand, Quand*. Son regard s'attache à la terre désormais. Pour bien comprendre cette strophe, il faut la rapprocher des poèmes *Horror* et *Spes* des *Contemplations :*

> *Depuis quatre mille ans que, courbé sous la haine,*
> *Perçant sa tombe avec les débris de sa chaîne,*
> *Fouillant le bas, creusant le haut,*
> *Il cherche à s'évader à travers la nature,*
> *L'esprit forçat n'a pas encor fait d'ouverture*
> *A la voûte du ciel cachot...*

> *De partout, de l'abîme où n'est pas Jéhovah,*
> *Jusqu'au zénith, plafond où l'espérance va*
> *Se casser l'aile et d'où redescend la prière...*

La chauve-souris provient sans doute de Th. Gautier, on le sait. Mais plus que le monde de V. Hugo, celui de Baudelaire est dégradé : *cachot humide, plafonds pourris...* L'allitération accentue cette dernière vision déprimante.

On notera en regard du pluriel *les murs*, le singulier poétique noble *son aile*, l'adjectif apparemment conventionnel dans le goût postclassique *timide*, la périphrase verbale : *S'en va battant*, remise en honneur par les romantiques ; surtout la variété de la présentation grammaticale de l'image, le rôle de l'expression figurée, notamment de la personnification qui anime ce cauchemar d'un univers déserté par l'amour.

L'espace concentrationnaire du poète se précise dans la strophe 3. Sa vision va prendre des formes d'hallucination. Stylistiquement, la qualification affective intervient avec l'adjectif antéposé : *immenses traînées, vaste prison, infâmes araignées*. Sémantiquement, le verbe, l'adjectif, le substantif, par son suffixe même, se renforcent mutuellement : *étalant ses immenses traînées*.

Les métaphores *couvercle, cachot, prison, filets*, expriment toutes la même valeur claustrale, mais selon une rigoureuse progression ; *filets* implique la notion supplémentaire de *piège*[1].

La première édition portait *un peuple muet d'horribles araignées*. Tout en gardant un lien avec la métaphore initiale *en proie*, Baudelaire a recherché une dématéria-

---

[1]. Sur le pouvoir d'évocation de ce type d'images, comparer Mauriac, *Thérèse Desqueyroux* : « Comme si ce n'eût pas été assez des pins innombrables, la pluie ininterrompue multipliait autour de la sombre maison ses millions de barreaux vivants ».

lisation : *infâmes araignées*. Ces *araignées* représentent les vices, les instincts, qui nous accablent. Le possessif *nos cerveaux* indique qu'il ne s'agit pas d'une aventure individuelle ; mais d'une expérience qui nous concerne tous.

On prêtera attention aussi à l'obsession des sons répercutés : *muet, araignées, filets*, à des places fondamentales ; au rythme isochrone 3 3 3 3 du vers 9, d'une lancinante insistance ; à la régularité enfin du mouvement dans cette strophe, traduisant une implacable condition de l'existence.

Jouant sur l'attente créée par toutes ces subordonnées, la phrase va trouver son assise avec les principales différées avec tant d'art. Phonétiquement, il y a donc rupture dans ce quatrain.

Au plan immédiat du vers, ce contraste apparaît dans la structure tonique. La forme 2 4 1 5 surprend après la triple cadence de l'anaphore : 3 3 3. Mais comme au vers 1 nous retrouvons deux toniques consécutives à la 6ᵉ et 7ᵉ places.
Une épreuve de 1857 porte :

Et poussent... un long gémissement.

Lancent a le mérite de sauvegarder une des sonorités fondamentales, de la strophe et du poème ; et dans ce vers, *an* se retrouve à la rime ; la technique de l'écho est exigeante.

Affreux est encore plus poignant que *long* ; il est nettement psychologique.

Geindre rappelle *l'esprit gémissant*, vers 2 ; tandis que *vers le ciel* nous ramène au point de départ de cette élévation manquée : *quand le ciel*.

Esprits errants peut sembler s'accorder avec *corbillards* ; nous pourrions nous croire ici en plein fantastique ; en fait, la seconde qualification *sans patrie* éclaire le contexte. Le thème de l'homme voyageur, exilé, à la recherche de sa vraie patrie, traverse les deux Testaments. Dès lors, le sens secret de cette strophe s'éclaire.

Il ne s'agit pas d'y pressentir une réaction banale d'un organisme exténué, déjà brisé. Cette sensation auditive, imprévue, ne vient pas faire éclater le silence seulement, exacerber une sensibilité comme dans la *Satire VI* de Boileau qui nous offre un caricatural tableau parisien :

> *...dans les airs mille cloches émues*
> *D'un funèbre concert font retentir les nues ;*
> *Et, se mêlant au bruit de la grêle et des vents*
> *Pour honorer les morts font mourir les vivants...*

Les cloches marquent, d'une façon agressive, le signal d'une Foi en déroute, sans objet, illusoire.

La conclusion arrive désenchantée, avec, de nouveau, le silence qui s'instaure inquiétant. Typographiquement, la dernière strophe se détache des précédentes par un tiret : procédé dont les romantiques ont fait un usage neuf, pour marquer l'écoulement du temps en particulier. Les variantes nombreuses qu'elle présente montrent le difficile cheminement de la pensée de Baudelaire et de son art : Épreuve de 1857 : *Et de grands corbillards*. *Longs* ajoute au contraire une autre dimension, aussi effrayante.

Passent en foule au fond de mon âme ; le vers est modifié car la métaphore manque de naturel.

L'Espoir Fuyant vers d'autres cieux. Leçon abandonnée : il n'est plus de fuite possible vers des cieux meilleurs.

La première édition avait d'abord corrigé :

> *Et d'anciens corbillards...*
> *......âme ; et, l'Espoir*
> *Pleurant comme un vaincu, l'Angoisse despotique...*

Anciens restait banal. D'autre part, puisque la défaite est totale, il s'agit vraiment de la détresse d'un vaincu. L'outil d'approximation ou de comparaison est superflu.

A propos du vers 18, Baudelaire, scrupuleux, interrogeait : *Mettriez-vous ici une virgule, vu la construction de la phrase ?* Ce *et* devant l'*Espoir* est tombé. La coupe lyrique, expressive, après *âme*, est suffisamment creusée par la ponctuation. Elle souligne mieux, de surcroît, la discordance entre le mètre et la syntaxe puisque le vers s'achève sur un dissyllabe. Enfin, ce *et* de conclusion ou d'élan, doublait le *et* initial de la strophe.

Le choix d'*atroce* est très heureux aussi. Étymologiquement, il annonce la couleur noire, fatidique, qui clôt le poème, comme elle l'ouvrait.

Le *crâne incliné* évoque une attitude familière du poète, immortalisée par un tableau de Courbet.

Dans ce vers également, on rencontre deux toniques consécutives, à la 6e et à la 7e syllabes. Incontestablement aussi des analogies existent entre le verbe *plante*, 20, et *pèse* du vers 1 : verbes d'action tous deux, et allitérants. On voit quels liens subtils sont tissés entre les différents quatrains, assurant l'unité du poème.

Mais comment interpréter le mot Espoir ? Le considérer comme une quelconque variante stylistique me paraît absurde. A n'en pas douter, il s'oppose à Espérance. Les trois vertus théologales, Espérance, Amour, Foi, sont anéanties ici-bas. Seul demeure l'espoir simplement humain, face au triomphe insolent des puissances du Mal.
Telle me semble être la signification ultime de ce *Spleen*, d'essence métaphysique.

Par la convergence d'effets sonores et stylistiques, à tous les niveaux, et grâce à des sensations choisies, visuelles, tonales, kinesthésiques, statiques, dynamiques surtout, Baudelaire est parvenu à recréer un monde hallucinant et mystérieux. L'allégorie n'est pas ici une simple figure de rhétorique ; elle dissimule un conflit plus profond qu'on ne le soupçonne habituellement.

Le surnaturel cerne le *Spleen* de Baudelaire. Ici, c'est un drame spirituel qui a été évoqué dans ses plus totales dimensions.

FLAUBERT

L'ENNUI DE MADAME BOVARY

1. *Après l'ennui de cette déception, son cœur, de nouveau, resta vide, et alors la série des mêmes journées recommença.*
2. *Elles allaient donc maintenant se suivre ainsi à la file, toujours pareilles, innombrables, et n'apportant rien ! Les autres existences, si plates qu'elles fussent, avaient du moins la chance d'un événement. Une aventure amenait parfois des péripéties à l'infini, et le décor changeait. Mais, pour elle, rien n'arrivait, Dieu l'avait voulu ! L'avenir était un corridor tout noir, et qui avait au fond sa porte bien fermée.*
3. *Elle abandonna la musique : Pourquoi jouer ? Qui l'entendrait ? Puisqu'elle ne pourrait jamais, en robe de velours à manches courtes, sur un piano d'Érard, dans un concert, battant de ses doigts légers les touches d'ivoire, sentir comme une brise, circuler autour d'elle un murmure d'extase, ce n'était pas la peine de s'ennuyer à étudier. Elle laissa dans l'armoire ses cartons à dessin et la tapisserie. A quoi bon ? A quoi bon ? La couture l'irritait.*
4. *— J'ai tout lu, se disait-elle.*
5. *Et elle restait à faire rougir les pincettes, ou regardant la pluie tomber.*
6. *Comme elle était triste, le dimanche, quand on sonnait les vêpres ! Elle écoutait, dans un hébètement attentif,*

tinter un à un les coups fêlés de la cloche. Quelque chat sur les toits, marchant lentement, bombait son dos aux rayons pâles du soleil. Le vent, sur la grande route, soufflait des traînées de poussière. Au loin, parfois, un chien hurlait ; et la cloche, à temps égaux, continuait sa sonnerie monotone qui se perdait dans la campagne.

7 *Cependant on sortait de l'église. Les femmes en sabots cirés, les paysans en blouse neuve, les petits enfants qui sautillaient nu-tête devant eux, tout rentrait chez soi. Et jusqu'à la nuit, cinq ou six hommes, toujours les mêmes, restaient à jouer au bouchon, devant la grande porte de l'auberge.*

8 *L'hiver fut froid. Les carreaux, chaque matin, étaient chargés de givre, et la lumière, blanchâtre à travers eux, comme par des verres dépolis, quelquefois ne variait pas de la journée. Dès quatre heures du soir, il fallait allumer la lampe.*

9 *Les jours qu'il faisait beau, elle descendait dans le jardin. La rosée avait laissé sur les choux des guipures d'argent avec de longs fils clairs qui s'étendaient de l'un à l'autre. On n'entendait pas d'oiseaux, tout semblait dormir, l'espalier couvert de paille et la vigne comme un grand serpent malade sous le chaperon du mur, où l'on voyait, en s'approchant, se traîner des cloportes à pattes nombreuses. Dans les sapinettes, près de la haie, le curé en tricorne qui lisait son bréviaire avait perdu le pied droit, et même le plâtre, s'écaillant à la gelée, avait fait des gales blanches sur sa figure.*

10 *Puis elle remontait, fermait la porte, étalait les charbons, et, défaillant à la chaleur du foyer, sentait l'ennui plus lourd qui retombait sur elle. Elle serait bien descendue causer avec la bonne, mais une pudeur la retenait.*

Madame Bovary, I, 9 (1857).

S'il est une œuvre qui se prête à la vérification rigoureuse de la définition du style proposée par Max Jacob : *la*

Flaubert

volonté de s'extérioriser par des moyens choisis, c'est bien *Madame Bovary* : *tout en calcul et en ruses de style*, comme l'écrivait Flaubert à Louise Colet, dés 1853. *Ce sera peut-être un tour de force qu'admireront certaines gens (et en petit nombre) ; d'autres y trouveront quelque vérité de détail et d'observation.* Quelle page choisir dans un roman d'une telle densité ? Il nous a paru instructif d'opposer à l'*Ennui* baudelairien, à *Spleen et Idéal* des *Fleurs du Mal*, l'ennui si humble, mais si désespérément triste de Mme Bovary, à Tostes, après le bal de Vaubyessard.

La rédaction de ce roman a été d'une effroyable difficulté : certains passages offrent jusqu'à douze versions ! On peut les suivre à travers les *Ébauches et fragments inédits recueillis d'après les manuscrits* par Mlle Leleu, grâce à la *nouvelle version de Madame Bovary, précédée des scénarios inédits, textes établis sur les manuscrits de Rouen* par Jean Pommier et Gabrielle Leleu.

L'étude stylistique doit donc commencer par un examen des principales variantes au moins, qui nous orientent vers le sens le plus vrai de l'œuvre définitive.

Quand ...( ) ses souvenirs de l'an passé comme des danseurs qui se raniment eurent bien tourné tout autour, alors... Comparaison insistante, éliminée.

Alors recommença la série des mêmes jours. Le verbe en position initiale est trop oratoire. Un énoncé circonflexe banal est plus adroit. *Journées* est plus précis sémantiquement. *...tous à la file lentement. Toujours - tous :* redondance ; *lentement :* surcharge du message. Les qualifications sont suffisamment explicites.

Et il y en avait devant elle des centaines, des milliers, pour dix ans, pour vingt ans ! Cela ne finirait pas et durerait jusqu'à la mort. Développement trop facile et trop vague.

...Si bornées, si plates, si serrées... la chance d'un accident, d'une aventure, d'un élargissement. Plates seul est encore

plus imagé. Emma connaissait-elle, pouvait-elle employer ici un mot aussi particulier que *serrées* ? *Accident* est amphibologique. Ce groupe ternaire est lourd, mal venu ; *élargissement* crée une dissonance.

Il tombait quelquefois un accident qui secouait leur surface. L'occasion inattendue pouvait amener des péripéties... Ces deux métaphores n'étaient pas ajustées.

...rien n'arriverait. La perspective future est inutile. Elle dérange la ligne du récit.

Elle était la femme de Charles ! et sans fortune ! et vivait à Tostes ! Pour déranger un si lourd fardeau, la baguette d'une fée eût été un levier trop mince. Rappels de situation superflus, métaphore sans justification psychologique.

Elle abandonna la musique. A quoi bon continuer ? Qui est-ce qui l'entendrait ? Et quel piano d'ailleurs ! La première interrogation est inutile après l'affirmation qui précède. L'exclamation dédaigneuse n'ajoute rien au prestige de l'Érard.

...en plein concert : l'adjectif est de trop.

...battre d'un doigt léger les trilles continus et rouler des gammes et frapper des octaves... Détails techniques oiseux. Emma sait bien qu'elle n'est pas une virtuose. Elle n'aime la musique que pour des satisfactions étrangères à l'art.

...voir autour de soi des yeux fixes, des bouches tendues, des figures qui vous admirent... : gradation ternaire trop appliquée.

Elle quitta la broderie..., ses cartons à dessin, faute de savoir quoi faire ; la tapisserie fut délaissée. Coudre l'ennuyait. C'était un bel ouvrage que d'ourler des torchons ou de rapiécer des mouchoirs ! Tous les livres mêmes l'ennuyaient. Quel raccourci de pensée dans la version définitive ! Les détails vulgaires sont omis.

L'esprit vide comme le cœur et triste comme lui : phrase trop conventionnelle.

Elle restait donc... Au lieu d'une pesante conjonction, un *et* nerveux relance la scène.

...toute la journée dans sa chambre, au coin du feu, sans rien faire, la tête baissée, ou marchant de long en large, faisant rougir... ; cette inaction a encore trop de mouvements.

...Les coups lents de la cloche : mauvaise épithète proche du jeu de mots. Mais comment le nouvel adjectif *fêlés* ne répondrait-il pas à l'appel du *Spleen* de Baudelaire connu dès 1851 :

Il est amer et doux, pendant les nuits d'hiver,
D'écouter, près du feu, qui palpite et qui fume,
Les souvenirs lointains lentement s'élever
Au bruit des carillons qui chantent dans la brume...
Moi, mon âme est fêlée...

On était à l'église ; les maisons étaient fermées, personne ne passait sur la route. Vêpres introduit une notation temporelle capitale. Un autre versant de la journée apparaît, sans rémission pour sa souffrance. Toute la phrase a été repensée en fonction d'une vraisemblance et d'une vérité supérieures.

La coloration affective de *vêpres* est si nette que lorsque Emma quitte Rouen, Flaubert la fait passer devant la cathédrale : *comme on sortait des vêpres...* Elle, depuis longtemps, était *sortie* de l'église...

...à un rayon pâle de soleil : le pluriel exprime mieux la réalité.

Curieuse rencontre : le *Messager de l'Assemblée* du 9 avril 1851 publiait un autre *Spleen* de Baudelaire :

Mon chat...
agite sans repos son corps maigre et galeux...
Le bourdon se lamente et la bûche enfumée
Accompagne en fausset la pendule enrhumée
Cependant qu'en un jeu plein de sales parfums...

245

Le vent sec... : économie de l'épithète.

De la poussière : les *traînées* apportent une dimension supplémentaire.

...qui montait jusqu'aux carreaux : rétrécissement de la vision ; *la grande route*, avec un vrai adjectif (grand-route n'est qu'un nom) l'élargit au contraire comme un appel à la fuite.

...quelquefois, un chien : gain d'un adverbe, face à *quelque chat*.

...et la cloche monotone étendait dans la campagne sa sonnerie. Rythme et harmonie sont devenus impeccables. C'était une erreur de terminer la phrase sur une voyelle aiguë. Une finale suspensive prolonge la vibration. Il valait mieux aussi déplacer l'adjectif. *La cloche monotone* n'était qu'une figure usée.

Les paysans... et en cravate rouge, les femmes, toutes ensemble portant des parapluies rouges... Pittoresque criard, supprimé.

...la nuit tombante, quelques hommes désœuvrés : épithètes sans surprise.

...cinq à six hommes : *ou* évidemment s'impose.

Il y eut de grands froids cet hiver-là, et depuis Noël jusqu'aux Jours gras, la neige resta sur la terre. Une demi-douzaine d'essais ont précédé l'incisive notation : *L'hiver fut froid*, aussi bien adaptée au moral qu'au physique.

Les carreaux, tous les matins, étaient chargés de givre, et il y avait des jours où cette couleur blanche ne s'en allait pas. Lumière d'un verre dépoli. Quand on sait que Flaubert regardait *la campagne par des verres de couleur* pour présenter plus fidèlement la visite matinale d'Emma au pavillon du parc, on peut être sûr de l'exactitude de ces détails.

Une autre rédaction présente un renversement de construction : *la lumière à travers eux, comme par des verres dépolis, était...* Il a préféré se délivrer tout de suite de la couleur : *la lumière, blanchâtre,* qui frappe immédiatement le regard.

Dès trois heures de l'après-midi ; quatre est plus juste, mais *soir* a une autre charge sémantique que *après-midi*.

Les jours qu'il faisait beau temps ; temps est de trop. Remarquons que Flaubert n'a pas bronché sur la syntaxe classique : *les jours que ; où* plus normal était moins euphonique. Ce tour lui est habituel : *les jours qu'il faisait trop chaud* (*Un cœur simple*, 2).

La rosée de la nuit bien souvent n'était pas encore fondue et mettait sur les choux à grosses têtes comme des guipures déchirées et des fils d'argent minces... La première phrase est élaguée d'un détail assez évident. L'approximation disparaît de la comparaison. *Avec* est plus artiste qu'un banal *et*. L'épithète *grandes* ou *longues* qui avait été essayée pour les *guipures* est transposée aux *fils* avec plus de bonheur.

Mais tout autour dans les plates-bandes dégarnies, la terre était grise, les petites fleurs desséchées... Aux angles, les quenouilles coupaient de leurs rameaux minces la couleur crue du ciel bleu... Un mot de coordination a sauté. Une description trop gratuite a disparu, après bien des repentirs : *petites fleurs - plantes ; rameaux minces - grêles ; couleur crue - pâle...*

...l'espalier sous ses paillassons. Un terme technique a été évité ; a joué peut-être aussi la crainte de faire entendre *escalier* auprès de *paillasson...*

...tout le long du larmier ; chaperon est plus simple : c'est un terme d'architecture. Dans une lettre à Sainte-Beuve (décembre 1862), Flaubert s'est expliqué sur le rôle et l'emploi des mots techniques : il les traduit s'il les juge barbares ou trop exotiques, ou bien s'arrange pour que le contexte en éclaire la signification.

...se traîner lentement sur la bauge : nouvelles économies, car au chapitre V, on avait déjà vu ce *jardin... entre deux murs de bauge...*

...des cloportes et des araignées longues : la laideur repoussante des cloportes a été précisée. Du coup les araignées *longues* ou *grosses* n'avaient plus qu'à disparaître. Il est symptomatique tout de même d'en repérer la présence dans un *Spleen* (LXXVIII) de Baudelaire, comme une donnée permanente de l'imaginaire.

...en s'écaillant à la gelée avait fait des taches sur ses habits... Le gérondif sans *en* épargne un son disgracieux. Les taches sont inutiles : la laideur du curé est assez marquée dans toutes ses infirmités, cliniquement précises...

Remarquons que le détail si juste : *On n'entendait pas d'oiseaux...* n'a pas été tout de suite trouvé. Les oiseaux sont un symbole de la liberté et d'un monde ouvert.

D'abord elle marchait à grands pas (Djali la suivait par derrière), puis se ralentissant, essoufflée, se promenant encore quelque temps, engourdie, se traînant, fermant à demi les yeux et se sentant mourir d'ennui, de froid, de misère. Tout cela est rejeté ; même la levrette. La solitude d'Emma n'en est que plus apparente.

Et quand elle était remontée dans sa chambre, elle se sentait défaillir à la chaleur douce de la cheminée... Et d'élan mal placé. *Puis* sera chronologiquement juste ; *douce* : qualification trop facile.

...retomber... comme des linges humides qui vous entourent le cœur : sacrifice de la comparaison. Après sa promenade, Emma cependant pouvait éprouver cette sensation de froid. L'image a paru trop peu naturelle. Plus justement lors de l'arrivée à Yonville, *Emma... sentit tomber sur ses épaules, comme un linge humide, le froid du plâtre.*

Elle n'avait pas une amie, pas une personne à fréquenter. A quoi bon cette insistance directe ?

Elle serait bien quelquefois descendue dans la cuisine pour causer avec la bonne, si la pudeur ne l'eût tenue.

La localisation *cuisine* n'apporte aucune valeur supplémentaire à l'énoncé. *Pour*, détour perdu. Au lieu d'une personnification quelconque, une forme substantive neuve qui détache un aspect concret du sentiment : *une* pudeur. Il faut alors modifier le verbe : *retenir*.

De même, plus haut : *dans un hébétement attentif*, le nom présentait dans un éclairage insolite une caractérisation expressive.

Enfin, tout au long de la rédaction, les paragraphes se sont allégés. L'air circule mieux entre ces tableaux successifs.

Des conclusions se dégagent déjà, livrées par Flaubert en 1853 dans une lettre encore à Louise Colet : *quelle mécanique que le naturel et comme il faut de ruses pour être vrai !*

Mais si une telle ascèse permet à l'observation d'être pleinement efficace, quelle chance lorsqu'elle concilie la réussite et la beauté de l'expression !

Nous séduit d'abord la forme du style indirect libre, d'une telle malléabilité ! Dès le début, l'opposition des temps le signale : *recommença* appartient au narrateur ; *allaient* à Emma. Nous aurons alors la transcription de ses pensées : *à la file* aussi bien que *péripéties* ou *décors* appartiennent à la langue et au style de cette jeune femme romanesque plantant pour son existence un décor idéal à la place d'un cadre monotone.

Dans le deuxième paragraphe, la technique est semblable. Après l'intervention de Flaubert (le passé simple *abandonna*), les interrogations reflètent les intonations mêmes d'Emma. Par elles, l'illusion de vie est obtenue et maintenue sans défaillance tout au long de ce monologue intérieur, sans artifice.

Contrastant avec cette présentation des paroles et des pensées, un bref élément de style direct : *J'ai tout lu*, amène un éclairage plus brutal et cru sur la personne d'Emma, révélation aussi d'une conscience épuisée. Après quoi, il y aura place seulement pour les pauvres gestes d'un corps endolori.

De quelle façon encore parvenir à exprimer au plus près de la vérité, la réalité intérieure et extérieure de l'univers d'Emma Bovary ? Grâce aux sensations certes, et elles sont suffisamment diverses et multiples, grâce principalement à l'expression figurée.

Aucune image n'est gratuite, n'a été retenue pour son caractère esthétique. Flaubert s'efface devant son personnage.

Un corridor tout noir... C'est la sombre maison de Tostes qui apparaît dans cette métaphore... *Comme une brise :* symbole de l'air vivifiant pour Emma, tout le contraire de celui qu'elle respire.

La cloche au son fêlé n'apporte que l'écho d'un passé religieux aboli.

Le serpent est allégorique. Dans les *Écrits de jeunesse* déjà, les *Tentations de saint Antoine*, le serpent représente l'amour néfaste ou criminel. Mais ici, l'image est devenue insistante ; la serre chaude de Vaubyessard contient des *plantes bizarres... sous des vases suspendus... pareils à des nids de serpents trop pleins*. Dans son adultère, Emma *se déshabillait brutalement, arrachant le lacet mince de son corset, qui sifflait autour de ses hanches comme une couleuvre qui glisse*. Binet se recule devant elle *comme à la vue d'un serpent...*

Le curé de plâtre signifie la vie honnête d'Emma qui commence à s'effriter. Au moment du déménagement, *tombant de la charrette à un cahot trop fort*, il s'écrasera *en mille morceaux*. Les marques de décrépitude que distingue

Emma correspondent à sa propre évolution intérieure. Ces images péjoratives aggravent la sensation de la *cloche fêlée*. Mais leur convergence spirituelle est identique.

Malgré l'atmosphère toute différente des *Poèmes saturniens*, il faut citer Verlaine :

> *Je me suis promené dans le petit jardin*
> *Qu'éclairait doucement le soleil du matin,*
> *Pailletant chaque fleur d'une humide étincelle...*
>
> *Même j'ai retrouvé debout la Velléda*
> *Dont le plâtre s'écaille au bout de l'avenue...*

On comprendra mieux les intentions de Flaubert. Peut-être a-t-il été trop habile ici, car ce curé *qui lisait son bréviaire* s'est évidemment échappé d'une fable de La Fontaine où : *Il prenait bien son temps*. Atroce dérision ! Refuser précisément cette condition, tendre vers l'avenir, pense Emma. *Tout au fond sous les sapinettes, un curé de plâtre lisait son bréviaire* (I, 5) : l'attente avait suffisamment duré.

Le symbolisme de la végétation flétrie est assez explicite. Je relèverai seulement cette déclaration aux Goncourt : *Dans* Madame Bovary, *je n'ai eu que l'idée de rendre un ton, cette couleur de moisissure de l'existence des cloportes* (*Journal*, 17 mars 1861).

On voit comment Flaubert a ordonné son récit autour de la notion d'*ennui* : insistance du mot, répété, ainsi que *restaient à ;* choix des détails d'un réalisme affligeant (le chat, le jeu de bouchon — un vulgaire jeu de palet !) ; sensations limitées ou d'une implacable persévérance, sans beauté intrinsèque même *(les coups fêlés de la cloche)*. Les symboles du destin de Mme Bovary sont déjà tous inscrits dans cette page si tragique d'accent,

Aucune évasion n'est possible de cet univers rétréci, fermé à la vie, d'une opacité définitive.

Traduction du sentiment à l'aide de sensations choisies qui correspondent à cet état d'âme, découverte d'images capables d'exprimer plus vivement encore ces impressions : voilà où tendait l'effort de Flaubert. Ce n'est pas assez. L'adhérence de la phrase à la vérité matérielle et psychologique donne à l'observation ou au regard intérieur toute sa puissance.

Sans peine on remarquera les variations dues à un désir d'euphonie plus parfaite : *elle restait à faire rougir, ou regardant...*, 5. La forme verbale en - *ant* modifie la tonalité vocalique de la phrase ; elle permet en outre de mieux souligner un état qui se prolonge.

On sera plus sensible au procédé de la ponctuation devant une coordination qui détache plus nettement la pensée ; à la fonction d'ouverture des deux points, *un chien hurlait :* mais c'est à la cloche qui semble lui répondre ! Chien et cloche : écho sacrilège...

M. Proust a bien vu le rôle de la conjonction *et* dans Flaubert : *elle marque une pause dans une mesure rythmique et divise un tableau,* comme dans notre dernier paragraphe : *et, défaillant...*

Et sert aussi à lancer un mouvement nouveau : *et alors la série...*, 1 ; *Et jusqu'à la nuit...*, 7. J'appellerais ce *et* : de contraste.

Et peut manquer. Son absence n'en est que plus signifiante. Flaubert a volontiers recours dans ce cas à un participe présent qui détaille mieux chaque aspect de l'action en sauvegardant l'autonomie du verbe principal : *marchant lentement, bombait...*, 6.

Une succession de propositions non reliées, simplement juxtaposées, souligne l'envahissement progressif d'une conscience par des sensations du monde extérieur, qu'elle subit sans contrôle : *la cloche, quelque chat, le vent, un chien, la cloche...*

S'il arrive que la phrase obéisse à un rythme d'harmonie suggestive :

et la cloche, à temps égaux, continuait sa sonnerie monotone qui se perdait dans la campagne,
    3   4   4   4   3
                                                    5   4

les organisations métriques sont pourtant évitées ici. Mais Flaubert s'était rendu compte du pouvoir obsessionnel de telles cadences. *Pourquoi*, écrivait-il à George Sand, *arrive-t-on toujours à faire un vers quand on resserre trop sa pensée ? La loi des nombres gouverne donc les sentiments et les images?* ...

En revanche, une constante de son style, c'est bien la formule ternaire : *toujours pareilles, innombrables, et n'apportant rien*, 2 ; *elle remontait, fermait la porte, étalait les charbons...*, 10. A ces actes concrets succède un autre aspect, surtout psychologique.

L'énumération peut même suivre une rigoureuse progression dans la masse syllabique de ses éléments : *les femmes en sabots cirés, les paysans en blouse neuve, les petits enfants qui sautillaient nu-tête devant eux*, 7. Trois plans ici. Notre regard distingue d'abord ce qui est à sa portée immédiate (les sabots), puis se déplace progressivement jusqu'au niveau des crânes, accompagnant dans un bel effet de perspective ces personnages. Mais ensuite, une brève proposition, de formule vocalique, conclusive *(soi)*, arrête le défilé et la scène.

Perceptions, rendus impressionnistes : les éléments de ces tableaux sont livrés au fur et à mesure de leur saisie. Il en est d'autres exemples. Emma se promène dans son jardin. Les sensations visuelles viennent tout de suite l'assaillir. *Les choux*, 9 : légume si commun ! mot prosaïque relevé aussitôt par *guipures*, terme de broderie naturel chez Emma, même si Flaubert le lui a soufflé. Alors le silence de cet univers l'étonne : *tout semblait dormir*. Il ne suffit pas de voir dans l'apparition de cette phrase très brève, au début d'un énoncé complexe, un simple désir de variation par rapport au tableau précédent où *tout* fermait l'énumération. La surprise d'Emma précède sa quête anxieuse, décevante.

Mêmes habiletés dans l'analyse de ses sentiments. *Elle abandonna la musique...* Départ vif ; puis mouvement lent, appliqué ; éléments variés qui prolongent l'attente du verbe, pivot de la proposition *(circuler)* ; choix de mots conventionnellement poétiques ou prestigieux : *brise, murmure d'extase* (c'est Emma qui rêve !) ; harmonie vocalique insistante, grâce au *e* non élidé qui aère cette évocation ; résolution de la phrase sur une sèche principale avec une série d'accords monotones en *é*, platitude de l'énoncé ; l'envolée lyrique a pris fin. Quelle retombée !

Ce paragraphe s'achève sur la reprise symétrique du premier mouvement à l'aide des interrogations : parfaites cadences plagales.

Toutes les combinaisons prosodiques ont été faites, écrivait Flaubert à Louise Colet en 1852, *mais celles de la prose, tant s'en faut !* Notre analyse montre l'éblouissante virtuosité de ces *études*.

On comprend aussi que bien plus tard, en 1876 encore, il ait pu dire à G. Sand : *Quand je découvre une mauvaise assonance ou une répétition dans une de mes phrases, je suis sûr que je patauge dans le faux ; à force de chercher, je trouve l'expression juste qui était la seule et qui est, en même temps, l'harmonieuse.*

On aurait trop beau jeu d'exalter la réussite de cette page de Flaubert à tous les degrés du style : *autant* sous *les mots que* dans *les mots,* tel qu'il aimait le définir idéalement.

Ce n'était pas facile pourtant de présenter en action l'approfondissement psychologique d'un état d'âme aussi

Flaubert

fuyant et discret que l'ennui. Prolongeons toutefois ces réflexions sur la technique du roman.

Quelle étude séduisante, il faudrait écrire sur le mot *ennui* et son champ sémantique ! Dès le Ve siècle, le moine Cassien avait soupçonné la diversité des formes de ce mal, s'appliquant à définir *acedia, anxietas, toedium, tristitia...*

Pour bien situer dans son temps l'*ennui* de Mme Bovary, on doit non seulement le confronter avec les *Spleen* de Baudelaire (qui n'excluent jamais une nuance météorologique et métaphysique), mais avec les rêves de Mallarmé :

> *La chair est triste, hélas ! et j'ai lu tous les livres.*
> *Fuir ! là-bas fuir ! Je sens que des oiseaux sont ivres*
> *D'être parmi l'écume inconnue et les cieux !*
> *Rien, ni les vieux jardins reflétés par les yeux*
> *Ne retiendra ce cœur qui dans la mer se trempe,*
> *O nuits ! ni la clarté déserte de ma lampe......*

Pourtant ce n'est pas de ce côté que l'écho le plus fidèle arrive. A propos de son roman, Flaubert disait à Louise Colet en juin 1853 : *Si le livre que j'écris avec tant de mal arrive à bien, j'aurai établi par le fait seul de son exécution ces deux vérités, qui sont pour moi des axiomes, à savoir : d'abord que la poésie est purement subjective, qu'il n'y a pas en littérature de beaux sujets d'art, et qu'Yvetot donc vaut Constantinople...*

Thérèse Desqueyroux est la sœur d'Emma. Dans ce roman, l'art de Mauriac se présente comme une réplique à celui de Flaubert ; une réfutation aussi de quelques-uns de ses dogmes.

On admettra qu'un stylisticien puisse ne pas intervenir dans un débat d'esthétique...

Victor HUGO

LE CANTIQUE DE BETHPHAGÉ

L'amour porte bonheur. Chantez. L'air était doux,
Je le vis, l'herbe en fleur nous venait aux genoux,
    Je riais, et nous nous aimâmes ;
Laissez faire leur nid aux cigognes, laissez
5 L'amour, qui vient du fond des azurs insensés,
    Entrer dans la chambre des âmes !

Qu'est-ce que des amants ? Ce sont des nouveau-nés.
Mon bien-aimé, venez des monts, des bois ! venez !
    Profitez des portes mal closes.
10 Je voudrais bien savoir comment je m'y prendrais
Pour ne pas adorer son rire jeune et frais.
    Venez, mon lit est plein de roses !

Ma maison est cachée et semble faite exprès ;
Le plafond est en cèdre et l'alcôve en cyprès ;
15   Oh ! le jour où nous nous parlâmes,
Il était blanc, les nids chantaient, il me semblait
Fils des cygnes qu'on croit lavés avec du lait,
    Et je vis dans le ciel des flammes.

Dans l'obscurité, grand, dans la clarté, divin,
20 Vous régnez ; votre front brille en ce monde vain,
    Comme un bleuet parmi les seigles ;
Absent, présent, de loin, de près, vous me tenez ;

Victor Hugo

> *Venez de l'ombre où sont les lions, et venez*
> *De la lumière où sont les aigles !*

25 *J'ai cherché dans ma chambre et ne l'ai pas trouvé !*
Et j'ai toute la nuit couru sur le pavé,
Et la lune était froide et blême,
Et la ville était noire, et le vent était dur,
Et j'ai dit au soldat sinistre au haut du mur :
30 *Avez-vous vu celui que j'aime ?*

Quand tu rejetteras la perle en ton reflux,
O mer ; quand le printemps dira : « je ne veux plus
Ni de l'ambre, ni du cinname ! »
Quand on verra le mois nisan congédier
35 *La rose, le jasmin, l'iris et l'amandier,*
Je le renverrai de mon âme.

S'il savait à quel point je l'aime, il pâlirait.
Viens ! le lys s'ouvre ainsi qu'un précieux coffret,
Les agneaux sont dans la prairie.
40 *Le vent passe et me dit : Ton souffle est embaumé !*
Mon bien-aimé, mon bien-aimé, mon bien-aimé,
Toute la montagne est fleurie !

Oh ! quand donc viendra-t-il, mon amour, mon orgueil ?
C'est lui qui me fait gaie ou sombre ; il est mon deuil,
45 *Il est ma joie ; et je l'adore.*
Il est beau. Tour à tour sur sa tête on peut voir
L'étoile du matin et l'étoile du soir,
Car il est la nuit et l'aurore !

Pourquoi fais-tu languir celle qui t'aime tant ?
50 *Viens ! pourquoi perdre une heure ? Hélas ! mon cœur*
[*attend ;*
Je suis triste comme les tombes ;
Est-ce qu'on met du temps, dis, entre les éclairs
De deux nuages noirs qui roulent dans les airs,
Et les baisers de deux colombes ?

La Fin de Satan (1859-60).

Le *Cantique de Bethphagé* marque un point culminant du lyrisme dans *La Fin de Satan*. La source biblique principale en est évidemment le *Cantique des Cantiques*, cher à toute âme poétique.

Nous retrouvons ici un chœur de femmes, les voix alternées d'une jeune fille et d'un jeune homme. Notre analyse portera exclusivement sur la dernière partie de la scène, le chant de la jeune fille. Nous voudrions essayer d'en marquer l'originalité.

La variété du vocabulaire nous séduit d'abord. Plusieurs mots exotiques s'y rencontrent, destinés à marquer une couleur orientale : *cèdre, cyprès, ambre, cinname*...

Cèdre et *cyprès* sont dans le *Cantique* I, 16, mais aussi dans *La Femme adultère* d'A. de Vigny.

La forme *cinname* est attestée depuis 1636, alors que *cinnamone* remonte au XIIIe siècle. Chateaubriand écrit : *que la myrrhe, le cinnamone et l'aloès couvrent votre lit embaumé* (*Martyrs*, XIV). A. de Vigny réplique :

> *Mon lit est parfumé d'aloès et de myrrhe ;*
> *L'odorant cinnamone et le nard de Palmyre*...

Victor Hugo préfère *cinname*, à cause des appels de rime plus somptueux :

> *O myrrhe ! ô cinname !*
> *Nard cher aux époux !*
> *Baume ! Éther ! dictame*...
>
> *Les Feuilles d'Automne*, VII.

Nisan est tout à fait remarquable ; nous en avons peut-être ici le premier emploi, suffisamment clair cependant, grâce au contexte et à *mois ; mars* ou *avril* eût manqué de vérité historique. *Nisan* provient sans doute du livre d'*Esther*.

La flore de ce texte est bariolée. *L'herbe en fleur*, 2, peut passer pour une approximation. *Roses* n'est pas dans le

Cantique. On les trouve dans le livre de la *Sagesse* II, 8 : *coronemus nos rosis, antequam narcescant...* ; l'*Ecclésiastique*... ; le mot existe aussi dans la *Femme adultère*, métaphoriquement il est vrai. *Roses* est un symbole classique de l'amour.

Dès *Les Orientales*, V. Hugo a été séduit par la couleur du bleuet :

> *Allez, allez, ô jeunes filles*
> *Cueillir des bleuets dans les blés.*
>
> XXXII.

Le *seigle*, plus terne et utilitaire, contraste avec la fraîcheur du bleuet ; on le rencontre dans *Les Voix intérieures* IV, offrant comme ici, une rime à *aigles*.

Le bleuet et le seigle n'appartiennent pas au *Cantique*, ne sont même pas spécifiquement bibliques. On peut en dire autant du *jasmin*, de l'*iris*, de l'*amandier*, dont les fleurs, le parfum, sont consacrés par une longue tradition :

> *Jasmins dont un air doux s'exhale,*
> *Fleurs que les vents n'ont pu ternir,*
> *Aminte en blancheur vous égale...*
>
> La Fontaine, *Psyché.*

A. de Musset, de son côté, dans les *Stances à Nodier*, a célébré la blancheur de l'amandier.

Quant à l'iris, il est d'un bleu tirant sur le mauve. Le vers de V. Hugo offre donc une belle palette de couleurs. Le *lys* est commun dans la Bible et le *Cantique* (huit fois). A. de Vigny encore disait :

> *Votre front est semblable au lys de la vallée...*

Tous ces mots n'ont d'autre but que de créer, par leur pittoresque d'évocation, une atmosphère de paix, édénique.

Plus curieuse peut-être la faune que V. Hugo a réunie. Jérémie cite la cigogne (VIII, 7), associée à la tourterelle :

elles connaissent le temps de la migration. D'habitude, la cigogne représente la piété ou la reconnaissance. Tel n'est pas le cas ici. Elle semble préfigurer l'arrivée des enfants, fruits de l'amour, conformément à diverses traditions.

Le *Deutéronome* signale les cygnes... parmi les animaux impurs ! Une tradition classique permet heureusement de les évoquer avec plus de vérité poétique...

Aigles ou *agneaux* sont absents aussi du *Cantique des Cantiques*. Les *lions* pourtant s'y rencontrent : « *Venez du Liban ... des cavernes des lions* » IV, 8 ; d'où :

> *Venez de l'ombre où sont les lions...*

L'antithèse crée ensuite les aigles.

Colombe est en revanche fort bien représenté : sept fois.

Ici, de surcroît, l'association avec *tombes* est une réussite, renouvelée par Valéry dans le *Cimetière marin*.

Le lexique concret de ce poème livre d'autres enseignements que cette recréation d'un univers palestinien.

Prairie vient des *Proverbes* XXVII, 25 : *Les prés sont ouverts, les herbes vertes ont paru... les agneaux sont pour vous vêtir*. Alors s'éclaire la strophe de V. Hugo. On comprend mieux aussi qu'il ait pu contaminer les évocations de la courtisane contre laquelle Salomon met en garde (VII) et les versets de son *Cantique* à la gloire de l'amour... Mais quel amour ! Malgré des audaces extraordinaires, le poème biblique demeure chaste. Un peu de musc flotte dans l'air que respire la jeune fille de V. Hugo.

Alcôve par exemple est un mot ambigu ; ces vers de Lamartine en montrent assez la nuance sensuelle :

> *Là, sous l'alcôve sombre...*
> *Une jeune beauté dort sur un lit d'ébène...*

Lectulus noster floridus, dit le *Cantique*. V. Hugo interprète : *mon lit est plein de roses*, suggestion qui est dans le goût de Chénier et du XVIIIe siècle : les *roses* sont l'équivalent métaphorique du corps féminin.

En apparence, simple touche concrète : *le lys (qui) s'ouvre ainsi qu'un précieux coffret ;* en réalité, c'est un symbole érotique.

Pâlir demande même une explication. Dans A. de Musset déjà, *pâle* et ses dérivés sont synonymes d'amour.

Dans l'ensemble toutefois, ces vers de V. Hugo malgré l'insistance des mots *nid, aimer, amant, amour, adorer, languir...* demeurent suffisamment accordés au ton du poème biblique. Du reste, *bien-aimé* à lui seul (décalque de *dilectus*) permet de retrouver aisément la tonalité du *Cantique des Cantiques*.

D'autre part, le caractère *scénique* de ce chant est bien assuré grâce aux verbes d'action, tandis que le lyrisme est soutenu sans défaillance par l'accumulation des substantifs et des adjectifs, expression d'une réalité choisie ou projection d'un rêve, car V. Hugo a conçu une **nature** en pleine expansion, il l'a saisie dans ses aspects les plus grandioses : l'infini de l'azur, les monts, les bois, la mer, le vent... ; en a suivi le mouvement vital : *L'étoile du matin et l'étoile du soir...*

En plus de la couleur orientale, des notations concrètes et lyriques (le thème de l'amour associé à celui du printemps se prête à d'innombrables variations), il faut constater que presque toutes les strophes ont un ou plusieurs mots, une ou plusieurs expressions d'un registre presque familier. Même en négligeant *chambre*, déjà dans *Polyeucte*, on peut relever :

L'amour porte bonheur, on dirait un proverbe ! — *Je voudrais bien savoir comment je m'y prendrais ! — Ma maison ... semble faite exprès — vous me tenez — Est-ce qu'on met du temps, dis...*

Tout cela est conforme au *credo* poétique exposé dans la *Réponse à un acte d'accusation*.

ANALYSES STYLISTIQUES

Le style de ce texte, c'est d'abord, essentiellement, ce brassage des tons obtenu par un vocabulaire accueillant à tous les souffles, sans bassesse pourtant ou vulgarité : le choix d'un pareil sujet ne le permettrait en aucune façon.

Considérons la qualification : d'autres habitudes de V. Hugo se manifestent. Notons, si l'on veut : *portes mal closes* dont la forme est symétrique de *bien closes* (dans les *Pauvres gens*, par exemple). Les adjectifs *froide, blême, noir, dur* sont typiques surtout de sa sensibilité. Une vision concrète est interprétée par l'affectivité. Il suffit de lire les versets parallèles du *Cantique* (III, 2, 3) pour saisir cette évolution. *Blanc, gaie, sombre* ou *triste* sont même les pôles de la vie psychologique du poète, tellement contrastée ! Mais le climat épique accepte ou réclame ces antithèses et ces couleurs franchement symboliques.

Très remarquable même le choix de *insensés*, 5. Au lieu d'une épithète concrète, cet adjectif d'apparence usée, vivifie la représentation de l'azur.

En définitive, ces strophes qui risquaient d'apparaître comme un décalque servile du *Cantique des Cantiques* se montrent très neuves d'accent. Le vertige des sens se fait complice d'un certain vertige cosmique. Ce qui aurait pu demeurer idylle charmante et sans surprise s'ajuste aux dimensions de la *Fin de Satan*.

Comparée aux recherches et aux réussites du lexique, l'utilisation du matériel grammatical et de la phrase peut sembler moins originale. Les habiletés pourtant n'y manquent pas.

Au début de son chant, la jeune fille désigne son amant par un pronom qui marque une certaine distance impersonnelle : *Je le vis ;* elle utilise la forme plurielle : *Venez.* Après un mouvement figuré de retraite : *Je le renverrai,* le singulier triomphe : *Viens, ton souffle, Pourquoi fais-tu languir, dis...* Le lyrisme n'a donc pas contrarié la progression dramatique. Comme sa pensée a su s'enlacer au bien-aimé ! Pronoms, possessifs, impératifs haletants ont marqué toutes ses démarches.

Les articles définis sont ici surtout des gestes tendres d'appel. Regardez cette nature accueillante : elle nous convie à l'amour ; tandis que dans la cinquième strophe, l'article renvoie à des êtres grossiers ou à des choses hostiles que le bien-aimé et le chœur des femmes doivent connaître : la *nuit*, la *ville*, le *soldat*...

Le passé simple peut être mis en relation avec l'imparfait pour marquer la surprise ou la soudaineté d'une action :

> *L'air était doux,*
> *Je le vis, l'herbe en fleur nous venait aux genoux,*
> *Je riais, et nous nous aimâmes...*
> *Oh ! le jour où nous nous parlâmes,*
> *Il était blanc, les nids chantaient...*
> *Et je vis dans le ciel des flammes.*

La grâce un peu précieuse de ces formes assez rares ne manque pas non plus d'efficace.

Les passés composés enregistrent au contraire le souvenir encore brûlant et cruel d'une quête fiévreuse :

> *J'ai cherché dans ma chambre et ne l'ai pas trouvé !*
> *Et j'ai toute la nuit couru sur le pavé...*

L'imparfait se présente alors comme pour éterniser une vision :

> *Et la lune était froide et blême*
> *Et la ville était noire, et le vent était dur...*

Nouvelle prise de conscience torturante :

> *Et j'ai dit au soldat sinistre au haut du mur :*
> *Avez-vous vu celui que j'aime ?*

Quant aux présents, leur fonction principale est de marquer une réalité sauvée des contingences de la durée, disponible en permanence dans un paradis retrouvé.

En relation avec les impératifs, les futurs projettent la réalisation des vœux de la jeune fille dans un prochain immédiat, à l'avant-dernière strophe ; l'infinitif *pourquoi perdre une heure* reçoit l'éclairage du contexte lui-même ; il traduit surtout une modalité.

Les perspectives temporelles sont donc savamment précises et variées.

Les phrases gardent toutes une structure élémentaire. L'affectivité s'y marque par les interrogations, les mots et les tours exclamatifs d'une extrême diversité.

Un ordre insolite, expressif par conséquent, souligne à l'occasion ces mouvements : au début des strophes 4 et 7 par exemple. On comprend mieux dès lors, le sens des corrections :

Vous êtes beau dans l'aube et charmant dans la nuit,
Votre front parmi tous brille et s'épanouit...

De même effet sont les ruptures ou les reprises significatives :

Oh ! le jour où nous nous parlâmes,
Il était blanc...
Oh ! quand donc viendra-t-il, mon amour...

au détriment même d'une clarté totale dans le premier exemple : *Il était blanc ;* la représentation pronominale reste ambiguë. Le *Cantique* permet de préciser : *Dilectus meus candidus...*

Dans une langue lyrique, la coordination n'est jamais insistante, celle de la strophe 5 est due à l'imitation du style biblique où le *et* a plusieurs valeurs. Il traduit ici l'inquiétude affolée de la jeune fille à la recherche de son amant.

Enfin la phrase nominale

Mon bien-aimé, mon bien-aimé, mon bien-aimé,

offre l'expression de la passion pure dans un dépouillement grammatical exemplaire.

L'étude stylistique proprement dite décèle immédiatement quelques procédés : le plus flagrant est l'antithèse, dans presque toutes les strophes et à différents niveaux : à l'abstrait comme au concret. Elle tient à l'être même de V. Hugo ; mais sa maîtrise est telle qu'il en tire des effets d'agrandissement épiques : à l'avant-dernière strophe par exemple.

Plus intéressante la figure que les rhétoriques grecques déjà avaient cataloguée sous le nom d'*adunaton*, reprise par les Latins et tous les versificateurs du XVIIIe siècle : Chénier, le premier, dans ses *Bucoliques :*

> *Quand tu rejetteras la perle en ton reflux*
> *O mer ; quand le printemps dira...*

On présente une hypothèse irréelle pour mieux affirmer une réalité ; ici la force de l'amour de la jeune fille pour son bien-aimé. Le même procédé revient à la fin du poème à la faveur d'une interrogation oratoire qui met en jeu des éléments antithétiques.

Les images enfin occupent tout le chant, sous des formes multiples : personnification, animation avec mise en scène : *le printemps dira, Le vent... dit ;* comparaisons, métaphores. Remarquons la présentation grammaticale variée : *comme, ainsi que*, agrafes volontairement solides ; la nature surtout de l'image offerte comme un haut degré absolu :

> *Je suis triste comme les tombes.*

Le banal *je suis très triste* restait insignifiant. *Tombes* nous livre de surcroît un aspect du romantisme de V. Hugo. En dernière analyse, nous avions le même fait sous une forme plus subtile dans :

> *Fils des cygnes qu'on croit lavés avec du lait.*

La blancheur des cygnes est soulignée par une référence symbolique.

Elle contraste avec la couleur des cigognes : blanches,

mais aux ailes noires. C'est pourtant une imagination occidentale qui a repensé ces images. Il suffit de se reporter au modèle (V. 10-12) pour voir les sacrifices de V. Hugo à la simplicité, au naturel.

Le vers : « *Laissez faire leur nid aux cigognes* » présente même une *similitude ;* c'est une variété du *machal* hébraïque où l'image est ramassée dans une sentence très courte destinée à servir de leçon.

Aussi remarquable, l'introduction de l'image à la faveur du verbe *être* qui en réunit alors les éléments sous un seul regard. L'identification des amants aux *nouveau-nés* était imprévue certes ; le rapport demeure surprenant, mais pour V. Hugo l'amour est innocence, dans ce contexte surtout.

Une certaine rhétorique a pu abuser de *nuit* et *aurore*. Dans nos tragédies, constatait Fénelon, *une personne très imparfaite est nommée un soleil, ou tout au moins une aurore.* Le style oriental excuse ici ces hyperboles.

Mon amour, mon orgueil restent plus communs. Le possessif conserve une valeur objective très accusée : celui qui cause mon amour, provoque mon orgueil... Seul *mon deuil* livre une antithèse frappante, bien à la manière de V. Hugo.

Une autre métaphore simplement incluse dans un nom ne manque pas d'intérêt non plus : *la chambre des âmes*. On peut se borner à commenter l'alliance heureuse créée par la détermination abstraite. Si l'on veut en expliquer la genèse, il faudra bien remonter au conte de l'*Oiseau bleu*, inspiré par un lai de Marie de France, Yonec. Les derniers vers de cette strophe prennent alors une neuve signification. Ils s'intègrent dans une vision générale très particulière où dominent les sensations blanches, bleues, noires, rouges *(flammes)* : couleurs épiques fondamentales.

La plupart des sens collaborent sans doute à cette résurrection d'un univers paradisiaque : *doux, rire jeune et frais* (où nous avons une synesthésie), *chantaient, embaumé...*

Le rôle de la vue demeure prééminent : c'est elle qui ordonne ou imagine toutes les scènes. Ainsi la contemplation est source de ferveur.

Telles sont les intentions majeures et les réalisations stylistiques de V. Hugo dans le *Cantique de Bethphagé*.

Renonçant aux conventions du pastiche, il écrit un poème d'une tension continue qui porte bien sa griffe assurément, mais qui laisse intacte la grâce émerveillée d'un être devant la révélation de l'amour.

La versification confirme ces desseins et ces effets. La présence de strophes révèle tout de suite l'état lyrique. Le sizain symétrique existe au moins depuis les *Œuvres chrétiennes* de Godeau (1633) ; on le retrouve dans le Psaume LXXII de Racan, *La Jeune Captive* de Chénier, *Moïse sur le Nil* de Victor Hugo... C'est un de ses types préférés. La résolution de la strophe sur une rime féminine ne manque pas non plus de charme.

Cette structure doit être confrontée avec les autres formes lyriques du *Cantique de Bethphagé* : on constate l'effort de variation du poète maniant tour à tour le sizain isométrique d'alexandrins, le quatrain d'heptasyllabes, le quatrain d'alexandrins, le sizain d'octosyllabes, le sizain hétérométrique avec trois mètres courts...

Les rimes ne sont pas uniformément somptueuses : *doux - genoux*, n'est qu'une assonance ; la rime riche (avec trois éléments identiques), l'exception. Au vrai, seule importe la diversité des appels entre catégories grammaticales différentes. V. Hugo se refuse à tout automatisme. Par là, il brise les attentes trop faciles et prévisibles. De même, l'isométrie demeure accidentelle.

L'harmonie peut naître du retour de certains mots clefs ; résulter d'allitérations : *soldat sinistre, triste comme les tombes, nuages noirs... ;* être suggestive par le rappel de sonorités expressives :

> *Et la ville était noire, et le vent était dur...*
> *Le vent passe et me dit : ton souffle est embaumé*
> *...entre les éclairs*
> *De deux nuages noirs qui roulent dans les airs...*

La virtuosité de V. Hugo dans ce domaine est suffisamment connue. Mais on devine que l'originalité intrinsèque de ces strophes réside dans le rythme. Nous constatons d'abord qu'elles s'arrêtent toutes sur une ponctuation très forte. A l'intérieur de chacune d'elles, il y a même un repos ; après le distique initial ou le troisième vers, comme dans Malherbe.

La discordance revêt deux aspects : le rejet, rupture d'une ligne mélodique :

> *Dans l'obscurité, grand, dans la clarté, divin,*
> *Vous régnez ;*
> *Quand tu rejetteras la perle en ton reflux,*
> *O mer ;...*

ou l'enjambement, étalement rythmique :

> *Il est beau. Tour à tour sur sa tête on peut voir*
> *L'étoile du matin et l'étoile du soir...*

On peut sans risque interpréter les buts et les effets de tels procédés.

Reste la structure elle-même de l'alexandrin. Il n'est plus question ici de ligne raide ou circonflexe. L'axe du vers peut passer ailleurs qu'à la sixième syllabe. A mon sens, le problème de la discordance interne se pose donc assez inexactement si l'on tient à juger le vers selon ce critère absolu.

On peut remarquer la succession de deux syllabes toniques de part et d'autre de l'hémistiche traditionnel.

> *Vous régnez ; votre* front brille *en ce monde vain.*

Mais la notion même d'hémistiche peut sembler inadaptée à son objet. V. Hugo réserve toujours une possibilité d'accentuation à la 6ᵉ syllabe jusque dans le cas de prolepse grammaticale :

> *Viens ! le lys s'ouvre* ainsi *qu'un précieux coffret.*

soulignant par là les termes de sa comparaison.
Pareillement on accentuera :

> *Mon bien-aimé, venez des monts, des bois ! venez !*

Alors la symétrie avec la rime s'accuse ; le rythme interne du vers n'en souffre pas ! il reste suffisamment marqué par la ponctuation, sans qu'on ait réduit ou sacrifié un potentiel de signification.
Demeure l'extraordinaire alexandrin :

> *Mon bien-aimé, mon bien-aimé, mon bien-aimé,*

Assurément, un accent affectif relève *bien*. Le rythme ternaire est absolu grâce à la ponctuation ; une structure de trimètre s'instaure, à l'état presque pur. Mais ce texte de *La Fin de Satan* date de 1859-1860 : d'où ces audaces extrêmes.

Ainsi la diction, le chant de ces vers n'accepte aucune monotonie. L'octosyllabe, sans césure obligatoire, apportait déjà un élément de surprise ; l'alexandrin lui-même, si mouvant, s'accorde aux émois de la jeune fille.

La cause est entendue. On peut comparer les interprétations du *Cantique des Cantiques* chez les écrivains romantiques : la palme revient à V. Hugo. A. de Vigny avait même renoncé à reproduire la paraphrase publiée en 1824, le *Chant de Suzanne au bain :*

> *De l'époux bien-aimé, n'entends-je pas la voix ?...*

C'est V. Hugo encore qui a eu l'idée de transposer son *Cantique de Bethphagé* à l'époque de Jésus. Un autre poète l'a suivi : E. Rostand. Ce n'est pas le lieu ici de commenter en détail le chant de Photine dans la *Samaritaine*, I 5 : drame lyrique représenté en 1897, dix ans après la publication de *La Fin de Satan*.

Il convient toutefois de prolonger l'analyse du poème de V. Hugo par un certain nombre de remarques sur l'invention et l'art d'E. Rostand : ainsi pourront être mieux définies les tendances de l'un et l'autre écrivains.

> *Attrapez ces renards qui ravagent nos vignes...*
> *L'amour est bien fort sur les cœurs !*
> *Donnez-moi du raisin à sucer, car je meurs.*
> *Le bien-aimé me fait des signes...*
> *Attrapez ces renards qui ravagent nos vignes !*

Attaque brusque, intéressante. Les renards viennent du *Cantique des Cantiques* II, 15, ils dévastent les vignes, d'où par association, le vers 3.

Mais le vers 2 manque de nécessité logique. La reprise du vers initial, comme un refrain, est d'un lyrisme facile.

> *A travers le treillage, hier, il me parla :*
> *Debout, ma mie, et viens, ma belle !*
> *L'hiver a fui, la pluie est loin, les fleurs sont là :*
> *C'est le temps de la ritournelle.*

La tension poétique s'est relâchée : *ma belle, ritournelle*...

Le personnage de la *Samaritaine* l'exigeait-il ?

> *...Je dormais. Quelquefois je dors,*
> *Mais tout de même mon cœur veille.*
> *Quelqu'un m'a crié du dehors :*
> « *Ouvrez, cœur, fleur, astre, merveille !* »

Bonheur de cette strophe ; la suivante est de la même veine :

> *J'ai répondu d'un ton malin*
> *A la chère voix reconnue :*
> « *J'ai quitté ma robe de lin :*
> *Puis-je vous ouvrir ? Je suis nue.* »

Hélas ! la troisième qui contamine divers textes (le *Cantique*, Jean, XII, 3 ; l'épisode de Marie) n'a pas cette plénitude :

> *J'ai parfumé mes pieds lavés*
> *Préalablement dans la neige :*
> *Mes pieds blancs, sur les noirs pavés,*
> *Pour vous ouvrir, les salirai-je ?*

Adverbe lourd et cheville déparent le vers 2 ; l'antithèse du vers 3 est trop marquée.

Les deux autres strophes sont belles dans leur simplicité :

> *Je dis... Mais je fus vite ouvrir :*
> *Contre lui je suis si peu forte !*
> *Il avait fui : j'ai cru mourir,*
> *Et quand j'eus refermé la porte*
>
> *(Mes doigts avaient sur les verrous*
> *Laissé de la myrrhe sauvage),*
> *J'ai pleuré dans mes cheveux roux*
> *Et me suis griffé le visage.*

Expressivité de l'enjambement de strophe en strophe, suggestion émouvante de l'adjectif *roux* !

Et voici que monte la douceur de son appel :

Mon bien-aimé — je t'ai cherché — depuis l'aurore,
Sans te trouver, — et je te trouve, — et c'est le soir ;
Mais quel bonheur ! — il ne fait pas — tout à fait noir :
      Mes yeux encore
      Pourront te voir.

Ton nom répand — toutes les huiles — principales,
Ton souffle unit — tous les parfums — essentiels,
Tes moindres mots — sont composés — de tous les miels,
      Et tes yeux pâles
      De tous les ciels.

Mon cœur se fond — comme un fruit tendre — et sans
                                         [*écorce...*
Oh ! sur ce cœur, — mon bien-aimé, — qui te cherchait !
Viens te poser — avec douceur — comme un sachet.
      Puis avec force
      Comme un cachet !

Le rythme ternaire est constant ici, souligné même typographiquement. V. Hugo a sans doute contribué à préciser cette technique. Mais quel rayonnement des mots ! La crainte d'arriver trop tard désempare, exalte cette amante. Quelle plénitude sémantique ! Plus loin, elle répétera son appel au Seigneur. Alors, l'éclairage devient tout différent ; les résonances, nouvelles, malgré quelques faiblesses d'écriture. Strophes déchirantes en vérité d'une tendresse inouïe. De Gentil-Bernard à Rostand, le *Cantique des Cantiques* sera passé dans les lettres françaises par ces métamorphoses admirables ou bouleversantes.

VERLAINE

Voix de l'Orgueil : un cri puissant comme d'un cor,
Des étoiles de sang sur des cuirasses d'or ;
On trébuche à travers des chaleurs d'incendie...
Mais en somme la voix s'en va comme d'un cor.

5 *Voix de la Haine : cloche en mer, fausse, assourdie*
De neige lente. Il fait si froid ! Lourde, affadie,
La vie a peur et court follement sur le quai
Loin de la cloche qui devient plus assourdie.

Voix de la Chair : un gros tapage fatigué ;
10 *Des gens ont bu ; l'endroit fait semblant d'être gai ;*
Des yeux, des noms, et l'air plein de parfums atroces
Où vient mourir le gros tapage fatigué.

Voix d'Autrui : des lointains dans les brouillards ; des
   [*noces*
Vont et viennent ; des tas d'embarras ; des négoces,
15 *Et tout le cirque des civilisations*
Au son trotte-menu du violon des noces.

Colères, soupirs noirs, regrets, tentations,
Qu'il a fallu pourtant que nous entendissions
Pour l'assourdissement des silences honnêtes,
20 *Colères, soupirs noirs, regrets, tentations.*

> *Ah ! les Voix, mourez donc, mourantes que vous êtes,*
> *Sentences, mots en vain, métaphores mal faites,*
> *Toute la rhétorique en fuite des péchés,*
> *Ah ! les Voix, mourez donc, mourantes que vous êtes !*
>
> 25 *Nous ne sommes plus ceux que vous auriez cherchés.*
> *Mourez à nous, mourez aux humbles vœux cachés*
> *Que nourrit la douceur de la Parole forte,*
> *Car notre cœur n'est plus de ceux que vous cherchez !*
>
> *Mourez parmi la voix que la Prière emporte*
> 30 *Au ciel, dont elle seule ouvre et ferme la porte*
> *Et dont elle tiendra les sceaux au dernier jour,*
> *Mourez parmi la voix que la prière apporte,*
>
> *Mourez parmi la voix terrible de l'Amour !*
>
> Sagesse I, XIX.

Le poème XIX de *Sagesse* porte cette indication de Verlaine sur un exemplaire présenté au comte de Kessler : *Stickney, été* 1875, *à travers champs*. Il semble contemporain du sonnet

> *Les faux beaux jours ont lui...*
> *Et les voici vibrer aux cuivres du couchant...*
> *Une tentation des pires. Fuis l'infâme...*
> *O, va prier contre l'orage...*

L'atmosphère est semblable. Mais, renonçant aux limites d'un poème à forme fixe, Verlaine détaille ici longuement les tentations diverses qui le harcelaient. L'expression et la forme versifiée sont-elles ajustées à cette confession intime et à la nature impersonnelle finalement de toute poésie authentique ?

Comme les autres poèmes de *Sagesse*, celui-ci n'a pas de titre. Le titre est une limitation ou une réflexion *a posteriori* presque toujours. Or, Verlaine veut précisément nous montrer l'envahissement progressif de la conscience par différentes formes du péché. Les démarches insinuantes du mal sont ainsi rendues plus inquiétantes.

L'inspiration générale du poème ferait penser à Tennyson que Verlaine alors lisait et qui entend également des voix troublantes. Au-delà de ces lectures, il faudrait remonter jusqu'à la *Psychomachie* de Prudence pour une semblable mise en scène dramatique qu'on pourrait même repérer dès le premier poème de *Sagesse*.

Mais l'originalité de Verlaine est sauve : il ne s'agit pas d'un exercice de rhétorique, mais d'obsessions, presque d'hallucinations.

L'ordonnance du poème reste d'une extrême simplicité : après les appels de quatre tentations, Verlaine nous montre la prière exorcisant les Voix du Mal ; antithèse un peu facile, mais elle se retrouve à d'autres niveaux.

La reprise du vers initial n'est pas complète dans les quatre premières strophes où quelques mots seulement sont répétés ; elle est presque absolue dans la deuxième partie : comme si le souffle de Verlaine s'était fatigué dans cet effort de variation.

Aux phrases nominales du début, si poignantes, et justes, succèdent les propositions traditionnelles de la fin, sans surprise syntaxique.

L'utilisation du matériel grammatical ne peut donner lieu qu'à de brèves remarques. Les voix de l'Orgueil, de la Haine, de la Chair, d'Autrui sont présentées d'une façon saisissante, brutale. L'article eût été trop rassurant. A la fin de cette évocation, l'article défini *les voix*, 24, fonctionne, au contraire, comme un présentatif énergique.

L'article indéfini estompe une représentation trop concrète, la dissout dans une indétermination de rêve ou de cauchemar.

Dans le manuscrit définitif qui servit à l'impression et

dans les deux premières éditions, le texte portait : *des lointains dans des brouillards ; des noces...* Pour éviter une suite disgracieuse de sonorités, Verlaine a corrigé : *les brouillards.* Du coup, il faisait même disparaître une surcharge sémantique.

On retrouve ici naturellement les valeurs habituelles de l'article défini : unicité, généralisation, notoriété, excellence... : *la Parole forte, la porte* (du ciel), *les sceaux*, etc...

Parmi est une préposition chère à Verlaine, il ne faut pas seulement y déceler un emploi archaïque. On doit être plutôt sensible à sa valeur concrète, indéterminée ; *parmi la voix :* au milieu des bruits des oraisons, de la clameur effrayante d'un Dieu justicier.

Bien que discutée par Vaugelas, la construction du pro-adjectif *que* s'est maintenue, sauvée par l'énergie de sa concision : *mourantes que vous êtes.* L'adjectif verbal, grâce à sa résonance féminine, est de surcroît expressif.

Si juste qu'elle puisse être en principe, la concordance temporelle *entendissions* apporte une note insistante, rappelant trop l'usage classique. En fait, Verlaine a recherché une série d'accords allitérants pour suggérer ce susurrement muet.

La syntaxe : *comme d'un cor*, est d'une ambiguïté volontaire.

Il faut comprendre à la fois : *comme celui d'un cor*, avec l'économie d'un démonstratif ; et, *comme celui qui sort d'un cor*, ainsi que l'explicite le vers 4, où la comparaison porte sur une phrase entière.

Tout simple qu'il paraisse, l'emploi des temps ne manque pas d'intérêt. Une variante significative d'abord, au vers 25 :

Nous ne sommes plus ceux que vous aviez cherchés.

Ce plus-que-parfait impliquait une expérience personnelle.

Verlaine

L'hypothèse au contraire soustrait au temps et à un individu précis ces dégradantes concupiscences : *auriez*.

Du coup, nous sommes conviés à regarder d'un regard d'éternité les présents qui jalonnent l'histoire de ces tentations : présents dramatiques certes, qui restituent la violence de ces appels ; mais signes également de la permanence possible de ces chutes pour tous les hommes. On comprend mieux aussi dès lors la signification des représentants : *nous, notre* : le pauvre Lélian, certes, en premier lieu : mais nous-mêmes, à nos mauvaises heures. Cet itinéraire de déroute et de grâce n'est pas réservé au seul Verlaine.

Éclate enfin le futur : *tiendra*, dont les valeurs sont précisées par la détermination temporelle *au dernier jour*. Une dimension nouvelle s'introduit dans cette confession lyrique, la dilatant jusqu'à l'infini de l'éternité.

Le vocabulaire de notre poème est d'autre part d'une audacieuse diversité. Victor Hugo avait bien proclamé tous *les mots égaux, libres, majeurs*. Mais Verlaine va beaucoup plus loin dans l'exercice de ce droit, brassant à l'intérieur d'une même pièce des tons en apparence dissonants : noble, religieux, technique, familier ou vulgaire.

Prière, porte du ciel, Amour, sont usuels dans une certaine littérature mystique. *Sceaux*, emprunté à l'Apocalypse, est moins commun. *Mourir à* est calqué sur une formule paulinienne : *mourir au péché ;* tandis que les différentes voix de l'Orgueil, de la Haine, de la Chair, d'Autrui, rappellent même les condamnations de la 1re Épître de Jean : *si quelqu'un aime le monde, l'amour du Père n'est pas en lui. Car tout ce qui est dans le monde est ou concupiscence de la chair, ou concupiscence des yeux ou orgueil de la vie... Or le monde passe...*

Tout à fait insolites au contraire, les termes techniques de la strophe 6. *Sentence* ne figure que dans des vers obscurs de Gilbert ; *métaphore*, dans une satire de Boileau, *rhétorique* dans une réplique d'Elmire à Tartuffe :

> *Je vous écoute dire et votre rhétorique*
> *En termes assez forts à mon âme s'explique...*

Victor Hugo de son côté s'était écrié : *guerre à la rhétorique*. Mais l'éclairage du mot est différent dans Verlaine qui lance une charge contre les ruses et l'hypocrisie du monde : *il faut que jeunesse se passe, on n'a pas deux vies...*

Noces et négoces sont scandaleusement associés. Dans un tel poème, d'essence lyrique, les expressions basses ou triviales *en somme*, un *gros tapage, ont bu, fait semblant*, des *tas de, cirque*... surprennent et forcent l'attention. L'épithète *trotte-menu* déconcerte même de prime abord : la référence à une fable de La Fontaine paraît incompréhensible. Non content de surprendre ainsi son lecteur, Verlaine durcit ses effets grâce à l'antithèse : *la voix terrible de l'Amour*. Le chant du *Dies irae* orchestre cette scène ! *Le cirque des civilisations :* mot inusité en poésie (il figure dans le dictionnaire de l'Académie depuis 1835 seulement), d'une longueur anormale, accrue encore par la diérèse ; l'allitération enfin souligne d'une façon grotesque ces rapports surprenants.

Comment interpréter *neige lente* ? Plutôt qu'une indication temporelle *(qui tombe avec lenteur)*, il convient de restituer à l'adjectif sa valeur étymologique : la neige lente est celle qui tombe en tout sens, au gré du vent.

De même, *les parfums atroces* ne sont pas tels seulement par leur violence et leur âcreté. Nous avons une synesthésie : les fumées de tabac embrument et ternissent l'air de ce local : de là cette représentation fantomatique des êtres.

Le vocabulaire sensoriel est évidemment primordial ici. Mais Verlaine ne retient que les impressions fugitives, floues, accordées au caractère hallucinant de ces tentations. D'où le rôle d'une agrafe comparative *comme*, 1 : pur outil d'approximation ; et des pluriels qui brouillent une réalité qui serait trop tangible ou particulière.

Depuis Fénelon au moins, *les lointains* est un terme de peinture admis dans la langue. Le mot ici n'est à relever qu'à cause des *brouillards* qui en renforcent la coloration affective, *la nuance*, pour tout dire.

Plus qu'à la variété des qualifications (dans la strophe 6 par exemple), on sera attentif au rôle de l'adjectif qui détruit une perception auditive trop nette : *cloche en mer, fausse, assourdie, plus assourdie, gros tapage fatigué, son trotte-menu*, et même : *soupirs noirs* ou *silences honnêtes ;* il y a ici autre chose que l'application docile d'une figure usée de style.

On notera encore la fonction des substantifs qui détachent une qualité et la mettent en relief dans cette technique impressionniste d'écriture : *des chaleurs d'incendie ;* le pluriel élargit même les aspects concrets de ces sensations thermiques puis visuelles. Au lieu d'une monotone coordination : la Parole douce et forte, Verlaine préfère souligner une de ces qualités : *la douceur de la Parole forte.*
La réussite est-elle totale ? La recherche systématique de l'expressivité et de la concision peut conduire à une certaine obscurité. La phrase :

> *Qu'il a fallu pourtant que nous entendissions*
> *Pour l'assourdissement des silences honnêtes,*

manque de clarté, à cause surtout d'un pareil substantif d'action, absent même du dictionnaire de l'Académie en 1878, si disgracieux de surcroît par sa masse. Il faut comprendre : pour rendre moins retentissantes en nous les silencieuses protestations du bien, nous avons dû nous faire complices du Mal.

Enfin la strophe suivante n'offre qu'un développement trop facile, à base de synonymie. La tension poétique s'est relâchée.

Dans l'ensemble, malgré tout, et quel que soit le registre utilisé, le lexique apparaît savamment exploité, sans méprise aucune, pour traduire les dégoûts et les élans d'une âme endolorie.

Les mots et thèmes de cette pièce de *Sagesse* se retrouveraient partiellement ailleurs ; dans le poème III notamment, les invectives à Rimbaud, ou l'itinéraire tracé dans le poème II de la troisième partie. Il convient donc d'en définir la stricte originalité. Elle réside à n'en pas douter dans l'expression figurée.

L'image peut apparaître dans un déterminant circonstanciel : *en fuite;* dans un substantif : *des chaleurs d'incendie, le cirque des civilisations ;* dans un adjectif : *affadie,* si typique de la sensibilité verlainienne : devenue fade, sans attraits, le contraire d'alliciant.

Elle peut revêtir les formes les plus conventionnelles de la personnification : *aux vœux... Que nourrit la douceur de la parole forte,* sans qu'on ait besoin de chercher une source précise. Elle s'étale même tout au début dans une comparaison. Prenons garde ici cependant. Nos yeux nous imposent *cor,* un instrument de musique. Mais il faut entendre aussi *corps.* Ce n'est pas une valorisation gratuite. Finalement l'orgueil meurt avec et comme nous. Du reste, l'intrusion du silence rend encore plus angoissantes ces voix.

Il convient surtout d'éclairer l'orientation des diverses correspondances. Il est facile de suivre les associations intérieures ; par exemple, *cirque* déclenche *musique,* d'où *son.* Esthétiquement, d'autre part, on ne peut pas les discuter. Il suffit de se rappeler *Le Tonneau de la Haine* ou *La Cloche fêlée* de Baudelaire pour saisir la transcendance d'une conscience poétique. On peut seulement essayer de justifier au niveau d'un écrivain le choix de ces images. *L'Orgueil :* on connaît le rôle peu héroïque de Verlaine au moment du siège de Paris et de la Commune. Lors de sa brouille avec Rimbaud, il fit connaître son intention de se porter volontaire pour la guerre d'Espagne. Ses rêves frustrés trouvent donc ici une revanche éclatante. Les étoiles peuvent représenter des taches de sang, être un souvenir des charges de Reichshoffen. Mais les étoiles sont aussi des insignes militaires, d'une vaine dérision. Les chaleurs d'incendie s'expliquent par la violence du carnage et simplement par le soleil torride d'Espagne. Pourquoi le *cor* ? Parce qu'il évoque l'hallali et peut-être parce que Vigny l'avait chanté en évoquant l'Espagne dans un poème fameux.

L'ensemble des transpositions demeure pourtant suffisamment impersonnel. Il n'en va plus de même dans la deuxième strophe. Pourquoi la *neige* ? Verlaine n'oublie jamais ses voyages féériques à travers la neige. La cloche en mer est celle du bateau qui le conduit en Angleterre. *La vie* est une métonymie ! il s'agit de Mathilde qui espère en vain retenir son mari, Mathilde au corps alourdi par une première maternité, aux charmes épuisés déjà *(affadie)* pour le poète. Inutiles tentatives : le bateau s'éloigne.

Pour mieux comprendre ce travail de l'imagination créant à partir du réel, évoquons *la chanson bien douce : un frisson d'eau sur de la mousse.* Note de Verlaine : *vraie signification : tels jadis vos pieds dans la neige.*

Le symbolisme de la strophe 3 est transparent. La strophe 4 pourrait illustrer aussi maints chapitres de l'*Imitation de Jésus-Christ*. Mais le mot *trotte-menu* fait difficulté ; or il suffit de se souvenir que Verlaine, dans un billet atroce à Mathilde daté de Quiévrain en juillet 1872, l'appelait *Princesse souris* pour que le processus d'association s'éclaire.

Finalement tout se ramène à l'histoire de son mariage abhorré et à l'échec de sa vie. Ces voix retracent d'abord sa propre aventure.

Il reste que cette recherche des équivalences sensibles à

des sentiments s'inscrit dans une suite de tableaux contrastés.

Autrefois, les prédicateurs avaient l'habitude de présenter aux fidèles, à l'occasion de *missions*, une suite de représentations figurées des vices et des vertus. La technique de Verlaine n'est pas sans analogie avec cette pratique : le tableau final, celui du Jugement, apparaît comme le couronnement nécessaire de cette théologie en images : c'est la dernière vision fulgurante qu'on emporte, celle que l'art byzantin déjà avait magnifiée, puis Giotto, et Michel-Ange.

La forme versifiée devra servir au mieux les intentions diverses du discours lyrique.

Le poème est écrit en alexandrins : ce mètre long s'accorde au ton tragique et même épique.

Les rimes donnent l'impression d'une certaine richesse due en partie à la technique du refrain qui reprend un vers plus ou moins complètement.

On trouve pourtant des accords imparfaits : *quai, fatigué, gai*, conformément à l'un des préceptes de l'*Art poétique*. L'isométrie est assez nette, en dehors même des échos : *incendie, assourdie, affadie, atroces, négoces, péchés, cachés*. Il arrive qu'une diérèse la souligne : *tentations, entendissions*. Au contraire, on constate la rareté des timbres homophones supplémentaires qui enrichissent les sonorités du mot-rime : tant d'autres éléments viennent renforcer la tessiture du poème !

En apparence, les alexandrins se groupent en quatrains. En fait, Verlaine a lié chaque strophe à la suivante par la rime du troisième vers : c'est une variante des rimes tiercées. Le rôle de l'espace blanc est ici fondamental : il creuse un silence. L'unité lyrique, c'est la pulsation renouvelée de ces quatre vers qu'une même trame sonore relie dans un même courant de conscience. Encore, faut-il percevoir la fonction et le poids de ces silences, détaillant les assauts divers et réitérés du Mal, analysant les efforts de l'homme pour les repousser.

Techniquement, le dernier vers du poème forme un quintil avec les quatre vers qui le précèdent. Esthétiquement, ce serait une erreur de concevoir pareille organisation. Un silence précède et suit également le dernier vers : la réponse du ciel à la terre, attendue avec anxiété, éclate dans l'isolement de cet alexandrin.

Un tel poème non seulement accepte ou tolère, mais appelle les ressources de la diction qui lui assure pleine efficacité : d'où le rôle extraordinaire des sonorités, au plan des correspondances initiales d'abord, et même dans la deuxième partie, beaucoup plus intellectuelle pourtant, jusque dans la note suspensive du dernier mot. Si on peut parler de métaphores articulatoires, à propos de la première strophe notamment, on se contentera d'évoquer les effets rythmiques des allitérations et des assonances dans la strophe 5. De même importance sont les chaînes créées par les mots-clefs *voix* ou *mourir*. Significative à cet égard une leçon du manuscrit primitif de *Sagesse :*

Où vient finir le gros tapage fatigué.

Verlaine a sacrifié l'allitération *ff* au profit d'un verbe plus énergique. La mort est au centre des obsessions du poète : d'où les harmoniques si curieuses de ce thème trop négligé. Autre aspect de cette réalisation du poème par la parole, plus nuancée qu'une simple récitation intérieure : les différentes formes du rythme. On repère d'abord la présence à l'hémistiche d'un mot qui n'est pas susceptible d'accentuation : *qui*, 8 ; *des*, 15.

Extérieurement, la césure reste toujours marquée ; nous ne rencontrons aucun vers du type :

En attendant l'assomption dans ma lumière.

Mais il est difficile de repérer un alexandrin qui ait vraiment une facture toute classique, tant les accents ou des phénomènes de discordance en contrarient l'aspect habituel. Un premier piège à éviter : celui des lectures faciles en trimètres. Ainsi, le premier vers ne doit pas être dit selon une formule mécanique 4 4 4 : *cri* correspond à *cor* auquel le lient ses sonorités ; il est donc accentué. Ce n'est plus sa place à l'hémistiche qui le prédestine à cette mise en relief, mais sa structure.

De même, *voix* et *va* se font écho, *voix* doit se prononcer avec une certaine netteté.

Reste évidemment le cas des vers qui n'ont que trois mots pleins :

> *Pour l'assourdissement des silences honnêtes*

et même : *Et tout le cirque des civilisations.*

Les vers classiques que l'on pourrait être tenté d'assimiler à ceux-là reposent en réalité sur un schéma qui n'a rien à voir avec le ternaire. Ils se définissent par une délimitation rigoureuse de la protase et de l'apodose. Les touches impressionnistes de Verlaine sont irréductibles aux lignes circonflexes.

D'autre part, si l'on admet que ces voix doivent offrir une présence d'hallucination et que les exorcismes s'accompagnent d'un élan efficace, on conviendra que la diction de pareils vers refuse tout a priori, toute sclérose aussi ; de là pour commencer la vertu des formules accentuelles descendantes « voix *de* »... Les mots-outils vides sont finalement l'exception ici. Une conscience poétique fervente sera donc tentée de valoriser la plupart des mots de ce lexique. Ainsi sera rendu avec vérité le témoignage d'une expérience toute intérieure cependant.

Les discordances entre le mètre et la syntaxe n'ont pas d'autre objet non plus que de briser définitivement le cadre trop conventionnel de douze syllabes, hachées pourtant déjà d'accidents divers : toniques, mélodiques, dynamiques, imposées ou non par la ponctuation.

Rejets métrique *(assourdie de neige lente)*, ou phonétique *(emporte au ciel)* ou enjambements (vers 7, 8, 11, 12, etc.), ont ruiné tout automatisme.

Pareillement, la discordance de strophe en strophe unifie un mouvement lyrique :

> *Colères, soupirs noirs, regrets, tentations,*
> *Ah ! les voix, mourez donc...*

Une ponctuation forte eût été possible également à l'avant-dernier vers :

> *Mourez parmi la voix que la prière apporte,*
> *Mourez...*

La virgule sans détruire le silence n'interrompt pas cette élévation, ne la coupe pas de ses sources surnaturelles.

En définitive, l'habileté du poète apparaît presque troublante tant la charge expressive de ses vers semble avoir été calculée. Renonçant aux notions traditionnelles de césure, d'hémistiche, de strophe régulière, il tire des effets rares d'un mètre qu'on pourrait croire épuisé ; tandis que complice du vertige des sens, une musique insistante accompagne de crucifiants aveux, des résolutions et des visions exaltantes.

Verlaine dira :

> *Je fus mystique et je ne le suis plus.*

C'était une illusion. Avec plus de vérité, il s'écrie dans la *Prière du matin* :

> *Ah ! tuez mon esprit et mon cœur et mes sens...*

Le poème XIX de *Sagesse* nous aura permis de prendre une mesure assez exacte de sa nature : extrêmement réceptive, un peu malhabile au contraire dans la formulation d'une simple spiritualité.

Verlaine ne peut échapper à la tyrannie de ses sensations : elles informent toutes ses démarches : rançon nécessaire de son originalité, limite aussi de son génie. Mais de cette lutte avec l'Esprit, des vers nous ont été donnés d'une résonance insolite.

LA MORT DE YANN

. . . .

Il ne revint jamais.

Une nuit d'août, là-bas, au large de la sombre Islande, au milieu d'un grand bruit de fureur, avaient été célébrées ses noces avec la mer.

Avec la mer, qui autrefois avait été aussi sa nourrice ; c'était elle qui l'avait bercé, qui l'avait fait adolescent large et fort, et ensuite elle l'avait repris, dans sa virilité superbe, pour elle seule. Un profond mystère avait enveloppé ces noces monstrueuses. Tout le temps, des voiles obscurs s'étaient agités au-dessus, des rideaux mouvants et tourmentés, tendus pour cacher la fête ; et la fiancée donnait de la voix, faisait toujours son plus grand bruit horrible pour étouffer les cris. Lui, se souvenant de Gaud, sa femme de chair, s'était défendu, dans une lutte de géant, contre cette épousée de tombeau. Jusqu'au moment où il s'était abandonné, les bras ouverts pour la recevoir, avec un grand cri profond comme un taureau qui râle, la bouche déjà emplie d'eau ; les bras ouverts, étendus et raidis pour jamais.

Et à ses noces, ils y étaient tous, ceux qu'ils avaient conviés jadis. Tous, excepté Sylvestre, qui, lui, s'en était allé dormir dans les jardins enchantés — très loin, de l'autre côté de la Terre...

Pêcheur d'Islande, V, XI (1886).

ANALYSES STYLISTIQUES

Sans conteste, *Pêcheur d'Islande* est l'œuvre la plus fameuse de Pierre Loti : on en comptait 265 rééditions jusqu'en 1905 ! Les anthologies reprennent à l'envi certaines pages : la mort de Sylvestre, le voyage de la grand-mère Yvonne à Brest ou à Paimpol... Il nous a paru curieux de voir ce que révélerait l'analyse stylistique de la mort de Yann, citée avec éloquence par Chérel dans sa *Prose poétique française*.

Il convient d'abord de définir la place et l'ordonnance de ce récit. C'est le dernier chapitre, très court, du roman. Les noces ont eu lieu. Yann est parti pour l'Islande. Gaud, sa femme, attend le retour de son mari dans l'angoisse, car tous les autres équipages sont revenus. *Cramponnée à l'idée de ces îles où il avait pu relâcher, ayant repris une sorte d'espoir, elle s'était remise à l'attendre...*

Un moment donc le récit a suivi une ligne chronologique. Brusquement, il s'interrompt. Cette rupture est marquée non seulement par les trois points de suspension, usuels depuis le XVIIIe siècle, mais par toute une ligne de points. Ce procédé typographique dégage une nouvelle perspective temporelle. Nous avons un retour en arrière de plusieurs mois. L'action elle-même ne se déroule plus à Ploubazlanec, mais dans la mer d'Islande.

A la fin de cette page, un nouveau blanc typographique, mais insistant cette fois, isole le récit de cette mort, de la brève méditation sur le destin de Sylvestre : espace et temps ont été de nouveau dérangés. Ainsi sans cesse se dilate notre horizon.

Le vocabulaire d'un pareil texte, essentiellement narratif, offre de toute nécessité un lot imposant d'expressions ou de termes concrets.

Pourtant aucun mot bas, familier ou de couleur locale trop particularisée ne s'y glisse : *donner de la voix* est même dans le ton de cette scène, soulignant **mieux** la noblesse pathétique de Yann.

Épousée est certainement poétique. Ainsi V. Hugo fait dire au jeune homme du *Cantique de Bethphagé :*

Comme elle est belle avec son rire d'épousée...

Mais Loti a écrit : *épousée de tombeau ;* alliance aussi imprévisible que fulgurante. Remarquons d'autre part la qualification : elle se présente sous la forme d'un hébraïsme, comme *femme de chair,* le tour était familier à notre écrivain. Peut-être contribue-t-il à donner une certaine résonance spirituelle à cette évocation, comme *dormir,* euphémisme traditionnel, il est vrai ; *célébré* ou *convié,* au lieu de *invité,* plus ordinaire, moins apte aussi à exprimer le caractère rituel de la cérémonie des noces et du festin, à l'unisson de *mystère.* Par ailleurs, on relèvera la justesse d'emploi et la discrétion de *virilité, emplie* (et non *remplie*). *Sombre* ne définit pas exclusivement le paysage d'Islande. Ce n'est pas suffisant d'en marquer l'affectivité ou la place expressive. Au début du texte, *sombre* appelle *sombrer.* Pareillement le *mystère* de ces noces ou le cri de Yann n'est si profond que parce qu'il doit évoquer les abîmes de la mer.

Admirable sans doute était la force de Yann (et Loti aimait ces *carrures terribles* de bel animal) ; mais il nous a montré aussi combien orgueilleuse fut l'attitude du jeune marin : *superbe* résume ces deux aspects. On peut estimer que ces rapports étymologiques ou associatifs sont assez faciles. Comment toutefois ne pas apprécier les habiles épithètes qui escortent la plupart des noms ? *noces monstrueuses, voiles obscurs, rideaux mouvants et tourmentés, jardins enchantés...* Elles assurent la fermeté de la représentation (grâce aussi à la postposition, même si elle est obligée dans le cas des formes verbales adjectives, choisies précisément pour l'élément de variété qu'elles introduisent) et sauvegardent tout de même le mystère tragique de cette scène.

On ne manque pas de percevoir le retour de *jamais*, comme le timbre d'un glas. Pareillement on remarquera la simplicité élémentaire des adjectifs qui reviennent comme une obsession : *grand bruit de fureur, son plus grand bruit horrible, un grand cri profond*, quel que soit l'effort de l'écrivain pour les encadrer diversement : ce sont autant de touches épiques accordées à *géant* et à l'infini des profondeurs marines.

Finalement, ce récit s'ordonne autour de trois thèmes : la mer, la mort, l'amour, dont la charge poétique est si riche. L'habileté de Loti est d'avoir su sauvegarder les valeurs épiques et lyriques en passant des unes aux autres, en les mêlant, sans dissonance.

Le matériel grammatical et la phrase ont un certain nombre de secrets à nous livrer ici. On peut négliger la fréquence du pronominal et du passif dans l'évocation de ce drame : ces voix sont prévisibles.

Mais dès le début, qu'il éclate dans cette phrase si brève, comme l'arrêt du destin, ce pronom qui renvoie à un disparu : *Il*. Jamais Yann ne sera nommé autrement. Au mieux, ce sera *lui* ; comme si Loti avait voulu en supprimer toute existence. Au contraire Gaud est présente, par un hypocoristique tendre, non l'officielle *Marguerite Gaos* des *Lettres ;* et de même Sylvestre au prénom si évocateur dans ce jardin de féerie.

L'opposition entre *la* fiancée et *sa* femme de chair est suffisamment significative : l'article joue surtout le rôle d'un démonstratif, capable de marquer même une distance psychologique.

Dans le voisinage de : *s'était abandonné*, le possessif *ses* bras eût manqué de grâce ; de surcroît, l'article éclaire mieux cette vision déchirante.

Quant à l'indéfini : *des* voiles, *des* rideaux, *des* jardins, il fonctionne avec sa pleine valeur d'indétermination, soutenant une poésie de l'irréel et de l'inconnu.

Les temps sont au passé ; tout de suite on prêtera attention au contraste entre la dernière phrase du précédent chapitre : *elle* s'était remise *à l'attendre*, et le passé simple : *il ne revint jamais*. L'adverbe souligne avec plus de brutalité encore la ruine de cette illusion.

Imparfaits et plus-que-parfaits ne se définissent pas uniquement par leurs valeurs complémentaires : l'imparfait notamment éternise ces visions d'horreur ; tandis que le plus-que-parfait reculant les événements vers un au-delà inaccessible, s'ajuste aisément au ton épique (un adverbe comme *jadis* rend même plus vertigineuse cette plongée dans le temps).

On constate l'absence du passé composé susceptible de reproduire le passé révolu, mais sans le couper de ses racines avec la pensée de celui qui l'énonce : Loti veut nous montrer le destin irrémédiablement accompli de ces personnages, sans survie possible dans sa conscience.

Comment définir la phrase dans le texte ? La présentation matérielle du récit doit nous arrêter avant toute autre investigation.

Initialement, un énoncé élémentaire, simple comme un hémistiche d'alexandrin ; le vertige de l'espace blanc nous paralyse.

Puis une phrase explicative, brève, sans subordonnée.

Suivent dans un long paragraphe les circonstances détaillées de cette mort.
Après un recueillement nécessaire, indiqué par un double interligne, une échappée nouvelle se produit, vers l'Orient, cette fois.

A l'intérieur même de ces développements, un tiret vient imposer des haltes à notre pensée.

La rareté des propositions complexes est nette. Seul, le conjonctif *qui* apparaît. Aucun mot de liaison n'existe, en dehors du *et* d'élan qui fait rebondir l'évocation.

Les reprises de *qui* ou de *et* s'intègrent dans une volonté d'expressivité plus large : Pierre Loti veut nous imposer en quelque sorte physiquement, musculairement, la présence de la mer roulant ses vagues inlassablement sur elle-même. D'où l'enchaînement des phrases par un mot semblable : *avec la mer ;* le retour des termes identiques : *ces noces, les bras ouverts ;* les protases démesurés : *une nuit d'août, là-bas, au large de la sombre Islande, au milieu d'un grand bruit de fureur* (quel entassement d'éléments adventices !), puis la retombée d'inégale portée avec la mise en relief du verbe, crête de la phrase.

Métaphoriquement, la phrase représente encore le mouvement violent de la mer, grâce à des ruptures soudaines : *qui l'avait... qui l'avait — et ensuite elle l'avait...*

L'adverbe surgit soudain en tête : *tout le temps ;* arrive ensuite le sujet, puis le verbe ; un nouveau sujet-apposition, inattendu, *les rideaux*, apparaît alors encadré d'épithètes.

Ailleurs la phrase semblait résolue totalement grâce au point ; et la voici qui déferle à nouveau : *jusqu'au moment où...* Un silence a préparé cette proposition qui dépend logiquement de la précédente ; mais cette syntaxe affective, neuve, a plus de force.

Le dernier paragraphe reproduit aussi en partie le mouvement de la houle : enchaînement avec *noces*, inversion du complément ; disjonction et mise en relief. Pause. Rejaillissement : *Tous ;* étalement rythmique varié.

Au nombre des constantes, on mettra les groupes binaires : *large et fort, mouvants et tourmentés, étendus et raidis.*

La recherche ici des cellules métriques ou des organisations versifiées resterait décevante et sans portée véritable. Seul compte cet emportement irrésistible des mots les uns vers les autres.

Ajustées à un tel dessein figuratif, ces cadences sont originales. En outre, une harmonie discrète mais continue les soutient et les prolonge : autre transposition, articulatoire, du bruit des éléments déchaînés : *ai, è, on, ou, r* même, assez peu commun dans le système actuel de la langue. Curieusement, on le voit, les formes verbales *s'était, avait...* s'accordent à ce ton.

Examinons enfin la chute de ces paragraphes. *Jamais* : finale vocalique, conclusive. — *Mer* : finale consonantique, suspensive. Notre attente sera comblée après un long développement qui s'arrête de nouveau sur *jamais*. Au dernier paragraphe. *terre* fait écho à *mer*. Notre pensée ou notre prière peuvent se poursuivre. Loti a bien senti que terminer sur *enchantés* était trop brutal, sans échappée.

En somme, l'architecture et la sonorité des phrases relèvent d'une claire volonté de pittoresque et d'expressivité.

L'art se manifeste à d'autres plans : dans l'invention du récit. L'antithèse y est assez flagrante pour qu'il soit inutile de la commenter pesamment. A *l'été... chaud, tranquille* du pays breton (chap. III) s'oppose la sinistre nuit d'août en Islande.

La tombe de Sylvestre contraste avec celle de Yann...

En y regardant de près, on voit que la plupart des valeurs stylistiques de ce texte se définissent par son caractère épique.

Sans cesse, notre regard est sollicité vers l'infini : *là-bas, au large de, très loin, de l'autre côté de la terre.*

Les couleurs sont celles que l'on rencontre en règle générale dans l'épopée : le noir et le blanc, directement livrées ou non (*nuit, sombre, obscurs,* franges de l'écume, brumes, voiles de mariée...) avec leurs valeurs symboliques, traditionnelles.

Ne sont retenues que les sensations auditives très fortes : *donnait de la voix, grand bruit horrible*, etc.

Les sensations musculaires surtout sont prépondérantes. Telle est même la fonction, essentielle de la comparaison épique, qu'on pourrait croire usée, *comme un taureau...* : attirer notre attention sur les forces en mouvement dans cette lutte inégale : *étouffer les cris, lutte de géant, s'était abandonné, bras ouverts, étendus et raidis...*

Ces traits ne relèvent pas simplement d'une technique descriptive pittoresque : ils coïncident avec une vision particulière qui agrandit êtres et choses aux proportions d'une surnature.

Le style dans ce chapitre ce n'est pas seulement cette réussite, ce renouvellement partiel d'un genre, noble d'essence et poétique. Cette page ne prend tout son relief que si on la situe dans le roman, si on en perçoit les échos à travers l'œuvre entière. Relevons d'abord quelques expressions. *Et dire qu'elle était en même temps une femme de chair* (4ᵉ partie, chap. IV) ; ici, *Gaud, sa femme de chair*. — *En rade d'Ha-long à l'autre bout de la terre* (II, XIII). Ici : *de l'autre côté de la Terre ;* le mystère s'est épaissi, grâce notamment à la majuscule. Mais *les jardins enchantés* (III, III) divinement consolateurs, sont toujours là.

Dès le premier chapitre même, nous trouvons : (les nuages) *étaient comme des rideaux tirés sur l'infini, comme des voiles tendus pour cacher de trop gigantesques mystères... ;* ou encore dans la troisième partie, au chapitre IX : *le vide se remplissait de voiles tenus... C'était la première brume d'août...*

La tempête du jour des noces (IV, VII) annonce et préfigure celle du dénouement : *c'est la mer qui n'est pas contente, répondit Yann, en souriant à Gaud, parce que je lui avais promis mariage.*

L'image centrale si puissante de la mer-épousée (à la fois métaphore, animation, personnification...) nous est livrée dès le début !

Moi !... Un de ces jours, oui, je ferai mes noces — et il souriait, ce Yann, toujours dédaigneux, roulant ses yeux vifs — mais avec aucune des filles du pays ; non, moi, ce sera avec la mer, et je vous invite tous, ici tant que vous êtes, au bal que je donnerai...

L'équipage de *La Marie* ayant été transféré sur *La Léopoldine*, un même destin en effet les réunira.

Ne nous bornons pas à ces constatations élémentaires, à parler d'habiletés à propos de ces retours en arrière, à marquer notre admiration devant cette structure fermée, parfaite, du dernier chapitre... Interrogeons-nous plutôt sur le sens des analyses que nous avons menées.

Comment le savoir au juste si l'on ignore que le roman transpose une cruelle expérience ? Pierre Loti a aimé une jeune fille bretonne qui s'est dérobée. Il lui apparaît donc normal de haïr celui qui l'a supplanté dans son cœur. La dernière page de *Pêcheur d'Islande* résume cette situation. Yann est supprimé : symboliquement même son nom cesse d'être prononcé. Cette histoire, Loti veut la rejeter de sa vie ou l'enfoncer dans un passé inaccessible : d'où le choix des temps si particularisé.

L'image du *taureau* est une motivation classique de l'angoisse, surdéterminée, représentant la fuite devant un ennemi inexorable.

La métaphore centrale ne s'interprète correctement qu'à la lumière de la psychanalyse. Déjà la représentation de la mer-nourrice pouvait passer pour une figure assez banale de l'affectivité[1]. Au niveau strict de l'écriture, on peut montrer aisément le double registre efficace des mots : *noces-abandonné*, etc. En réalité quels abîmes elle éclaire ! A partir d'un mythe qui recouvre une donnée fondamentale de l'imaginaire (l'histoire de *La Jeune Tarentine* n'en est qu'une forme élégiaque dégradée), Pierre Loti parvient à construire une page d'une singulière poésie en revenant partiellement aux sources primaires de l'émotion créatrice. De la même manière s'interpréterait ici le retour de Sylvestre, l'évocation pure de son destin, reflet des rêves frustrés de Pierre Loti.

A dessein nous avons choisi de clore ces *Analyses* sur cette page de *Pêcheur d'Islande :* dans notre pensée, elle montre, jusqu'à l'évidence, les limites de l'interprétation stylistique.

Il fallait dégager les conséquences heureuses de la typographie, la beauté suggestive du rythme, la vision épique de Loti...

Et pourtant toute cette enquête ne livre que des indications vers l'accès au sens le plus vrai, le plus profond de l'œuvre, connaissance du cœur ou de l'âme, centre de l'invention.

Peut-être ai-je été la victime d'illusions ou de mirages en cédant à de telles tentations ou à ces appels. Je crois pourtant que l'étude stylistique doit nous mener à ce foyer où s'embrasent ces valeurs ou ces promesses d'éternité.

Contre-épreuve : relisons *Oceano Nox*. Ce poème résulte d'une expérience personnelle aussi de Victor Hugo ; ce

---

1. Opposer dans Baudelaire :
   Quel démon a doté la mer, rauque chanteuse
   Qu'accompagne l'immense orgue des vents grondeurs.
   De cette fonction sublime de berceuse.
   Moesta et Errabunda.

sont des *choses vues*. Nous le devinons à travers des lettres à Louis Boulanger du 6 août 1835, à Mme Hugo (juillet 1836). Une tempête à Saint-Valéry-en-Caux a fait entrer l'océan dans la poésie romantique ; ce n'est plus seulement la Méditerranée de Lamartine, vue de Gênes ou de Naples, c'est la mer violente que l'on retrouvera dans *Les Châtiments*, *Les Contemplations ;* déjà s'esquisse le drame des *Pauvres gens...*

Et certes une méditation pathétique encadre un développement pittoresque : l'oubli des morts est aussi profond que la mer.

La mort de Yann possède des vibrations toutes différentes, parce que Loti l'a éprouvée non seulement avec des sens vigilants, mais dans tout son sang.

Orientation bibliographique

Ces indications, à dessein sommaires, doivent seulement attirer l'attention sur des ouvrages irremplaçables pour une saine étude de la langue et du style aux XVIIe, XVIIIe, XIXe siècles.

BRUNOT : *Histoire de la langue française*. T. III, IV, VI surtout, A. Colin.

Les différentes éditions du *Dictionnaire de l'Académie*.

WAGNER-PINCHON : *Grammaire du français classique et moderne*, Hachette, avec bibliographie, 1962.

W. V. WARTBURG : *Dictionnaire étymologique de la langue française*, 4e édit. P.U.F., 1964.

H. LAUSBERG : *Handbuch des Literarischen Rhetorik*, 2 vol., Munich, Hueber, 1960.

Ph. MARTINON : *Les Strophes* (malheureusement épuisé ; malgré des erreurs et des lacunes, c'est un répertoire essentiel).

Nous croyons que la plupart des doctrines de Grammont sur le vers français sont inexactes. Provisoirement, consulter avec précaution :

W. Th. ELWERT : *La Versification française*, Klincksieck, 1965.

On trouvera dans les *Actes* du colloque sur le vers français au XXe s. (Strasbourg 1966), publié chez Klincksieck, (1967) d'autres suggestions.

TABLE DES MATIÈRES

Avant-Propos	5
AUVRAY	
Stances	9
CORNEILLE	
Polyeucte	21
MOLIÈRE	
L'École des Femmes	29
RACINE	
Mithridate	38
Phèdre	55
LA FONTAINE	
Tircis et Amarante	65
PASCAL	
Fragment polémique.........................	75
Le Pari	89
PASCAL ET A. VIGNY	
Le Mystère de Jésus	100
Le Mont des Oliviers	102
BERNARD	
Dialogue oriental	118

ANALYSES STYLISTIQUES

CHÉNIER
    L'Enlèvement d'Europe 127

DIDEROT
    Le Renégat d'Avignon..................... 139

BERNARDIN DE SAINT-PIERRE
    L'Éveil de la passion 148

CHATEAUBRIAND
    Une Nuit en Amérique 159
    Rêverie au Lido 174

BAUDELAIRE
    Bénédiction 184
    Le Balcon 197
    Moesta et Errabunda 208
    Réversibilité 221
    Spleen 233

FLAUBERT
    L'Ennui de Madame Bovary 241

HUGO
    Le Cantique de Bethphagé 256

VERLAINE
    Voix de l'Orgueil 273

LOTI
    La Mort de Yann 287

Orientation bibliographique 299

Imp. en France - I. M. E. - Besançon -
N° A. Colin 4131 - 1er Dépôt légal, 2e trimestre 1965
Dépôt légal 2e trimestre 1967